Berlin 1945

Eine Dokumentation

Herausgegeben von Reinhard Rürup

Verlag Willmuth Arenhövel

Veranstalter:
Stiftung Topographie des Terrors
Internationales Dokumentations- und Begegnungszentrum, Berlin

Wissenschaftliche Leitung:
Prof. Dr. Reinhard Rürup

Wissenschaftliche Bearbeitung:
Frank Dingel
Marcus Funck
Andreas Hallen
Dr. Siegfried Heimann
Klaus Hesse
Andreas Sander

Mitarbeit:
Thomas Friedrich
Dr. Ekhard Haack
Ulrich Haupt
Katja Lucke
Eva Reusch

Praktikanten:
Rolf Schmolling
Norbert Schulz
Philipp Springer

Öffentlichkeitsarbeit und Organisation:
Dr. Andreas Nachama

Redaktion:
Prof. Dr. Reinhard Rürup
Marcus Funck
Andreas Sander

Die Ausstellung wurde durch die Stiftung Deutsche Klassenlotterie Berlin ermöglicht.

Betreuung der Herstellung:
Alfons Arenhövel, Hannah Arenhövel

Umschlaggestaltung:
Margret Schmitt

Herstellung:
Reiter-Druck

Satz:
Mega-Satz-Service

Buchbinderische Verarbeitung:
Bruno Helm

alle Berlin

2. verbesserte Auflage

Veröffentlicht im
Verlag Willmuth Arenhövel · Berlin

ISBN 3-922912-32-X

Berlin 1945
Eine Dokumentation

Ehemalige Staatliche Kunsthalle
Budapester Str. 42, 10787 Berlin
(an der Gedächtniskirche)
10. April bis 13. August 1995

Die Dokumentation wurde zum 50. Jahrestag des 8. Mai 1945 erarbeitet.

Ausstellungsgestaltung und -produktion:
Margret Schmitt

Ausstellungsaufbau:
Museumstechnik GmbH

Fotoreproduktion:
Hans-Dietrich Beyer
Margret Nissen
Wolfgang Schackla
und andere

Ausführung der Ausstellungstafeln:
Studio für Großfotos Wolfgang Schackla
Fotosatz Univers

Für freundliche Unterstützung danken wir den Archiven, Fotoarchiven und anderen Sammlungen, deren Materialien für die Dokumentation benutzt werden konnten.
Unser besonderer Dank gilt:
Ian Blackwell (Northhampton), Reinhold Bauer (Koblenz), Jewgenij Chaldeij (Moskau), Prof. Dr. Laurenz Demps (Berlin), Dr. Klaus Drobisch (Berlin), Bettina Erlenkamp (Dresden), Monika Göttlicher (Dahlwitz-Hoppegarten), Ute Grallert (Berlin), Dr. Ruth Gross (Berlin), Jürgen Grothe (Berlin), Gesa Heinrich (Berlin), Dr. Rainer Hofmann (Koblenz), Dr. Peter Jahn (Berlin), Dr. Wilhelm van Kampen (Berlin), Dr. Paul Kemp (London), Elke Kilian (Dresden), Heidrun Klein (Berlin), Brigitte Kuhl (Koblenz), Detlef Mädje (Heidelberg), Bernhard Maegele (München), Wolf-Dieter Mattausch (Berlin), Leon Meyer (London), Alexander Nikonow (Moskau), Claudia Promnitz (Berlin), Regina Rousaway (Berlin), Gabriele Steinmayer (München), Ingrid Streckbein (Berlin), Dr. Peter Vier (Berlin), Erika Weber (Berlin), Barbara Welker (Berlin), Gert J. Wlasich (Berlin).

Die Umschlaggestaltung erfolgte unter Verwendung einer Aufnahme des Bilderdienstes Süddeutscher Verlag.

Inhalt

2 Auf ihre Immatrikulation wartende Studentinnen und Studenten der Berliner Universität, 1945.

Einführung

Als Bertolt Brecht 1948 aus dem amerikanischen Exil nach Berlin zurückgekehrt war, brachte er, auf die Potsdamer Konferenz anspielend, seinen Eindruck von der Stadt auf die knappe Formel: *„Berlin. Der Schutthaufen bei Potsdam"*.
Nur anderthalb Jahrzehnte früher war Berlin noch eine der großen Metropolen Europas und der Welt gewesen, eine trotz aller Krisen ungemein vitale, faszinierende Stadt. Das Berlin der Weimarer Republik beeindruckte als ein Zentrum der Industrie, des Handels und der Banken, als eine Stadt der Wissenschaft und Technik, der künstlerischen Avantgarde und der neuen Massenkultur. Den Verlust an politischer Macht, der ein Ergebnis der Niederlage von 1918 war, kompensierte die Stadt durch Innovationsbereitschaft und ein gesteigertes Maß an Urbanität. Zugleich erfuhren allerdings auch die politischen und sozialen Konflikte, die aus der Krise der bürgerlichen Gesellschaft im frühen 20. Jahrhundert entstanden, hier eine besonders scharfe Zuspitzung. Man muß sich an dieses Berlin erinnern, das nicht nur für Heinrich Mann die Zukunft eines wahrhaft demokratischen Deutschlands verkörperte, um zu begreifen, was es für die Berliner, und nicht nur für sie allein, bedeutete, diese Stadt als „Schutthaufen" zu erleben.
Der eigentliche Absturz war freilich schon 1933 erfolgt, als die Nationalsozialisten die Macht übernahmen und ihre nach innen und außen aggressive Diktatur errichteten. Die innere Zerstörung der Stadt begann mit den politischen und rassistischen Verfolgungen, mit der Verfemung prominenter Wissenschaftler und Künstler, der „Gleichschaltung" des kulturellen Lebens. Viele der in Berlin lebenden Schriftsteller gehörten zu den „verbrannten Dichtern", und fast alle bildenden Künstler oder Musiker, auf denen Berlins Ruf als internationale Kunststadt beruhte, erhielten Ausstellungs- und Aufführungsverbote,häufig sogar Arbeitsverbote. In kürzester Zeit wurde das zerstört, was die intellektuelle und künstlerische Ausstrahlung der Stadt begründet hatte. Schon bald folgte auch die äußere Zerstörung, für die die Machthaber im November 1938 selbst die ersten Flammenzeichen setzten. Der von Berlin aus entfesselte Zweite Weltkrieg brachte Tod und Zerstörung über große Teile Europas, vor allem Polens und der Sowjetunion, ehe er schließlich auf das Deutsche Reich und seine Hauptstadt zurückschlug. Bei der Kapitulation im Mai 1945 konnte Berlin schließlich den traurigen Ruhm für sich in Anspruch nehmen, die Stadt in Europa zu sein, auf die die meisten Bomben und Granaten niedergegangen waren. Die Stadt lag in Trümmern, sie war, wie in einer wissenschaftlichen Untersuchung festgestellt wurde, *„das größte zusammenhängende Ruinengebiet Deutschlands und Europas"*.
Der Anblick des zerstörten Berlin erschütterte auch Angehörige der Siegermächte, die von einem „zweiten Karthago" sprachen und für den Blick aus dem Flugzeug immer wieder den Vergleich zu den antiken Ruinenfeldern bemühten. Johannes R. Becher, der im Juni 1945 aus dem Moskauer Exil nach Berlin kam, hielt seine Eindrücke in einem persönlichen Brief fest: *„Es ist schwer, den Eindruck zu schildern. Die Autofahrt durch ein Ruinengebiet ist erschütternd. Vom Flugzeug sieht das alles wie Gerümpel aus, aber bei der Fahrt durch die Stadt erheben sich nun rechts und links gespensterhaft, kilometerlang, die Fassaden, wie bereit zum Einsturz, die Trümmerberge und Schutthalden..."* Die weniger zerstörten Randgebiete wirkten wie überraschende Oasen in der allgemeinen Trümmerwüste. *„Zwischen den Trümmern müßte man sitzen, lange, und sie auf sich wirken lassen, und den Schmerz und das Gericht ganz fühlen"*, formulierte Alfred Döblin, sein Verhältnis zu der zerstörten Stadt reflektierend, 1948 in einer Diskussion.

Vom „Gericht" war 1945 häufig die Rede, obwohl die Berliner nicht nationalsozialistischer waren als andere Deutsche und bis 1933 sogar in deutlich geringerem Maße als der Reichsdurchschnitt NSDAP gewählt hatten. Aber in Berlin waren die Zentralen der Macht und des Terrors, hier saßen die Verantwortlichen für die Kriegsverbrechen und die rassistischen Verbrechen. Auch wenn die meisten von ihnen bei Kriegsende längst die Stadt verlassen hatten, wurde die Zerstörung Berlins doch immer wieder als gerechte Sühne für die Verbrechen des „Dritten Reiches" bezeichnet.
Selbst diejenigen, die dem Nationalsozialismus inzwischen kritisch gegenüberstanden und das Ende des Krieges herbeisehnten, fürchteten die Niederlage und die Rache der Roten Armee. Es kam in der Tat ein „Ende mit Schrecken" in den letzten Wochen des Krieges und den ersten Tagen der Besatzung, die durch Plünderungen, Vergewaltigungen und andere Gewalttaten charakterisiert waren. Abgesehen von den ausländischen Kriegsgefangenen und Zwangsarbeitern fühlte sich nur eine kleine Zahl dezidierter Hitler-Gegner unmittelbar befreit. Für die allermeisten war es allenfalls in einem größeren zeitlichen Abstand möglich zu erkennen, daß die als nationale und persönliche Katastrophe erlebte Niederlage eine unerwartete Chance auch für diejenigen bedeutete, die nicht befreit werden wollten.
Die größte Überraschung des Jahres 1945 bestand für die große Mehrzahl der Berliner darin, daß das Leben nach der Kapitulation überhaupt weiterging. Die Rote Armee übernahm nicht nur die Macht in Berlin, sondern sie bemühte sich von Anfang an um eine zumindest notdürftige Versorgung der Bevölkerung. Sie führte ein strenges Besatzungsregime ein, entließ und verhaftete Funktionsträger des NS-Systems, reagierte drastisch auf vermutete „Werwolf"-Aktivitäten ehemaliger „Hitler-Jungen", setzte aber auch unverzüglich provisorische Verwaltungen in den Bezirken und auf Magistratsebene ein, förderte den Neuaufbau von Polizei und Justiz. Die sowjetische Stadtkommandantur initiierte die Aufräumungs- und Enttrümmerungsarbeiten, unterstützte die Reparatur der Wasser-, Gas- und Stromleitungen und half bei der Wiederaufnahme des Schienen- und Busverkehrs in Teilen der Stadt. Als die Westalliierten im Juli ihre Sektoren übernahmen, fand diese Politik eine selbstverständliche Fortsetzung. Ebenso unstrittig war unter den Alliierten, daß die Anfänge eines wirtschaftlichen Wiederaufbaus und die Demontage von Industrieanlagen zu Reparationszwecken nebeneinander herliefen.
Das Leben in Trümmern war durch eine ungeahnte Fähigkeit zur Improvisation, zur phantasievollen Anpassung an den herrschenden Mangel charakterisiert. 1945 war die Stunde der Frauen, die um das Überleben ihrer Familien kämpften. Der Blick war auf das Nächstliegende gerichtet, man dachte von Tag zu Tag, bewegte sich in kleinen, überschaubaren Räumen. Schon in der letzten Phase des Bombenkrieges hatte der Norweger Theo Findahl notiert, daß sich bei dem Versuch, *„die Ruinen so bewohnbar wie möglich zu machen"*, etwas *„Seltsames"* ereignete: *„Vor unseren Augen wuchs die Kleinstadt auf den Überresten der Großstadt heran."* Tatsächlich entwickelte auch der Nachkriegsalltag solche kleinstädtischen Züge, gewannen nicht nur die Familie, sondern auch die Hausgemeinschaften und Nachbarschaften eine neue Bedeutung.
Noch Anfang November 1945 schrieb der amerikanische Korrespondent William L. Shirer in Berlin über das *„Eroberervolk"* der *„Herrenmenschen"*, *„das man in den Ruinen herumstochern sieht, gebrochen, betäubt, zitternd; hungrige menschliche Wesen ohne Willen, Lebenszweck oder Ziel, reduziert auf animalische Funktionen wie Nahrungs- oder Obdachsuche, um den nächsten Tag lebendig zu erleben"*. Die Zukunftsperspektiven waren höchst ungewiß, von einer Aufbruchsstimmung konnte nur in einem sehr eingeschränkten Sinne die Rede sein.

Obwohl schon Mitte Juni die ersten Parteien zugelassen wurden, entwickelten sich demokratische Denk- und Handlungsweisen nur zögernd. Die absolute Besatzungsgewalt war, selbst bei guten Absichten, nicht der beste Nährgrund für eine Demokratie, und auch die kritische Auseinandersetzung mit der NS-Zeit fand in einer Bevölkerung, die eher betäubt als bekehrt war, zunächst nur geringen Widerhall.
Nur wenige Tage und Wochen nach der Kapitulation kam, nachdrücklich gefördert durch die sowjetischen Kulturoffiziere, das Berliner Kulturleben wieder in Gang. Die wichtigste Leistung bestand darin, daß Konzerte, Theateraufführungen und sogar Ballettabende überhaupt wieder möglich waren. Verhältnismäßig bescheiden waren dagegen die Versuche einer programmatischen Neuorientierung. Der „Kulturbund zur demokratischen Erneuerung Deutschlands" bemühte sich seit dem Sommer um die Erarbeitung von Grundsätzen für die Rolle der Kultur beim Aufbau einer demokratischen Gesellschaft, doch war die Praxis in erster Linie durch ein Wiederanknüpfen an die Zeit vor 1933 geprägt. Es bedurfte offensichtlich eines größeren Abstandes, um die einschneidenden Erfahrungen der Gegenwart künstlerisch produktiv verarbeiten zu können. Obwohl manche Interessendivergenzen zwischen den Besatzungsmächten auch 1945 schon in Erscheinung traten, waren die Beziehungen noch nicht auf den „Kalten Krieg" hin angelegt. Die offensichtliche Machtpolitik der KPD wurde allerdings schon in der zweiten Hälfte des Jahres 1945 von den anderen politischen Parteien zunehmend kritisch beobachtet. Seit dem Herbst wuchsen vor allem in der Sozialdemokratie die Widerstände gegen die nun von der KPD geforderte „Einheitspartei" rasch an.

Die Ausstellung möchte dazu beitragen, die Geschichte Berlins im Jahre 1945 – vor und nach dem 2. Mai – so konkret und so differenziert wie möglich in die Erinnerung zurückzuholen. Sie unternimmt, bei insgesamt unbefriedigendem Forschungsstand, den Versuch, die fragmentarische Überlieferung zu bündeln, ohne die Uneindeutigkeit und Widersprüchlichkeit des Geschehens zu überdecken. Sie erzählt und analysiert die Geschichte, die aus über 60 deutschen, russischen und englischen Archiven und Sammlungen zusammengetragen worden sind. Eine besondere Rolle spielen neben den offiziellen Dokumenten die Tagebücher und autobiographischen Überlieferungen des Jahres 1945. Dabei ist es kein Zufall, daß in vielen Fällen die schriftlichen Zeugnisse von Frauen – bekannten und unbekannten – im Vordergrund stehen.
Die Ausstellung ist zum 50. Jahrestag des 8. Mai 1945 erarbeitet worden. Sie erinnert am Beispiel Berlins an den Krieg, an die nationalsozialistische Gewaltherrschaft und an die ersten, tastenden Versuche eines Lebens ohne die doppelte Bedrohung durch Krieg und Gewalt. Sie dokumentiert die Erfahrungen einer ungewöhnlichen Krisen- und Notzeit, und sie zeigt nicht zuletzt den mühsamen, in seinen Erfolgsaussichten ungewissen Start einer nachfaschistischen, demokratischen Gesellschaft.
Für die Bereitstellung der Mittel, die für die Realisierung der Ausstellung erforderlich waren, danken wir der Stiftung Deutsche Klassenlotterie Berlin. Für die inzwischen langjährige Zusammenarbeit und die zuverlässige Unterstützung des Projekts gilt unser besonderer Dank Herrn Professor Dr. Ulrich Eckhardt und den Berliner Festspielen. Schließlich danken wir Frau Margret Schmitt für die Gestaltung der Ausstellung und Herrn Dr. Willmuth Arenhövel für die Betreuung des vorliegenden Bandes.
Aus Umfang- und Kostengründen enthält der Band, der mit seinen Verzeichnissen auch Katalogfunktionen übernimmt, nur eine Auswahl der Fotos und Dokumente.

3 Amerikanischer Bomber des Typs B-17 bei einem Angriff über Berlin, 1945.
Rechts des Leitwerks ist der Flughafen Tempelhof zu erkennen, im unteren Bildbereich der Landwehrkanal mit Urbanhafen sowie der Belle-Alliance-Platz (heute: Mehringplatz).

1. Der Krieg und die Zerstörung

1.1. Die Luftangriffe

Am 1. September 1939 gab es in Berlin den ersten Luftalarm („Fliegeralarm"), der auf einem Irrtum beruhte, da man drei deutsche Flugzeuge für polnische gehalten hatte. Die ersten Bombenangriffe begannen ein Jahr später: In der Nacht des 25. August 1940 – nach den deutschen Bombenangriffen auf Warschau und Rotterdam, Marseille und London – fielen die ersten Bomben auf Berlin. Die erste Phase des Bombenkrieges dauerte bis in den Herbst 1941. Danach, bis Januar 1943, wurden praktisch keine Angriffe geflogen – im ganzen Jahr 1942 wurde in Berlin nur neun Mal Alarm gegeben.
Berlin war gewiß nicht das einzige, wohl aber das wichtigste Ziel des strategischen Bombenkrieges der Briten und – ab März 1944 – auch der Amerikaner. Es war die Hauptstadt des „Dritten Reiches", die Zentrale des Terrors nicht nur in Deutschland, sondern auch in den besetzten Gebieten Europas, der Sitz der militärischen Führung und eines der wichtigsten Industrie- und Rüstungszentren des Deutschen Reiches.
Den bis dahin schwersten Angriff erlebte die Stadt am 2. März 1943 (über 700 Tote und 65.000 Obdachlose). Am 18. November 1943 begann die „Battle of Berlin", und in einer Serie von fünf Großangriffen wurden schon bis zum 27. November große Teile der Stadt in Trümmer gelegt (fast 3.800 Tote, 10.000 Verletzte, über 450.000 Obdachlose). Allein bis März 1944 folgten weitere 13 Großangriffe, ehe dann zu den britischen Nachtangriffen auch die amerikanischen Tagesangriffe kamen (mit teilweise weit über tausend Bombern bei einem Angriff).
Obwohl schon bald nach der „Machtergreifung" umfassende „Luftschutz"-Maßnahmen propagiert worden waren, wurden von den 2.000 für Berlin geplanten öffentlichen Schutzräumen bis Kriegsbeginn nur etwa 15% fertiggestellt. Die Großbunker (Zoo, Anhalter Bahnhof, Humboldthain, Friedrichshain, Kleistpark) boten schließlich etwa 65.000 Menschen eine relative Sicherheit, während die Masse der Bevölkerung in provisorisch hergerichteten Kellerräumen Schutz suchen mußte. Im Sommer 1943 fiel die Entscheidung für die „Evakuierung" der Einwohner, die nicht zur Aufrechterhaltung des kriegswirtschaftlichen Lebens benötigt wurden, vor allem der Kinder, Jugendlichen und älteren Menschen. Bis Ende 1943 wurden mehr als 800.000 (davon die Hälfte Kinder und Jugendliche), insgesamt rund 1,2 Millionen Berliner „evakuiert". Schulkinder wurden klassenweise mit ihren Lehrern aufs Land „verschickt".
Das Jahr 1945 brachte eine weitere Verschärfung des Bombenkrieges. Häufig gab es nun bis zu drei „Fliegeralarme" pro Tag. Einer der schwersten Angriffe überhaupt zerstörte am 3. Februar große Teile des Stadtzentrums und der angrenzenden Stadtgebiete; es wurden fast 3.000 Tote und über 100.000 Obdachlose registriert. Am 21. April wurde zum letzten Mal Luftalarm gegeben. Danach begann die Eroberung der Stadt durch die sowjetische Armee, vorbereitet und unterstützt durch die sowjetischen Luftstreitkräfte.

4 Bomben über Kreuzberg, 1945.
Rechts unten der Landwehrkanal nebst Urbanhafen, oberhalb der Bomben, von rechts oben nach links unten der Verlauf der Spree.

Die Schicksalsfrage:

Wo ist die Luftwaffe?

Das ist die Frage, die eure Soldaten an der Ostfront und in Italien immer wieder gestellt haben.

„Die Luftwaffe verteidigt die Heimat“, sagte man ihnen.

JETZT AM HELLEN TAGE

fliegen amerikanische Bomber in Massen über Berlin. Heute waren sie zum 5. Male über der Reichshauptstadt. Natürlich fragt auch ihr jetzt:

„Wo ist die Luftwaffe?“

FRAGT GÖRING!
FRAGT HITLER!

5 Ein über Berlin abgeworfenes amerikanisches Flugblatt, 22. März 1944.

6 Alarmübung an der schweren Flak auf dem Turm des Zoo-Bunkers, 16. April 1942.

Obwohl andere deutsche Städte prozentual größere Zerstörungen erlitten und zum Teil weit mehr Opfer zu beklagen hatten, war Berlin, gegen das weit über 300 Luftangriffe geflogen wurden, die Stadt in Europa, auf die die mit Abstand größte Bombenlast niedergegangen war. Insgesamt wurden auf Berlin circa 50.000 Tonnen Brand-, Spreng-, Phosphor- und Splitterbomben, Luftminen und Zeitzünderbomben abgeworfen. Nach amtlichen Angaben sind durch die Bombenangriffe mindestens 20.000 Einwohner Berlins ums Leben gekommen

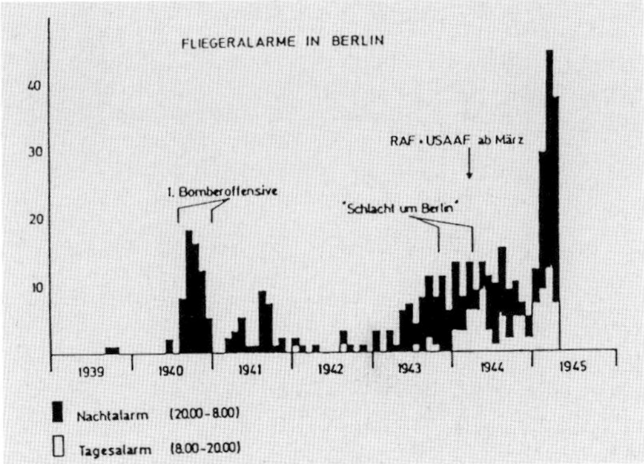

7 Fliegeralarme in Berlin zwischen 1939 und 1945.
Die Anzahl der Alarme spiegelt nicht unmittelbar die Bedeutung der Bombenangriffe: Die größten Zerstörungen mit entsprechend hohen Opferzahlen brachten die Angriffe seit Ende 1943.

Luftangriffe und deren Auswirkungen auf die Zivilbevölkerung, 1943–45.

Nr. des Angriffs	Datum	Zahl der Toten	Zahl der Verwund.	Obdachl. u. Evakuierte	Vermißte
			1943		
[...]					
152. Fla.	*22.11.*				
153. Fla.					
154. Fla.	*bis*	*3 758 (183)*	*9 907 (147)*	*454 056*	*574*
155. Fla.					
156. Fla.					
157. Fla.	*26.11.*				
158. Fla.	*2.12.*	*99 (3)*	*151 (6)*	*8 862*	*x*
160. Fla.	*16.12.*	*628 (121)*	*968 (159)*	*30 063*	*60*
161. Fla.	*24.12.*	*211 (16)*	*326 (23)*	*8 186*	*6*
162. Fla.	*29.12.*	*260 (25)*	*509 (107)*	*4 012*	*52*

Nr. des Angriffs	Datum	Zahl der Toten	Zahl der Verwund.	Obdachl. u. Evakuierte	Vermißte
			1944		
163. Fla.	2.1.	55 (7)	175 (8)	4 012	x
164. Fla.	3.1.	143 (4)	204 (–)	9 943	4
168. Fla.	20.1.	306 (29)	558 (55)	20 938	4
171. Fla.	27.1.	413 (32)	426 (79)	19 945	46
172. Fla.	29.1.	531 (17)	860 (5)	69 466	206
174. Fla.	30.1.	582 (1)	908 (2)	82 980	633
26. Ölw.	5.2.				
177. Fla.	15.2.	169 (x)	512 (x)	60 836	273
181. Fla.	6.3.	86 (x)	57 (x)	2 245	17
182. Fla.	8.3.	x	x	1 150	x
183. Fla.	9.3.	76 (30)	173 (8)	2 000	x
43. Ölw.	19.3.	1	x	x	x
184. Fla.	22.3.	70 (3)	185 (7)	8 000	125
186. Fla.	24.3.	47 (x)	155 (x)	23 710	190
52. Ölw.	13.4.	1 (x)	1 (x)	x	x
193. Fla.	29.4.	335 (34)	510 (28)	13 760	65
194. Fla.	4.5.	169 (58)	284 (21)	17 573	150
195. Fla.	8.5.	135 (x)	220 (x)	27 050	55
56. Ölw.	10.5.	13 (x)	175 (x)	x	x
198. Fla.	24.5.	95 (12)	247 (13)	28 000	60
199. Fla.	24.5.	4 (x)	14 (x)	420	x
200. Fla.	24.5.	182 (16)	697 (25)	33 150	1
201. Fla.	28.5.	4 (x)	22 (x)	450	9
205. Fla.	10.6.	98 (x)	354 (x)	4 777	30
206. Fla.	11.6.	47 (x)	104 (x)	1 350	60
207. Fla.	12.6.	33 (23)	99 (17)	6 828	–
208. Fla.	17.6.	– (–)	6 (x)	50	–
210. Fla.	20.6.	Keine Überlieferung			
211. Fla.	21.6.	474 (x)	756 (x)	28 180	120
212. Fla.	22.6.	39 (x)	102 (x)	2 270	56
213. Fla.	25.6.	1 (x)	10 (x)	85	–
216. Fla.	8.7.	23 (x)	97 (x)	5 600	81
217. Fla.	11.7.	10 (x)	118 (x)	2 720	42
[...]					
253. Fla.	23.10.	81 (x)	53 (x)	2 500	60
255. Fla.	27.10.	– (–)	7 (x)	580	–
256. Fla.	28.10.	– (–)	– (–)	162	–
257. Fla.	30.10.	1 (x)	10 (x)	2 298	1
258. Fla.					
259. Fla.	1.11.	– (x)	– (x)	129	–
261. Fla.	4.11.	4 (x)	9 (x)	2 206	–
262. Fla.	15.11.	13 (x)	14 (x)	810	–
263. Fla.	24.11.	92 (x)	25 (x)	2 728	3
264. Fla.	27.11.	1 (x)	– (–)	476	–
265. Fla.	5.12.	326 (80)	273 (30)	10 714	2
266. Fla.	6.12.	1 (x)	18 (x)	448	–
267. Fla.	9.12.	1 (x)	2 (x)	585	–
269. Fla.	31.12.	10 (x)	41 (x)	1 265	–
			1945		
271. Fla.	2.1.	31 (x)	33 (x)	1 750	14
272. Fla.	4.1.	– (–)	– (–)	130	–
273. Fla.	4.1.	12 (x)	23 (x)	1 194	1
274. Fla.	5.1.	15 (x)	36 (x)	1 650	6
275. Fla.					
278. Fla.	14.1.	13 (x)	22 (x)	1 275	21
279. Fla.					
283. Fla.	28.1.	4 (x)	17 (x)	401	–
284. Fla.	29.1.	7 (x)	45 (x)	2 513	16
285. Fla.	1.2.	33 (x)	63 (x)	1 470	100
286. Fla.	2.2.				

Nr. des Angriffs	Datum	Zahl der Toten	Zahl der Verwund.	Obdachl. u. Evakuierte	Vermißte
288. Fla.	3.2.	2 541(x)	1 688 (x)	119 057	714
290. Fla.	6.2.				
293. Fla.	8.2.	10 (x)	15 (x)	1 208	–
297. Fla.	14.2.	1 (x)	12 (x)	390	–
302. Fla.	21.2.				
303. Fla.	22.2.	1 (x)	15 (x)	602	–
304. Fla.	22.2.				
305. Fla.	22.2.	17 (x)	6 (x)	2 555	–
306. Fla.	23.2.	4 (x)	9 (x)	2 816	60
307. Fla.	24.2.	9 (x)	28 (x)	1 729	43
308. Fla.	25.2.	– (–)	1 (x)	30	–
309. Fla.	26.2.	636 (x)	389 (x)	71 283	519
[310. Fla. bis 313. Fla.		26.2. bis 28.2.	Keine Überlieferung]		
316. Fla.	2.3.	– (–)	– (–)	280	–
320. Fla.	5.3.	3 (x)	10 (x)	212	–
321. Fla.	6.3.	4 (x)	3 (x)	69	–
323. Fla.	8.3.	1 (x)	1 (x)	335	–
324. Fla.	9.3.	Keine Überlieferung			
325. Fla.	10.3.	15 (x)	45 (x)	3 811	27
326. Fla.	11.3.	21 (x)	41 (x)	6 836	17
327. Fla.	12.3.	24 (x)	28 (x)	5 475	50
328. Fla.	13.3.	– (–)	3 (x)	1 154	–
329. Fla.	14.3.	17 (x)	12 (x)	3 420	24
330. Fla.	15.3.	7 (x)	17 (x)	1 666	6
331. Fla.					
332. Fla.	16.3.	20 (x)	21 (x)	866	4
333. Fla.	17.3.	10 (x)	5 (x)	985	–
334. Fla.					
335. Fla.	18.3.	336 (x)	357 (x)	79 785	226
336. Fla.	18.3.	Keine Überlieferung			
337. Fla.	20.3.	15 (x)	12 (x)	903	6
340. Fla.	21.3.	20 (x)	48 (x)	3 344	77
341. Fla.	22.3.				
342. Fla.	22.3.	1 (x)	6 (x)	2 685	–
343. Fla.					
344. Fla.	23.3.	32 (x)	117 (x)	5 600	36
345. Fla.	24.3.	44 (x)	68 (x)	923	32
346. Fla.	24.3.	7 (x)	1 (x)	1 013	21
348. Fla.	25.3.				
349. Fla.	26.3.	7 (x)	21 (x)	1 120	4
350. Fla.					
351. Fla.	27.3.	7 (x)	27 (x)	2 915	1
352. Fla.	30.3.	340 (x)	62 (x)	9 980	5
353. Fla.	30.3.	15 (x)	24 (x)	2 200	1
354. Fla.					
356. Fla.	3.4.	2 (x)	27 (x)	860	6
357. Fla.	3.4.	31 (x)	26 (x)	1 910	20
358. Fla.	4.4.				
360. Fla.	4.4.	22 (x)	11 (x)	180	17
365. Fla.	8.4.	7 (x)	20 (x)	2 025	3
366. Fla.					
367. Fla.	9.4.	7 (x)	23 (x)	1 140	5
368. Fla.					
369. Fla.	10.4.	13 (x)	38 (x)	8 135	101
370. Fla.	11.4.	24 (x)	65 (x)	5 012	42
371. Fla.	12.4.	16 (x)	68 (x)	2 632	30
374. Fla.	14.4.	7 (x)	8 (x)	4 315	127
375. Fla.	15.4.	10 (x)	74 (x)	7 085	15
376. Fla.	18.4.	10 (x)	78 (x)	6 150	163
378. Fla.					
		Ende der Überlieferung			

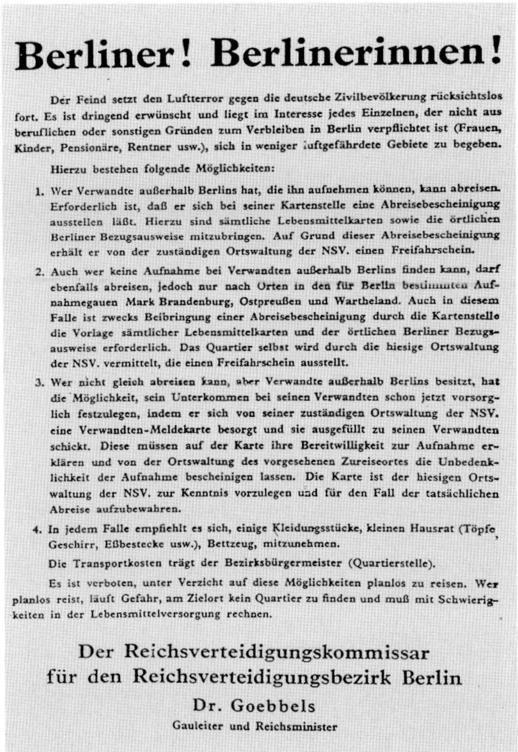

Berliner! Berlinerinnen!

Der Feind setzt den Luftterror gegen die deutsche Zivilbevölkerung rücksichtslos fort. Es ist dringend erwünscht und liegt im Interesse jedes Einzelnen, der nicht aus beruflichen oder sonstigen Gründen zum Verbleiben in Berlin verpflichtet ist (Frauen, Kinder, Pensionäre, Rentner usw.), sich in weniger luftgefährdete Gebiete zu begeben.

Hierzu bestehen folgende Möglichkeiten:

1. Wer Verwandte außerhalb Berlins hat, die ihn aufnehmen können, kann abreisen. Erforderlich ist, daß er sich bei seiner Kartenstelle eine Abreisebescheinigung ausstellen läßt. Hierzu sind sämtliche Lebensmittelkarten sowie die örtlichen Berliner Bezugsausweise mitzubringen. Auf Grund dieser Abreisebescheinigung erhält er von der zuständigen Ortswaltung der NSV. einen Freifahrschein.
2. Auch wer keine Aufnahme bei Verwandten außerhalb Berlins finden kann, darf ebenfalls abreisen, jedoch nur nach Orten in den für Berlin bestimmten Aufnahmegauen Mark Brandenburg, Ostpreußen und Wartheland. Auch in diesem Falle ist zwecks Beibringung einer Abreisebescheinigung durch die Kartenstelle die Vorlage sämtlicher Lebensmittelkarten und der örtlichen Berliner Bezugsausweise erforderlich. Das Quartier selbst wird durch die hiesige Ortswaltung der NSV. vermittelt, die einen Freifahrschein ausstellt.
3. Wer nicht gleich abreisen kann, aber Verwandte außerhalb Berlins besitzt, hat die Möglichkeit, sein Unterkommen bei seinen Verwandten schon jetzt vorsorglich festzulegen, indem er sich von seiner zuständigen Ortswaltung der NSV. eine Verwandten-Meldekarte besorgt und sie ausgefüllt zu seinen Verwandten schickt. Diese müssen auf der Karte ihre Bereitwilligkeit zur Aufnahme erklären und von der Ortswaltung des vorgesehenen Zureiseortes die Unbedenklichkeit der Aufnahme bescheinigen lassen. Die Karte ist der hiesigen Ortswaltung der NSV. zur Kenntnis vorzulegen und für den Fall der tatsächlichen Abreise aufzubewahren.
4. In jedem Falle empfiehlt es sich, einige Kleidungsstücke, kleinen Hausrat (Töpfe, Geschirr, Eßbestecke usw.), Bettzeug, mitzunehmen.

Die Transportkosten trägt der Bezirksbürgermeister (Quartierstelle).

Es ist verboten, unter Verzicht auf diese Möglichkeiten planlos zu reisen. Wer planlos reist, läuft Gefahr, am Zielort kein Quartier zu finden und muß mit Schwierigkeiten in der Lebensmittelversorgung rechnen.

Der Reichsverteidigungskommissar
für den Reichsverteidigungsbezirk Berlin
Dr. Goebbels
Gauleiter und Reichsminister

8 Aufruf von Goebbels in seiner Funktion als „Reichsverteidigungskommissar für den Reichsverteidigungsbezirk Berlin" an die Berliner Bevölkerung, die Evakuierung vor allem von Kindern und älteren Menschen betreffend, Anfang August 1943.

9 Menschen, die Berlin verlassen wollen, auf einem S-Bahnhof, Februar 1944.

Text 1

Aus dem Lagebericht des Sicherheitsdienstes der SS, die zum Teil unzulängliche Evakuierung von Kindern betreffend, 10.Februar 1944.

10. Februar 1944
Um die noch verhältnismäßig hohe Zahl von Kindern in den luftgefährdeten Gebieten zu verringern, wurden in den letzten Wochen durch die Partei, die Hitlerjugend, die Dienststellen der Kinderlandverschickung, die NSV und die Schulen größere Werbeaktionen für die Schulverlegung durchgeführt.
Bedauerlicherweise haben sich trotz dieser Werbeveranstaltungen immer noch ein erheblicher Teil der Eltern zur Verschickung ihrer Kinder nicht bereitgefunden.
Aus den Meldungen seien die nachfolgenden Beispiele über die durchgeführten Elternversammlungen herausgegriffen, die erkennen lassen, mit welchen Argumentationen und Einwänden sich die Eltern in diesen Versammlungen gegen die Kinderevakuierung aussprechen:
Den Eltern der 28. und 29. Volksschule wurde im Lichtspielhaus Passage Neukölln ein Film über ein KLV-Lager gezeigt. Die anwesenden Jugendlichen zeigten sich begeistert, die Mütter hielten sich zurück. Als der Redner ausführte, daß es durchaus möglich sei, daß die Jungen oder Mädel auch einmal einige Tage im Stroh schlafen müßten, dafür aber nicht durch Alarm aus dem Schlaf geweckt würden und die Bunker aufsuchen müßten, kam der erste Zwischenruf: "Im Bunker ist es aber prima!" Auf den Hinweis, daß Berlin Kriegsgebiet sei, in dem Kinder nichts zu suchen hätten, riefen verschiedene Mütter: „Wir aber auch nicht!" Als der Redner daraufhin erklärte, die Mütter sollten dankbar sein, daß ihre Kinder in Sicherheit seien, ertönte der Zwischenruf: „Die Kinder wollen aber nicht." Nach einem Appell an die Mutterliebe und der Feststellung, daß es unvernünftig sei, zu erklären, man wolle mit seinen Kindern zusammen sterben, wurde dem Redner laut entgegengehalten: „Nein, das ist rich-

10 Der „kleine Zoo-Bunker" am Neuen See im Tiergarten, 1945.
Der 1939 bis 1941 erbaute „kleine Zoo-Bunker" diente als Berliner Flak-Leitstelle.
Es gab in Berlin noch zwei weitere Hochbunker dieser Art: in Friedrichshain und im Humboldthain. Sie wurden zwischen 1940 und 1942 als „Flaktürme" gebaut. Darüber hinaus gab es noch andere Hochbunker, wie in Schöneberg oder am Anhalter Bahnhof, die nur als Bunker genutzt wurden. Aufgrund der „Blitzkrieg"-Erwartungen wurde der Luftschutz für die Zivilbevölkerung lange Zeit vernachlässigt. Für die meisten Berliner standen daher nur unzureichend ausgebaute Luftschutzkeller in ihren Wohnhäusern zur Verfügung.

tig." Die Feststellung, daß hier in der Stadt kein Unterricht erteilt werde, wurde mit „Na, dann eben nicht" quittiert. Die Feststellung, daß Kinder unter 10 Jahren in Familienstellen untergebracht werden, da sie nicht als lagerfähig angesehen würden, beantworteten die Eltern mit lautem Gelächter. Als der Vortragende, der bisher die Zwischenrufe mit Geschick beantwortete, auf die Frage, wohin die Kinder unter 10 Jahren kämen, keine genaue Auskunft geben konnte, verließ der größere Teil der Eltern die Versammlung. Ihre Auflösung konnte vom Versammlungsleiter auch nicht durch die versuchte Führerehrung verhindert werden.

Text 2

Tagebucheintragung Ursula von Kardorffs, die Atmosphäre im Zoo-Bunker während eines Bombenangriffs betreffend, 25. Januar 1944.

Neulich war ich mit Klaus beim Sieben-Uhr-Alarm im Zoobunker. Gespenstisch. Eine Herde Menschentiere läuft, während die Flak schon zu schießen beginnt, im Dunkeln auf die Eingänge zu, die klein und viel zu eng sind. Taschenlampen gehen an, und alles schreit: „Licht aus!" Dann schiebt und stößt und drängt das Volk hinein, wobei man sich wundert, daß es noch verhältnismäßig gut abgeht. Die Bunkerwände, massige Steinquader, wirken wie das Bühnenbild zur Gefängnisszene im Fidelio. Ein erleuchteter Lift fährt lautlos auf und ab, wahrscheinlich für die Kranken. Das Ganze könnte Ernst Jünger in seinen Capriccios erfunden haben. Schnauzende

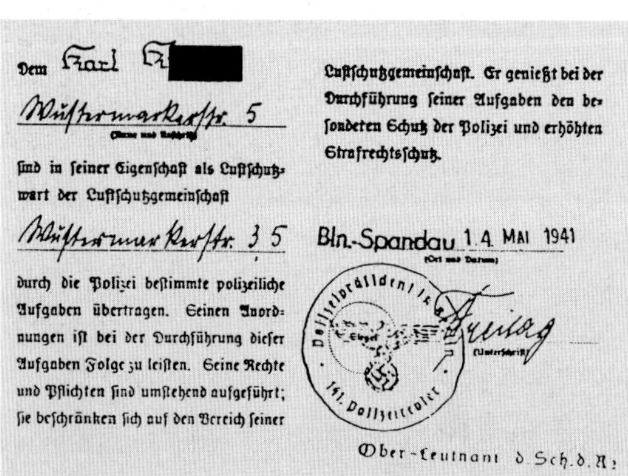

Dem Karl [redacted]
Wustermarkstr. 5
(Name und Anschrift)
sind in seiner Eigenschaft als Luftschutzwart der Luftschutzgemeinschaft
Wustermarkstr. 35
durch die Polizei bestimmte polizeiliche Aufgaben übertragen. Seinen Anordnungen ist bei der Durchführung dieser Aufgaben Folge zu leisten. Seine Rechte und Pflichten sind umstehend aufgeführt; sie beschränken sich auf den Bereich seiner Luftschutzgemeinschaft. Er genießt bei der Durchführung seiner Aufgaben den besonderen Schutz der Polizei und erhöhten Strafrechtsschutz.

Bln.-Spandau 14. MAI 1941
(Ort und Datum)
(Unterschrift)
Ober-Leutnant d. Sch. d. R.

11 Aus dem Ausweis des Luftschutzwartes Karl K. aus Spandau, 1941.

12 Kurz vor einem Luftangriff; Kinderwagen mußten außerhalb des öffentlichen Bunkers abgestellt werden, 1944/45.

13 In einem öffentlichen Luftschutzbunker während eines Bombenangriffs, November 1943.

14 Im Luftschutzkeller eines Wohnhauses während des Bombenangriffs, 13. Juli 1943.

Polizisten und Unteroffiziere treiben die widerwillige Menge langsam die Treppen hinauf, um sie auf die verschiedenen Stockwerke zu verteilen. An jedem Absatz bleiben alle wieder stehen. Eine Frau bekam Schreikrämpfe. Sie dachte, dort oben würde sie eher umkommen: „Ich habe Mann und Sohn an der Front", rief sie kreischend. „Ich gehe nicht hinauf!" Schließlich wurde sie abgeführt. In den Türmen sind Wendeltreppen. Hier sitzen die Liebespaare – Travestie eines Kostümfestes. Wenn die Batterien oben schießen, schwankt das Gebäude, und die Köpfe ducken sich gleichmäßig, als führe eine Sense über sie hin. Alles steht durcheinander: verängstigte Reiche, müde Frauen, abgerissene Ausländer, die ihr Hab und Gut in riesigen Säcken mit sich schleppen, und Soldaten, die einen recht genierten Eindruck machen. Wenn hier eine Panik ausbricht, dann gnade uns Gott, dachte ich.

Text 3

Tagebucheintragung Theo Findahls, den Bombenalarm am Abend des gleichen Tages betreffend, 22. November 1943.

Der Anruf aus Oslo kommt genau auf die Minute 18.15 Uhr. Als ich den Hörer anhänge, ist die Uhr genau 19.30. Alarm. Nun, vielleicht passiert ja doch nichts. Ich bin allein in der Wohnung im Hansaviertel, Klopstockstraße 33, also muß ich einen Rundgang durch die Zimmer machen, um nachzusehen, ob alles Licht gelöscht, die Badewanne mit Wasser gefüllt ist, die Fenster offen sind, damit der Luftdruck nicht die Scheiben eindrückt. Es ist in der letzten Woche so oft gerade um diese Zeit des Abends Alarm gewesen, aber es ist zu keinem Angriff gekommen. Goebbels hat den Berlinern so halbwegs den Glauben beigebracht, daß die RAF nicht ganz bis nach Berlin

15 Nach dem Bombenangriff auf dem Askanischen Platz, 3. Februar 1945.
Dieser Bombenangriff zählt zu den schwersten Luftangriffen: über 100.000 Menschen wurden hierbei obdachlos. Dem mittäglichen Angriff der Amerikaner ging ein Nachtangriff der Engländer voraus.

16 Beim Verlassen des großen Zoo-Bunkers nach einer Entwarnung, Februar 1945.

17 Nach dem Bombenangriff in der Nähe des Anhalter Bahnhofs, 3. Februar 1945.

18 Geborgene Opfer nach einem Bombenangriff, um 1944.

vordringen kann, dank der glänzenden Luftabwehr der Stadt. Ich habe keine Lust, den kleinen Koffer mit einer Garnitur Wäsche und Toilettensachen mitzunehmen, und gehe allein durch die stockdunklen Straßen zum Großen Stern, unserer alten Zufluchtstätte, wo wir, eine ganze Schar von Kollegen und Freunden, uns in dem unterirdischen Durchgang zu treffen pflegen, immer wenn englische Bomber Berlin anfliegen.

Text 4

Erinnerungsbericht einer Schülerin aus Prenzlauer Berg, ihre Eindrücke während des Bombenangriffs am 18. März 1945 betreffend, Januar 1946.

Dieser Erinnerungsbericht stammt aus einer Sammlung von Schulaufsätzen einer Mädchen-Oberschule in Prenzlauer Berg.

Der Raum ist erfüllt von Schwatzen und Lachen. Doch über allem schwebt eine nervenzerreißende Spannung. Da, ein naher Einschlag! Die Flak beginnt zu schießen. Die Erschütterungen werden stärker und stärker. Das Schwatzen wird leise, und das Lachen verstummt ganz. Plötzlich ein ohrenbetäubender Knall! Das Licht flackert, der Raum schwankt. Angstvoll zucken wir zusammen. Die alte Frau mir gegenüber beginnt leise zu beten. Ein Kind birgt ... schluchzend das Gesicht im Schoße der Mutter. Sein Wimmern bleibt in der Luft hängen wie eine Verkörperung unserer Angst. Schlag auf Schlag! Ein jeder spürt die Nähe des Todes. Vielleicht noch drei Minuten, noch zwei, vielleicht auch nur eine! Die junge Frau neben mir starrt mit glanzlosen Augen ins Leere. Sie hat mit dem Leben abgeschlossen wie wir alle.
Da, aus dem kleinen Spalt in der Wand dringt Rauch! Es ist ein kaum merkbarer Hauch, und doch ist die dumpfe Kellerluft in wenigen Minuten rauchverpestet. Eine Frau schreit auf. „Wir sind verloren!" kreischt sie, greift zu ihren Habseligkeiten und stürzt zur Tür, die in die hinteren Räume führt. Viele schließen sich an. Doch als der Raum schwarz ist, halten es auch die letzten nicht mehr aus. Noch immer dröhnt die Erde von den Einschlägen der Bomben. Es ist, als seien alle Gewalten entfesselt. Da kommt die Nachricht, daß der Ausgang verschüttet sei. Gleich darauf aber ruft ein Mann: „Über uns brennt es, wir müssen raus!" Kinder schreien, Frauen weinen; eine angstvolle Ratlosigkeit bemächtigt sich aller. Was soll nun aus uns werden? Rauch dringt auch in diesen Raum. Die Luft ist schwül, der brennende Rauch beißt in den Augen; wir stehen dicht bei dicht! Die Hand des Todes liegt über uns.
„Die Notausgänge sind versperrt", sagt der Luftschutzleiter. „Wir müssen warten, bis sie frei gemacht sind." „Warten! Warten! Dann sind wir erstickt!" stöhnt eine junge Frau, deren Kind sich angstvoll an sie schmiegt. Ein alter Mann bekommt Herzkrämpfe. Und wir warten! Warten auf den Tod!
Da, ein frischer Luftzug! Ein Ausgang ist frei! Wer vermag das Glück zu beschreiben, das man empfindet, wenn man dem Tod entrinnt.
Ein jeder drängt hinaus. „Es muß schnell gehen!" rufen die Wachen. „Einsturzgefahr!" Niemand weiß, ob der Angriff vorüber ist, denn alle Alarmvorrichtungen sind zerstört. Wir steigen hinauf. Über uns, um uns brennt es.

Text 5

Tagebucheintragung von Theo Findahl, den abendlichen Bombenangriff des gleichen Tages betreffend, 23. November 1943.

Von dem Platz hier sieht es aus, als brenne die ganze Stadt. Das gesamte Hansaviertel hinter dem Park steht in Flammen. Ich muß nach Haus, um zu sehen, ob irgend etwas gerettet werden kann! In der Altonaer Straße ist die Wasserleitung geborsten, die Straße gleicht einem Binnensee. Unmöglich, auf diesem Wege zum Hansaplatz vorwärtszukommen. Der Tiergarten ist wie ein Dschungel. Zweige und Stengel stechen einem ins Gesicht, während man sich über gestürzte Baumstämme vorwärtstastet. Die Händelallee – ein Feuermeer! Ich gehe weiter und biege in die Klopstockstraße ein. Die Straße ist so heiß wie ein Backofen – an einzelnen Stellen versuchen die Leute etwas zu retten, hier und da werden Teile des Inventars auf die Straße hinausgeschleudert, aber die meisten geben die Mühe auf und lassen es nur brennen. Hoffnungslos, in das Haus Nummer 33 hineinzukommen – ein glühender Wind peitscht durch die Straßen, das

19 Die erste Seite der Luftschutz-Ereignismeldung des „Führers des Technischen-Nothilfe-Bereichs Spree", den Bombenangriff vom 6. Oktober 1944 betreffend, 13. Oktober 1944.
Diese „LS-Ereignismeldungen" wurden zu jedem Bombenangriff zusammengestellt. Bemerkenswert ist die diskriminierende Separierung der Opfer unter den ausländischen Zwangsarbeitern und -arbeiterinnen und Kriegsgefangenen. ▶

Der Führer
TN-Bereichs Spree

Berlin-Lichterfelde, den 13.10.44
Haydnstraße 13-15
Fernruf: Sammelnummer 76 52 31

Ic.317- /44

Geheim

LS-Ereignismeldung

Luftangriffe am 6.10.44

I. Berlin

Schlußbericht
nach dem Stande vom 9.10.44

1. Abwurfmittel
   1) Tagesangriff
      - 1.000 Sprengbomben
      - 100.000 Stabbrandbomben
      - 1.000 Flüssigkeitsbrandbomben
   2) Nachtangriff
      - 2 Minenbomben
      - 20 Sprengbomben

   Unter den Sprengbomben bis jetzt 93 Blindgänger bzw. Langzeitzünder gezählt.

2. Personenverluste
   1) Tagesangriff

	gefallen	verwundet schwer	verwundet leicht
Zivilbevölkerung: Männer	100	54	130
Frauen	51	15	67
Kinder	8	1	4
Soldaten	13	2	2
Ordnungspolizei	5	3	5
	getötet	verletzt	
Fremdvölk. Arbeiter: Männer	36	12	22
Frauen	6	2	4
Kriegsgefangene	1	-	-
insgesamt	220	89	254

Vermißte: noch etwa 30 Personen
Verschüttete: 88 Personen lebend,
137 " tot geborgen. (Diese Zahl ist in der Zahl der Gefallenen usw. enthalten.)

Obdachlose: etwa 6.200 Personen.

2) Nachtangriff

	gefallen	verwundet schwer	verwundet leicht
Zivilbevölkerung: Männer	-	1	3
Frauen	-	-	3
Soldaten	-	3	1
insgesamt	-	4	7

20 Löscharbeiten der Berliner Feuerwehr in der Kreuzberger Zimmerstraße nach einem Bombenangriff, 1944.

21 Zwangsarbeiter aus Belgien beim Bergen eines Blindgängers, 1944.

Haus ist ein einziger Feuerwirbel. Aus dem großen Haus gegenüber, das den besten Keller der Stadt hat, wankt eine Schar verstörter Frauen herbei, ein halberwachsenes Mädchen schreit hysterisch, aber die meisten sind ganz ruhig, wie halb betäubt. Wie in einem Blitz sehe ich die blasse, stöhnende Französin vor mir, die sich vor drei Jahren in Bergues an den Hauswänden entlangschleppte, nachdem die Deutschen die Stadt in Schutt und Trümmer gelegt hatten. Das beste ist, so schnell wie möglich kehrt zu machen und wieder in den Park zurückzukommen, wo die Luft nicht ganz so beißend ist von Ruß und Rauch wie hier – schnell weg von dieser Stelle, die drei Jahre unser Zuhause gewesen ist!

Text 6

Schilderung von Konrad Warner über die Situation nach dem abendlichen Bombenangriff, 22. November 1944.

Bald nachdem ich zu ihnen gestoßen war, stürzte über uns das brennende Treppenhaus zusammen. Der Weg nach oben war uns versperrt. Der Keller füllte sich immer mehr mit Rauch. Wir mußten aus dieser höllischen Falle herauskommen. Die Menschen irrten aneinander vorbei, ohne sich zu sehen. Manchmal traf man ein fremdes Gesicht, man wußte nicht, gehörte es zum Haus, war es ein Nachbar oder ein Fremder, der auf Raub aus war. Andere saßen erschöpft und apathisch auf ihren Stühlen und Pritschen. Man tränkte Wolldecken, Schals und Taschentücher in den Wasserbecken, um sich gegen Brand und Funkenflug schützen zu können.
Wir krochen nun durch den Mauerdurchbruch in den Luftschutzkeller des Nachbarhauses, um auf unterirdischem Wege die nächste Querstraße zu erreichen, durch welche wir zu einem U-Bahnhof gelangen konnten. Das waren die Katakomben des 20. Jahrhunderts. So schleppten wir uns durch die verschiedenen Luftschutzkeller und krochen durch immer neue Durchbrüche, bis wir das letzte Haus an der nächsten Straße erreichten, von wo aus wir wieder auf der Erdoberfläche weiterkommen mußten. Die alten Leute gelangten nur mit Schwierigkeiten durch diesen kleinen Tunnel, Kinder und Säuglinge wurden hindurchgereicht, Koffer hinübergeschoben. Über uns brannten alle Häuser lichterloh, durch die Straßenzüge wären wir gar nicht mehr vorwärtsgekommen.

1.2. Die „Schlacht um Berlin"

Beim Jahreswechsel 1944/45 war die militärische Lage des nationalsozialistischen Deutschland hoffnungslos. Im Westen standen amerikanische und britische Truppen seit dem Herbst 1944 auf Reichsgebiet. Im Osten hatten sich fast alle Verbündeten abgewandt, und die sowjetischen Truppen setzten seit dem 12. Januar aus der Weichselstellung heraus zum „Sturm auf das Reich" an. Da der Oberbefehlshaber der westalliierten Streitkräfte General Eisenhower im März 1945 entschied, Berlin nicht als ein vorrangiges militärisches Ziel zu behandeln, blieb die Eroberung der Reichshauptstadt die alleinige Aufgabe der sowjetischen Armee.

Die Überlegenheit der Roten Armee im Januar 1945 war beeindruckend: Bei der Infanterie betrug das Kräfteverhältnis zur deutschen Wehrmacht 9–11 zu 1, bei der Artillerie 10–20 zu 1; hinzu kam, daß die Alliierten die Lufthoheit besaßen, eine deutsche Luftabwehr praktisch nicht mehr existierte. Dennoch waren die politischen und militärischen Führer des „Dritten Reiches" nicht bereit, den aussichtslosen Kampf zu beenden, um weiteres Blutvergießen und unnötige Zerstörungen zu vermeiden. Im Gegenteil, man intensivierte die antibolschewistische Propaganda und verschärfte den Terror gegen Soldaten und Zivilisten, die den Glauben an den „Endsieg" nicht mehr zu teilen vermochten.

Rechnet man die Reserven und rückwärtigen Dienste ein, waren bei Beginn der Berlin-Offensive am 16. April 1945 2,5 Millionen Soldaten, 41.600 Geschütze, 6.300 Panzer und 7.500 Flugzeuge – das heißt ein Drittel der Gesamtkapazitäten der sowjetischen Streitkräfte – für die Rote Armee im Einsatz. Die Zahl der für die Verteidigung Berlins eingesetzten Kräfte lag dagegen bei etwa 100.000 mangelhaft ausgebildeten Soldaten, die durch Volkssturm- und Arbeitsdiensteinheiten, Polizei- und Feuerwehrkräfte ergänzt wurden. Eine Verteidigung war unter diesen Umständen von vornherein sinnlos. Die fanatische Entschlossenheit, die Reichshauptstadt *„bis zum letzten Mann und zur letzten Patrone"* zu verteidigen, kostete allein auf deutscher Seite mehr Menschenleben als alle Bombenangriffe, und sie bewirkte eine Zerstörung der Stadt, deren Ausmaß vor allem in den inneren Stadtbezirken den Bombenschäden gleichkam. Die Formulierung des ersten sowjetischen Stadtkommandanten, Generaloberst Bersarin – *„Die Alliierten haben 65.000 Tonnen Bomben abgeworfen – wir haben in zwei Wochen 40.000 Tonnen Granaten gefeuert!"* – mag übertrieben sein, läßt aber die Dimension der Zerstörungen erahnen.

Am 21. April standen die ersten sowjetischen Verbände in den nordöstlichen Außenbezirken Berlins. Der eigentliche Endkampf begann mit der Bombardierung kriegswichtiger Einrichtungen durch sowjetische Jagdbomber und ständigen Artilleriebeschuß der inneren Stadtbezirke. Am 25. April wurde der Belagerungsring um die Stadt geschlossen. In für beide Seiten verlustreichen Straßenkämpfen rückten die sowjetischen Truppen bis zum 28. April auf das Stadtzentrum vor. Am 30. April stürmten sowjetische Soldaten den Reichstag und hißten die Rote Fahne. Wenig später beging Hitler im „Führerbunker" unter der Reichskanzlei Selbstmord.

Die „Schlacht um Berlin", die vom 16. April bis 2. Mai dauerte, war eine der größten und verlustreichsten des Zweiten Weltkriegs. Die Rote Armee verlor nach eigenen Angaben 200.000 Mann an Gefallenen, Verwundeten und Vermißten (davon allein 100.000 Mann beim Kampf um die Seelower Höhen östlich von Berlin). Die genauen Verlustzahlen der deutschen Seite sind nicht bekannt. Schätzungen beziffern die Gesamtzahl der Opfer auf 50.000, davon über 20.000 Zivilisten.

Text 7

Hitler in einem Gespräch mit dem Minister für Rüstung und Kriegsproduktion Albert Speer am 18. März 1945.

Nur einen Tag nach dieser Aussage ordnete Hitler am 19. März mit dem sogenannten „Nero"-Befehl weitgehende Zerstörungsmaßnahmen im Reichsgebiet an. Die Ausführung des Befehls konnte durch Eingreifen Speers zum größten Teil verhindert werden.

Wenn der Krieg verloren geht, wird auch das Volk verloren sein. Es ist nicht notwendig, auf die Grundlagen, die das deutsche Volk zu seinem primitivsten Weiterleben braucht, Rücksicht zu nehmen. Im Gegenteil ist es besser, selbst diese Dinge zu zerstören. Denn das Volk hat sich als das schwächere erwiesen, und dem stärkeren Ostvolk gehört ausschließlich die Zukunft. Was nach diesem Kampf übrigbleibt, sind ohnehin nur die Minderwertigen, denn die Guten sind gefallen.

Text 8

Der vom Befehlshaber des Verteidigungsbereichs Berlin General Hellmuth Reymann erlassene „Grundsätzliche Befehl für die Vorbereitungen zur Verteidigung der Reichshauptstadt" vom 9. März 1945.

Erst seit Anfang Februar hatte das Oberkommando der Wehrmacht begonnen, allgemeine Richtlinien zur Verteidigung der Stadt zu entwickeln. Aufgrund des erheblichen Mangels an militärisch ausgebildeten Kräften und der ungenügenden Materialversorgung waren die Vorgaben und Planungen von vornherein unrealistisch und nicht umsetzbar.

Berlin-Grunewald, den 9.3.1945

Verteidigungsbereich Berlin
Ia/op., Nr. 400/45 geh.
Grundsätzlicher
Befehl
für die
Vorbereitungen
zur
VERTEIDIGUNG DER REICHSHAUPTSTADT

Die Grundsätze dieses Befehls müssen geistiges Eigentum jedes eingeteilten Führers (einschl. Volkssturm-Führer) sein. Alle Vorbereitungen müssen sich – der Einheitlichkeit halber – im Rahmen dieser Grundsätze halten.

[...]

A. Allgemeines

[...]

2. Auftrag
Die Reichshauptstadt wird bis zum letzten Mann und bis zur letzten Patrone verteidigt.
3. Kampfweise
Mit den zur unmittelbaren Verteidigung der Reichshauptstadt zur Verfügung stehenden Kräften wird der Kampf um Berlin nicht in offener Feldschlacht ausgetragen, sondern im wesentlichen als Straßen- und Häuserkampf. Er muß mit
Fanatismus,
Fantasie,
mit allen Mitteln
der Täuschung,
der List,
und Hinterlist,
mit vorbereiteten
und aus der Not des Augenblicks geborenen
Aushilfen aller Art
auf
über und
unter der Erde
geführt werden.

22 Durchhalteparole in Berlin, 1945.

23 Ein älterer Volkssturmsoldat während der Ausbildung an der Panzerfaust, Winter 1944/45.
Der Erlaß zur Bildung des deutschen Volkssturms vom 25. September 1944, aus Propagandagründen erst anläßlich des Jahrestags der Völkerschlacht von Leipzig am 18. Oktober publiziert, verfügte die Registrierung und Einziehung aller „waffenfähigen Männer" im Alter von 16 bis 60 Jahren. Aufstellung und Führung des Volkssturms lagen im Verantwortungsbereich der Gauleiter, während die militärische Ausbildung, die Bewaffnung und die Ausrüstung durch den Reichsführer-SS Heinrich Himmler als Befehlshaber des Ersatzheeres organisiert wurde. Erst unmittelbar vor Eintritt in die Kampfhandlungen sollten die Volkssturmeinheiten unter den Kampfauftrag der Wehrmacht treten. Nach Schätzungen sollen seit Jahresende 1944 insgesamt sechs Millionen volkssturmpflichtige Männer rekrutiert worden sein.

Hierbei kommt es darauf an, die Vorteile des eigenen Landes und die voraussichtliche Scheu der meisten Russen vor dem ihm fremden Häusermeer restlos auszunutzen. Die genauen Ortskenntnisse, die Nutzbarmachung der U-Bahn und des unterirdischen Kanalisationsnetzes, die vorhandenen Nachrichtenverbindungen, die vorzüglichen Kampf- und Tarnmöglichkeiten in den Häusern, der festungsmäßige Ausbau von Häuserblocks – insbesondere von Eisenbetonhäusern – zu Stützpunkten, machen den Verteidiger auch bei zahlenmäßiger und materieller Unterlegenheit gegenüber jedem Feinde unüberwindlich!
Der Feind, dem keine Minute Ruhe zu gönnen ist, muß sich in dem engmaschigen Netz der Widerstandsnester, Stützpunkte und Verteidigungsblocks verzehren und verbluten. Jedes verlorene Haus oder jeder verlorengegangene Stützpunkt sind sofort im Gegenstoß wiederzunehmen. Hierbei sind Stoßtrupps unter Ausnutzung der unterirdischen Gänge unbemerkt auch in den Rücken des Feindes zu führen, um ihn überraschend von rückwärts zu vernichten.
Voraussetzung für eine erfolgreiche Verteidigung Berlins ist jedoch,
daß
jeder Häuserblock,
jedes Haus,
jedes Stockwerk,
jede Hecke,
jeder Granattrichter
bis zum äußersten verteidigt wird!
Es kommt gar nicht darauf an, daß jeder Verteidiger der Reichshauptstadt die Technik des Waffenhandwerks bis ins einzelne gut beherrscht, sondern vielmehr darauf, daß
jeder Kämpfer
vom fanatischen Willen zum
KÄMPFEN-WOLLEN
beseelt und durchdrungen ist,
daß er weiß, daß die Welt mit angehaltenem Atem diesem Kampf zusieht und daß der Kampf um Berlin die Kriegsentscheidung bringen kann.
[...]

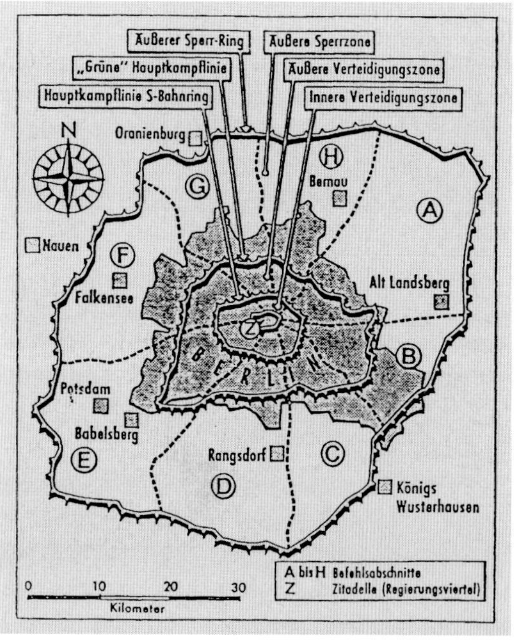

24 Skizze des Verteidigungsplans für Berlin nach dem „Grundsätzlichen Befehl" vom 9. März 1945.

25 Das Volkssturm-Bataillon 405 beim Ausheben eines Panzergrabens am Ortsausgang von Mahlsdorf, 18. April 1945.

Text 9

Aussage des Generals der Artillerie Helmuth Weidling in sowjetischer Kriegsgefangenschaft, die militärische Lage in Berlin seit dem 24. April 1945 betreffend, 1946.

General Weidling leitete seit dem 24. April 1945 als Befehlshaber des „Verteidigungsbereichs Berlin" die militärischen Abwehrmaßnahmen gegen die Rote Armee. Weidling starb 1955 in sowjetischer Kriegsgefangenschaft.

Schon am 24. April überzeugte ich mich davon, daß es unmöglich war, Berlin zu verteidigen, und es auch vom militärischen Standpunkt aus sinnlos war, da das deutsche Kommando nicht über ausreichende Kräfte verfügte. Darüber hinaus befand sich zu dieser Zeit in Berlin zur Verfügung des Kommandeurs nicht eine einzige reguläre Einheit, wenn man vom Regiment „Großdeutschland" und einer SS-Brigade absieht, die die Reichskanzlei bewachten. Die gesamte Verteidigung war dem Volkssturm, der Polizei, der Feuerwehr und verschiedenen Truppen der rückwärtigen Dienste sowie Dienststellen übertragen.
Die Stadt war in acht äußere und einen inneren Verteidigungsabschnitt eingeteilt. Die Verbindung

26 Panzersperren am „Knie" (heute: Ernst-Reuter-Platz), April 1945.

zwischen den einzelnen Abschnitten war schlecht. [...]
Berlin verfügte über Lebensmittel und Munitionsreserven für 30 Tage. Da sich jedoch die Lagerhäuser am Stadtrand befanden, wurde die Versorgung mit Lebensmitteln und Munition immer schwieriger, je mehr sich der Ring der russischen Truppen um die Verteidiger schloß. In den letzten beiden Tagen verfügten wir weder über Lebensmittel noch über Munition.
Ich denke, daß der Volkssturm, die Polizeiabteilungen, die Feuerwehr und die Einheiten der Flak ohne Truppen der rückwärtigen Dienste über rund 90 000 Mann verfügten. Außerdem gab es Volkssturmeinheiten des 2. Aufgebots, die zu den Verteidigungstruppen stießen, als im Kampfverlauf die verschiedenen Betriebe geschlossen wurden. Das LVI. Panzerkorps gelangte nach Berlin, d. h. zog sich nach Berlin zurück, mit 13 000–15 000 Mann. Eine genaue Angabe über die Zahl der Verteidiger von Berlin zu machen ist unmöglich, da ich von den einzelnen, mir unterstellten Teilen keine Angaben über den Mannschaftsbestand erhielt.

Chronik 16. April bis 2. Mai 1945

16. April
Beginn der sowjetischen Offensive gegen Berlin.

19. April
Eroberung der Seelower Höhen durch die Rote Armee.
(Endgültige Besetzung des Ruhrgebiets durch britische Truppen)

21. April
Kämpfe in Lichtenberg und Pankow.
Die Rote Armee erobert Weißensee.
Artilleriebeschuß des Regierungsviertels.

22. April
Oberst Ernst Kaether wird zum Kampfkommandanten ernannt.
Erste Ausgabe der Durchhaltezeitung „Der Panzerbär".

23. April
Kämpfe in Tempelhof, Steglitz und Zehlendorf.
Die Rote Armee erobert Köpenick, Lichtenberg und Pankow.
Einstellung des U-Bahn-Verkehrs.

24. April
Kämpfe in Treptow, Neukölln, Friedrichshain, Prenzlauer Berg, Spandau und Reinickendorf.
General Weidling wird zum Kampfkommandanten ernannt.

25. April
Die Rote Armee erobert Treptow und Neukölln.
Der sowjetische Ring um Berlin ist geschlossen.
Einstellung des S-Bahn-Verkehrs.
(Amerikanische und sowjetische Einheiten begegnen sich in Torgau an der Elbe)

26. April
Kämpfe in Kreuzberg, Schöneberg, Wilmersdorf, und Charlottenburg.
Die Rote Armee erobert Zehlendorf, Reinickendorf und Wedding.

27. April
Kämpfe in Tiergarten, am Alexanderplatz und am Halleschen Tor.
Die Rote Armee erobert Tempelhof, Schöneberg und Steglitz.

28. April
Straßen- und Häuserkampf in Mitte.
Die Rote Armee erobert Kreuzberg, Wilmersdorf und Spandau.

29. April
Die Rote Armee erobert den Anhalter Bahnhof und den Potsdamer Platz.
„Der Panzerbär" erscheint zum letzten Mal.
(Amerikanische Truppen erobern München)

30. April
Kämpfe in der Friedrichstraße.
Die Rote Armee erobert das Innenministerium und das Reichstagsgebäude.
Selbstmord Hitlers.

1. Mai
Ausbruchsversuch der in der Reichskanzlei eingeschlossenen Personen.
Waffenstillstandsverhandlungen zwischen General Krebs und General Tschuikow.
Selbstmord Goebbels'.

2. Mai
Kapitulation der deutschen Truppen in Berlin.

27 Sowjetische Schlachtflugzeuge vom Typ IL-2 „Sturmovik" im Einsatz über Berlin, April 1945.
Zur Unterstützung der Bodentruppen flog die sowjetische Luftflotte seit dem 16. April Bombenangriffe auf militärische Stützpunkte in der Stadt. Die britischen und amerikanischen Luftangriffe waren zuvor eingestellt worden.

An die Bevölkerung von Berlin!

Berlin ist von einem festen Ring der Truppen der Roten Armee eingekreist. Das Schicksal Berlins ist besiegelt. Die Rote Armee hat Zehntausende schwerer Geschütze und Salvengeschütze und Tausende von Bombern und Panzern zum Sturm herangeführt. **Weiterer Widerstand wird die Einnahme der Stadt durch die Rote Armee nicht abwenden können.** Er wird lediglich zur vollen Vernichtung der Stadt und zum sinnlosen Tode Hunderttausender deutscher Männer, Frauen und Kinder führen.

Jeder vernünftige Führer würde sich in einer solchen Lage zu sofortiger Kapitulation entschließen, um das Leben der Stadt und das Leben von Frauen und Kindern zu retten. Doch Ihr wißt sehr wohl: Von der verbrecherischen Hitlerbande ist so etwas nicht zu erwarten. Im Gegenteil, die Naziführer versuchen durch Drohungen und Schreckensmärchen über Greueltaten, die die Rote Armee angeblich an der deutschen Bevölkerung verübt, den Widerstand in die Länge zu ziehen. Dadurch geben sie die Stadt und die Bevölkerung der vollen Vernichtung preis.

Die Naziführer haben nichts zu verlieren. Diese Bande weiß, daß sie die verdiente Strafe erwartet. Ihr aber habt keinen Grund, Euch vor dem Einmarsch der Roten Armee in Berlin zu fürchten. **Die Rote Armee führt keinen Krieg gegen die Zivilbevölkerung.** Sie tut sogar den einfachen Mitgliedern der N. S. D. A. P. nichts, falls sie sich loyal zu der Roten Armee verhalten.

Berliner!

Ihr seid die Mehrzahl! Von Euch hängt es ab, das Ende der Schrecken näher zu bringen. Ihr könnt das retten, was noch zu retten ist.

Organisiert Euch in Widerstandsgruppen zum Widerstand gegen die Nazibande und zur Unterstützung der Roten Armee und handelt sofort!

1. Überzeugt alle Soldaten und Offiziere von der Notwendigkeit, den Widerstand sofort einzustellen!
2. Verbergt jeden Soldat und Offizier, der nicht weiterkämpfen will!
3. Verlaßt Eure Arbeitsstätten in den Rüstungswerken und bei den Befestigungsbauten!
4. Verlaßt den Volkssturm!
5. Sabotiert die Erfüllung der Befehle Hitlers und seiner Bande!

Duldet nicht die Zerstörung von Brücken, Transport- und Kommunaleinrichtungen! Merkt Euch diejenigen, die diese Niederträchtigkeiten durchführen:

Duldet nicht die Verminung von Gebäuden und Brücken! Merkt Euch die verminten Stellen und die Personen, die die Verminung durchführen.

Hißt überall weiße Flaggen als äußeres Zeichen Eurer Bereitschaft, den Widerstand einzustellen.

Kommt getroßt über die Frontlinie in die russischen Stellungen. Hier seid Ihr in Sicherheit.

27. 4. 1945 Nr. 844

28 Flugblatt der Roten Armee (Vorder- und Rückseite), 27. April 1945.
Das Flugblatt wurde aus der Luft abgeworfen.

Text 10

Befehl Hitlers, in der Frontzeitung „Der Panzerbär" veröffentlicht, 23. April 1945.

Jeder, der Maßnahmen, die unsere Widerstandskraft schwächen, propagiert oder gar billigt, ist ein Verräter! Er ist augenblicklich zu erschießen oder zu erhängen! Das gilt auch dann, wenn angeblich solche Maßnahmen im Auftrage des Gauleiters, Reichsminister Dr. Goebbels, oder gar im Namen des Führers befohlen werden sollten.

Text 11

Auszug aus dem Tagebuch Helmut Altners, 23. April 1945.

Wir sind auf der großen Straße nach Berlin. Lichtenrade zieht vorbei. Mariendorf. Wir sind im Bannkreis der Stadt. An der Straße ragen Wohnhäuser hoch in den Himmel. Manchmal brennt trübe ein Licht. An den Haustüren stehen die Bewohner. Schrecken zurück, als unsere Schritte laut an die Häuserwände schlagen. Atmen dann auf, es sind Deutsche [...]
Die Zeit rückt weiter. Unerbittlich geht es zur letzten Stunde. Von Süden her drängen sich die Frauen. Männer hasten eilig über den Damm, scheu um sich blickend. Patrouillen der SS fahren mit Autos über die Straßen, um hier einen Mann anzuhalten und dort einen aufzuladen. Mit singendem Motor rollt der Wagen davon. Volkssturm, meist in Uniform der SS, schließt die Panzersperren. Hitler-Jugend läuft mit Panzerfäusten stolz durch die Straßen. Rechts liegt ein großer Platz. Gesäumt von Fassaden ausgebrannter Häuser. An einem Straßenpfahl stehen zwei SA-Männer in Uniform. Ein Zivilist hängt gefesselt an einem Pfahl. Um seinen Hals laufen rote elektrische Kabel, die tief in das Fleisch eingeschnitten haben. Das Gesicht ist blau. Die Augen hängen tief in ihren Höhlen. Um seinen Hals hängt ein weißes Schild aus Pappe. Mit roter Schrift steht darauf in zittrigen Zügen: „Ich Otto Meyer, war zu feige, für Frau und Kind zu kämpfen. Deshalb hänge ich hier. Ich bin ein Schweinehund." Ich habe ein Würgen im Halse. Ich möchte wegsehen und kann den Blick doch nicht lösen von diesem schrecklichen Schauspiel. Die SA-Männer lachen und rauchen. Leise schwankt der Tote im Wind. Ein Zivilist, der neben uns geht, erzählt mit leiser Stimme, weshalb der Soldat gehängt worden ist. Er kam zurück wie wir. Müde und abgekämpft entrann er dem Toben der Vernichtungsschlachten und dem Kessel vor den Toren Berlins. Er war jung. Seine Frau bat ihn, zu bleiben. Er gab nach. Hausbewohner verrieten ihn. SS holte ihn ab. Und vor den Augen seiner entsetzten Frau, vor den Augen seines Kindes wurde er gemordet. Vorher mußte er das schmachvolle Schild mit eigenen Händen beschriften. SS gab ihm grinsend den Text. Dann wurde er hochgezogen. Die Drähte schnitten in den Hals und töteten ihn bald. Die Frau lag ohnmächtig am Boden. Die SS fuhr ab. Die SA-Männer stellten sich auf.

Text 12

Tagebuchaufzeichnung des Luftwaffenhelfers Dieter Borkowski, 28. April 1945.

Standgerichte wurden bereits am 15. Februar 1945 durch eine Verordnung des Reichsjustizministers Otto Thierack eingerichtet. Ein Abnehmen der Kampfkraft und ein Erlahmen des Willens zum Widerstand sollten durch Terror gegen die eigene Bevölkerung verhindert werden.
Die berüchtigste Berliner Hinrichtungsstätte war in der Spandauer Murellenschlucht gelegen, wo systematisch Todesurteile gegen Wehrmachtsangehörige aller Dienstgrade vollstreckt wurden. Während der Kämpfe in Berlin wurden Exekutionen von Soldaten und Zivilisten ohne jedes Verfahren an Ort und Stelle vollzogen.

29 Sowjetischer Artillerie-Raketenwerfer beim Beschuß der Reichskanzlei vom Asternplatz in Lichterfelde aus, Ende April 1945.
Die Salvengeschütze für Raketen, von den sowjetischen Soldaten als „Katjuscha", von den deutschen Soldaten als „Stalinorgel" bezeichnet, waren aufgrund der starken Wirkung im Treffergebiet auch im Straßenkampf eine gefürchtete Waffe.

30 Sowjetische Artillerie- und Panzereinheiten in der Frankfurter Alle, Ende April 1945.

31 Sowjetische Infanteristen beim Häuserkampf, Ende April/Anfang Mai 1945.

Die Kanonade ist jetzt so vernichtend dicht, daß man nur noch von Haus zu Haus springend weiterkommt. Als ich mich endlich dem Königstor nähere, entdecke ich schon von weitem etwas Merkwürdiges. Auf den Deckungsgräben vor der Bartholomäuskirche stehen fünf Männer so steif und still wie bei einer Exerzierübung, dabei schlagen hier überall Geschosse ein. Kaum noch hundert Meter entfernt, rufe ich aus einem Hausflur, in dem ich eine kleine Feuerpause abwarte, erregt hinüber: „Nehmt doch Deckung! Geht schnell in die Gräben!" Keine Antwort, nichts rührt sich. Beim Herankommen fahre ich zusammen – die fünf Männer sind tot. Nur von weitem sah es so aus, als ob sie auf den Luftschutzgräben stehen. In Wahrheit hängen sie an den Bäumen hinter den Deckungsgräben. Einer hat ein Schild auf der Brust: „Wir waren zu feige, Berlin vor den Bolschewisten zu schützen. Wir haben die weiße Flagge gehißt und damit Großdeutschland und den Führer verraten. Deshalb mußten wir ehrlos sterben!"

32 Ein überflutetes Teilstück des Nord-Süd-S-Bahn-Tunnels am Landwehrkanal, nach 1945.
Die Sprengung der Tunneldecke unter dem Landwehrkanal und die anschließende Flutung der S-Bahn-Schächte ist von Zeitpunkt und Ablauf her nicht eindeutig rekonstruierbar. Es ist wahrscheinlich, daß die Sprengung am Morgen des 2. Mai durch sich zurückziehende deutsche Einheiten vorgenommen wurde. Die Zahl der bei den Wiederherstellungsarbeiten nach dem Mai 1945 geborgenen Leichen lag bei etwa 100. Vermutungen, daß die Zahl der Opfer in die Tausende ging, haben sich als unhaltbar erwiesen.

Text 13

Auszug aus dem Protokoll der Lagebesprechung im Führerhauptquartier im Bunker der Reichskanzlei, 27. April 1945.

Krebs: „In Berlin ist der Gegner weit nach Norden vorgestoßen. Er soll über Bülowstraße bis auf Ecke Lützowstraße vorgestoßen sein. Auf der Brücke am Halleschen Tor sollen zwei Panzer des Feindes brennen. Drei Kompanien, die den Gegenangriff gemacht hatten, sind am Moritzplatz eingeschlossen. Janowitzbrücke unverändert. Gegner an Alexanderplatz weiter herangekommen. Im Nordosten im großen gehalten. Unangenehmer Einbruch am Bahnhof Humboldthain. Flaktürme hier eingeschlossen. Am Westhafen hin- und herwogende Kämpfe. Gegner soll mit Sturmbooten herumgefahren sein. Nördlich Bahnhof Witzleben stehen Feindpanzer. Dagegen läuft eigener Panzerstoß. Im Grunewald hält Reichsarbeitsdienst mit Sturmgeschützen und hat Verbindung mit rechts und links. Die Brücken von Pichelsdorf und Stößensee werden gehalten. Gegner bei Trabrennbahn Ruhleben vorgestoßen, aber nach Süden aufgehalten."

Hitler: „In der Millionenstadt kann man nicht mit 400 Panzern eine Stadt besetzen. Das verkrümelt sich."

Krebs: „ Es hat sich im großen bestätigt, daß die Absicht des Feindes in den letzten sechs Tagen folgende gewesen sein muß:

1. Abschließung im großen;

2. Abschließung im kleinen, die im Westen gelungen ist;

3. jetzt wird er auf Potsdamer Platz, Alexanderplatz und Bahnhof Charlottenburg drücken, um zu versuchen, die Innenstadt in einzelne Teile aufzuteilen."

Hitler: „Man muß als Zentralreserve eine Anzahl Sturmgeschütze hier in der Mitte bereithalten.- Das einzige, was lähmend ist, ist, daß man nicht genau weiß, was passiert und daß man keine genaue Unterlagen hat und nur auf Zufallsnachrichten angewiesen ist. Man muß immer wieder drängen."

Text 14

Tagebuchaufzeichnung des Chefs des Generalstabs der Luftwaffe General der Flieger Karl Koller, 22. April 1945.

20.45 Uhr: Christian [gemeint ist der Chef des Luftwaffenführungsstabes Generalmajor Eckard Christian] *ist bei mir eingetroffen. Sein Bericht*

Der Panzerbär

Lesen und weitergeben!

29. April 1945

KAMPFBLATT FÜR DIE VERTEIDIGER GROSS-BERLINS

Heroisches Ringen

Bei Tag und Nacht neue Eingreifkräfte herangeführt

Der Kampf um den Stadtkern entbrannt

Entlastungsangriffe laufen

Aus dem Führerhauptquartier, 28. April.

Das Oberkommando der Wehrmacht gibt bekannt:

In dem heroischen Kampf der Stadt Berlin kommt noch einmal vor aller Welt der Schicksalskampf des deutschen Volkes gegen den Bolschewismus zum Ausdruck.

Während in einem in der Geschichte einmaligen grandiosen Ringen die Hauptstadt verteidigt wird, haben unsere Truppen an der Elbe den Amerikanern den Rücken gekehrt, um von außen her im Angriff die Verteidiger von Berlin zu entlasten.

In dem inneren Verteidigungsring ist der Feind von Norden her in Charlottenburg und von Süden her über das Tempelhofer Feld eingedrungen. Am Halleschen Tor und am Alexanderplatz hat der Kampf um den Stadtkern begonnen. Die Ost-West-Achse liegt unter schwerem Feuer.

Fliegende Verbände unterstützen die Kämpfe unter aufopferndem Einsatz der Besatzungen. Trotz stärkster Jagd- und Flakabwehr wurden bei Tag und Nacht Eingreifreserven gelandet und Munition abgeworfen. Unsere Jagd- und Schlachtfliegerverbände vernichteten in den letzten vier Tagen 143 Flugzeuge, 58 Panzer und über 300 Fahrzeuge.

Im Raum südlich Königs Wusterhausen setzten Divisionen der 9. Armee ihre Angriffe nach Nordwesten fort und erwehrten sich während des ganzen Tages konzentrischer Angriffe der Sowjets gegen die Flanken. Die vom Westen angesetzten Divisionen warfen den Feind in erbittertem Ringen auf breiter Front zurück und haben Ferch errreicht.

Westlich Berlin wurde die Linie Brandenburg—Rathenau—Kremmen gegen alle feindlichen Angriffe behauptet.

Im Raume von Prenzlau warfen die Sowjets neue Panzer- und Infanterieverbände in den Kampf und erzwangen unter starkem Schlachtfliegereinsatz tiefe Einbrüche.

Im nordwestdeutschen Raum kam es gestern nur zu örtlichen Kämpfen. In Bremen hält der Kampfkommandant mit dem Rest der tapferen Besatzung den Nordostteil der Stadt.

An der Donau brach der Feind in Regensburg und Ingolstadt ein. Zwischen Dillingen und Ulm setzten die Amerikaner ihren Vorstoß nach Süden fort. Kämpfe sind in Mindel und im Guenztal im Gange.

Die Armeen in Italien setzten sich hinter dem Po und Tessin ab.

Während die Sowjets im Südabschnitt der Ostfront sich auf starke örtliche Vorstöße beschränkten, setzten sie ihre Angriffe im Raum Brünn mit starken Kräften fort und konnten trotz zäher Gegenwehr der Besatzung in die Stadt eindringen.

Nordwestlich Bautzen, wo bei Meißen die Verbindung mit der Westfront an der Elbe hergestellt wurde, sind unsere Truppen zum Angriff nach Norden angetreten.

Sicherungsfahrzeuge der Kriegsmarine versenkten östlich Gotenhafen ein sowjetisches Schnellboot und schossen ein weiteres in Brand.

Schwächere amerikanische Kampfverbände führten am Tage Angriffe gegen Orte in Süddeutschland. In der Nacht herrschte über dem Reichsgebiet nur geringe feindliche Kampftätigkeit.

Kleinstunterseeboote versenkten aus dem stark bewachten feindlichen Nachschubverkehr zwischen Themse und Schelde zwei vollbeladene Schiffe mit 9000 BRT.

Der längere Atem

Seit fünfeinhalb Jahren lodert die Fackel des Krieges in Europa. Ihr verzehrendes Feuer hat nach Polen ganz Europa, nach diesem Erdteil schließlich noch zwei weitere erfaßt, Asien und Amerika.

Deutschland mußte einerseits die Ketten abzustreifen versuchen, die ihm in Versailles auferlegt waren und ihm jede Lebensmöglichkeit nahmen. Es hat dies seit 1933 in dem denkbar engsten Rahmen getan und peinlichst vermieden, dabei den Kreis der unmittelbar betroffenen Gebiete, d. h. die deutsche Lebens- und Interessenzone zu überschreiten.

Wenn unsere Feinde behaupteten, Deutschland habe eigennützige Machtziele verfolgt und die Unabhängigkeit und Freiheit der kleinen Nationen bedroht, so haben England und Amerika sehr bald durch ihr Verhalten bewiesen, daß ihnen in Wirklichkeit nicht nur nichts an der Freiheit dieser kleinen Nationen gelegen ist, sondern daß sie selbst bereit waren und sind, diese an Stalin zu verkaufen, ja, sie für ihre eigenen imperialistischen Ziele auszubeuten.

Mehr noch! Während die von Deutschland besetzten Feindländer durchaus auskömmlich leben konnten, zum Teil sogar einen fühlbaren wirtschaftlichen und sozialen Aufschwung nahmen, ächzen die „befreiten" Bundesgenossen unter der Hungersnot, Desorganisation und Ausbeutung durch die Engländer und Amerikaner. Besonders groß aber sind die Leiden der Neutralen und jener Völker, die sich den jüdisch-plutokratischen und bolschewistischen Drahtziehern auf Gedeih und Verderb unterwarfen.

Deutschland ist durch den Verrat klug geworden, dem es 1918 zum Opfer fiel. Es weiß, daß alle Versprechungen der Feindseite nichts anderes bedeuten als den Versuch, unser Volk wiederum völlig wehrlos zu machen und es damit der wirtschaftlichen Ausbeutung, persönlichen Versklavung und völkischen Vernichtung auszuliefern.

Zu verlieren haben wir nichts mehr. Wir haben alles verloren und würden durch Kapitulation uns selbst, unsere Zukunft, Frau und Kind preisgeben. Wohl aber haben wir die Chance, uns zu behaupten und einst dann Existenz, Familienleben und unseren sozialen Staat wieder aufzubauen, in dem wir einen noch größeren Wohlstand erreichen werden, als wir ihn vor diesem Kriege bereits genießen konnten.

Dies ist ein fernes, aber ein reales Ziel. Wir wollen es stets vor Augen behalten, wenn die Gegenwart heute Anforderungen an uns stellt, die uns fast unerträglich erscheinen mögen, wenn unser Todfeind uns Wunden schlägt, aus denen das Blut unserer Besten fließt.

In Berlin, in den rauchenden Ruinen der Reichshauptstadt

33 Die letzte Ausgabe der Frontzeitung „Der Panzerbär", 29. April 1945.

und seine Meldung: „Der Führer ist zusammengebrochen, er sieht den Kampf nun als aussichtslos an. Er will aber aus Berlin nicht heraus, sondern im Bunker bleiben und Berlin verteidigen. Wenn die Russen kommen, will er die Konsequenz ziehen und sich erschießen. Keitel, Jodl, Bormann, Dönitz, Himmler, die beiden letzteren fernmündlich, haben versucht ihn umzustimmen und zu bewegen, aus Berlin herauszugehen, weil man dort doch nicht mehr führen könnte. Das war alles vergeblich. Der Führer hat seine Akten, Dokumente und Papiere aus seinen Räumen zum Verbrennen auf den Hof hinausbringen lassen. Das geschieht jetzt gerade. Der Außenminister ist auch erschienen, aber Hitler wollte ihn nicht sehen. Er hat sich Goebbels, dessen Frau und die sechs Kinder bestellt, die sitzen nun alle mit ihm im Bunker."

Wozu das? frage ich. Christian antwortet: „Die Kinder werden sie töten, und die Erwachsenen werden Selbstmord begehen."

34 Hitler bei der Besichtigung der zerstörten Reichskanzlei, 27. April 1945.
Links neben ihm sein Adjutant SS-Obergruppenführer Julius Schaub.

35 Der Eingang zur Bunkeranlage im Garten der Reichskanzlei unmittelbar nach Beendigung der Kämpfe, 2./3. Mai 1945. Hitler hatte am 16. Januar sein Hauptquartier in den „Führerbunker", den er seit März 1945 nicht mehr verließ, verlegen lassen. Von dort aus leitete er bis zu seinem Selbstmord am 30. April die Operationen zur Verteidigung Berlins.

36 Das inszenierte Aufziehen der Roten Fahne auf dem Reichstagsgebäude, 2. Mai 1945.

37 Weiße Bettlaken als Zeichen der Kapitulation an einem Berliner Wohnhaus, 2. Mai 1945.

38 Während der letzten Kampfhandlungen getötete deutsche und sowjetische Soldaten, Anfang Mai 1945.

1.3. Die doppelte Kapitulation

Mit der Forderung der „Bedingungslosen Kapitulation" (Unconditional Surrender), die am 24. Januar 1943 auf der Konferenz von Casablanca von den USA und Großbritannien formuliert und am 1. Mai 1943 von der Sowjetunion übernommen wurde, hatten die Alliierten die vollständige militärische und politische Niederwerfung des „Dritten Reiches" zu dem entscheidenden Kriegsziel erklärt. Separatverhandlungen, die angesichts der drohenden Niederlage von Teilen der nationalsozialistischen Führung angestrebt wurden, um die Sowjetunion zu isolieren, waren damit grundsätzlich zum Scheitern verurteilt.
In Berlin war der am 24. April 1945 zum „Befehlshaber des Verteidigungsbereiches Berlin" ernannte General der Artillerie Helmuth Weidling sich zwar der Aussichtslosigkeit der militärischen Lage bewußt, er ließ jedoch auf Befehl Hitlers die in der Stadt verbliebenen Truppen weiterkämpfen. Erst nach dem Selbstmord Hitlers am Nachmittag des 30. April kam es zu ernsthaften Versuchen, den Krieg zu beenden. General Hans Krebs, der letzte Generalstabschef des Heeres, verhandelte in den frühen Morgenstunden des 1. Mai mit dem sowjetischen Generaloberst Tschuikow über einen Waffenstillstand, der jedoch abgelehnt wurde. Einen Tag später ließ General Weidling ein Kapitulationsangebot übermitteln, das sofort angenommen wurde. Im Gefechtsstand des Stabes von Tschuikow in Tempelhof, Schulenburgring 2, formulierte Weidling dann den Befehl zur Einstellung aller Kämpfe in Berlin am 2. Mai um 13 Uhr.
Die Kapitulation der Reichshauptstadt bedeutete jedoch noch nicht das Ende des Krieges. Der von Hitler zu seinem Nachfolger bestimmte Großadmiral Dönitz versuchte zunächst, die Gesamtkapitulation zu vermeiden, um den Kampf gegen den *„bolschewistischen Todfeind"* fortzusetzen. So kam es zu einer Reihe von militärischen Teilkapitulationen gegenüber den Westalliierten. Schon am 28. April hatte die Wehrmacht in Italien kapituliert, am 4. Mai folgte die Heeresgruppe Südwest. Ebenfalls am 4. Mai unterzeichneten die deutschen Streitkräfte in Holland, Nordwestdeutschland und Dänemark in Lüneburg die Kapitulation gegenüber dem britischen Oberkommandierenden Feldmarschall Montgomery.
Als am 7. Mai in Reims, im Hauptquartier des Oberbefehlshabers der alliierten Streitkräfte General Eisenhower, Kapitulationsverhandlungen begannen, wurden sie erst zum Abschluß gebracht, als Eisenhower mit der Wiederaufnahme des strategischen Bombenkrieges und der Auslieferung deutscher Kriegsgefangener an die Sowjetunion drohte. Die Unterzeichnung erfolgte schließlich durch Generaloberst Jodl und Generaladmiral von Friedeburg, so daß die Kapitulation am 8. Mai um 23.01 Uhr in Kraft treten konnte. Da in Reims nur eine verkürzte Fassung der bereits im Juli 1944 abgefaßten Kapitulationsurkunde unterzeichnet wurde, nutzte Stalin die Gelegenheit, um eine Wiederholung im sowjetischen Hauptquartier in Berlin-Karlshorst mit dem vollen Text zu fordern. Die auf den 8. Mai datierte Unterzeichnung fand am 9. Mai um 0.16 Uhr statt; auch in dieser Urkunde war das Inkrafttreten der Kapitulation auf den 8. Mai um 23.01 Uhr datiert.
Damit war der Zweite Weltkrieg in Europa beendet, war die Gewalt- und Terrorherrschaft des Nationalsozialismus endgültig überwunden.

Berlin, 2. 5. 45.

B e f e h l.

Am 30. 4. 45. hat sich der Führer selbst entleibt und damit uns, die wir ihm die Treue geschworen hatten, im Stich gelassen.

Auf Befehl des Führers glaubt Ihr noch immer um Berlin kämpfen zu müssen, obwohl der Mangel an schweren Waffen, an Munition und die Gesamtlage den Kampf als sinnlos erscheinen lassen.

Jede Stunde, die Ihr weiterkämpft, verlängert die entsetzlichen Leiden der Zivilbevölkerung Berlins und unserer Verwundeten. Jeder, der jetzt noch im Kampf um Berlin fällt, bringt seine Opfer umsonst.

Im Einvernehmen mit dem Oberkommando der sowjetischen Truppen fordere ich Euch daher auf, sofort den Kampf einzustellen.

(Weidling)

General der Artillerie
und
Befehlshaber Verteidigungsbereich Berlin

39 Befehl General Helmuth Weidlings, die sofortige Kapitulation der Berliner Truppen betreffend, 2. Mai 1945.
Der am 2. Mai 1945 im Hauptquartier des sowjetischen Generals Wassili Tschuikow, Schulenburgring 2 in Tempelhof, auf Tonband überspielte Befehl wurde über Lautsprecher an die Berliner Bevölkerung weitergegeben.

40 General Weidling beim Verlassen des Bunkers der Reichskanzlei am Ausgang Voßstraße, 6. Mai 1945.
Die sowjetische Propaganda bereitete dieses Foto als Gefangennahme Weidlings am 2. Mai auf. Tatsächlich entstand es während einer „Besichtigungsfahrt" deutscher Offiziere in sowjetischer Kriegsgefangenschaft durch das zerstörte Berlin.

41 Spontane Siegesfeier von Rotarmisten vor dem Reichstag, 2. Mai 1945.

Text 15

Tagebuchaufzeichnung des Kriegskorrespondenten der Roten Armee, Michael Guss, 2. Mai 1945.

Ich werfe einen Blick auf die Uhr: am 2. Mai 1945 um 6 Uhr früh erschien in der Befehlsstelle Tschuikows zusammen mit seinem Stab General Weidling, Oberbefehlshaber des Verteidigungsraumes Berlin, der sich gefangengab. [...]
General Weidling hat eine viel zu kurze Hose und lange Strümpfe an und sitzt an einem viereckigen Tisch mitten im kleinen Zimmer der bescheidenen Wohnung eines kleinen Angestellten. Das Zimmer ist halbdunkel, denn die Fenster sind mit Brettern vernagelt. Neben ihm sitzt Generalleutnant a. D. Woytasch, gegenüber Generalleutnant a. D. Schmid-Dankward. An der Ecke ist der von mir mitgebrachte Major, die Ellbogen auf den Knien und das Kinn in die Hände gestützt, erstarrt. Weidling gegenüber sitzt der Chef seines Stabes, Oberst des Generalstabes von Duvfing. [...]
Ich trete ins Zimmer, verbeuge mich allgemein und setze mich abseits auf einen Stuhl nieder. Spasskij und Mednikow /zwei sowjetische Rundfunkreporter/ bringen das Gerät herein und stellen es auf, und Weidling fragt, ob ich Deutsch könne; dann setzen die Anwesenden ihr Gespräch fort. Der Oberst, kräftig und breitschultrig, mit einem Klemmer auf der Nase, geht im Zimmer auf und ab und berichtet, was er heute früh in den Bezirken Berlins sah, wohin er den Befehl über die Einstellung des Widerstandes brachte. „Schrecklich!" sagte er. „Noch vor einer Woche war alles ganz, und jetzt!"
Und dann liest er /Weidling/ seinen Befehl mit monotoner, ruhiger Stimme vor, exakt jedes Wort aussprechend. Nachdem Spasskij die Aufnahme in den Kopfhörern verfolgt hat, bittet er, nochmals anzufangen, und schaltet das Gerät ein. Die Deutschen sind auf ihren Plätzen erstarrt. Im Zimmer erschallt nur die trockene Stimme Weidlings.

42 Provisorisches Sammellager für deutsche Verwundete und Kriegsgefangene Unter den Linden, Anfang Mai 1945.
Aufgrund fehlender Unterkünfte mußten die deutschen Kriegsgefangenen die ersten Tage nach der Kapitulation in Sammellagern unter freiem Himmel verbringen.

43 Marschall Georgi K. Schukow (dritter von rechts), seit August 1944 Stellvertretender Oberbefehlshaber der sowjetischen Streitkräfte, im Innenhof des Bendlerblocks, dem Sitz des Oberkommandos der Wehrmacht, 2. Mai 1945.

44 Marschkolonne von in Kriegsgefangenschaft geratenen jugendlichen Soldaten, Anfang Mai 1945.

45 Generalfeldmarschall Wilhelm Keitel (in der Mitte mit Marschallstab) und die deutsche Delegation, im Vordergrund links Generaloberst Hans-Jürgen Stumpff, dritter von rechts Generaladmiral Hans Georg von Friedeburg, auf dem Flughafen Tempelhof, 8. Mai 1945.

46 Die sowjetische Delegation (zweiter von links: Marschall Schukow) empfängt die deutschen Kapitulanten in Berlin-Karlshorst, 8. Mai 1945.

Text 16

Die deutsche Textfassung der Kapitulationsurkunde von Berlin-Karlshorst vom 8. Mai 1945.

Kapitulationserklaerung

1. Wir, die hier Unterzeichneten, handelnd in Vollmacht fuer und im Namen des Oberkommandos der Deutschen Wehrmacht, erklaeren hiermit die bedingungslose Kapitulation aller am gegenwaertigen Zeitpunkt unter deutschem Befehl stehenden oder von Deutschland beherrschten Streitkräfte auf dem Lande, auf der See und in der Luft gleichzeitig gegenueber dem Obersten Befehlshaber der Alliierten Expeditions Streitkraefte und dem Oberkommando der Roten Armee.
2. Das Oberkommando der Deutschen Wehrmacht wird unverzueglich allen Behoerden der deutschen Land-, See- und Luftstreitkraefte und allen von Deutschland beherrschten Streitkraeften den Befehl geben, die Kampfhandlungen um 2301 Uhr Mitteleuropaeischer Zeit am 8. Mai einzustellen und in den Stellungen zu verbleiben, die sie an diesem Zeitpunkt innehaben und sich vollstaendig zu entwaffnen, indem sie Waffen und Geraete an die oertlichen Alliierten Befehlshaber beziehungsweise an die von den Alliierten Vertretern zu bestimmenden Offiziere abliefern. Kein Schiff, Boot oder Flugzeug irgendeiner Art darf versenkt werden, noch duerfen Schiffsruempfe, maschinelle Einrichtungen, Ausruestungsgegenstaende, Maschinen irgendwelcher Art, Waffen, Apparaturen, technische Gegenstaende, die Kriegszwecken im Allgemeinen dienlich sein koennen, beschaedigt werden.
3. Das Oberkommando der Deutschen Wehrmacht wird unverzueglich den zustaendigen Befehlshabern alle von dem Obersten Befehlshaber der Alliierten Expeditions Streitkraefte und dem Oberkommando der Roten Armee erlassenen zusaetzlichen Befehle weitergeben und deren Durchfuehrung sicherstellen.
4. Diese Kapitulationserklaerung ist ohne Praejudiz fuer irgendwelche an ihre Stelle tretenden allgemeinen Kapitulationsbestimmungen, die durch die Vereinten Nationen und in deren Namen Deutschland und der Deutschen Wehrmacht auferlegt werden moegen.
5. Falls das Oberkommando der Deutschen Wehrmacht oder irgendwelche ihm unterstehende oder von ihm beherrschte Streitkraefte es versaeumen sollten, sich gemaess den Bestimmungen dieser Kapitulations-Erklaerung zu verhalten, werden das Oberkommando der Roten Armee und der Oberste Befehlshaber der Alliierten Expeditions Streitkraefte alle diejenigen Straf- und anderen Massnahmen ergreifen, die sie als zweckmaessig erachten.
6. Diese Erklaerung ist in englischer, russischer und deutscher Sprache abgefasst. Allein massgebend sind die englische und die russische Fassung.

47 Keitel unterschreibt die Urkunde über die bedingungslose Kapitulation, 9. Mai 1945.
Die Unterzeichnung fand um 0.16 Uhr am 9. Mai statt; die Kapitulationsurkunde ist jedoch auf den 8. Mai datiert, den Tag der Einstellung der Kampfhandlungen.

Unterzeichnet zu Berlin am 8. Mai 1945.

gez. Friedeburg gez. Keitel gez. Stumpff
Für das Oberkommando der Deutschen Wehrmacht

In Gegenwart von:

gez. Schukow	*gez. Tedder*
Für das Oberkommando der Roten Armee	*Für den Obersten der Befehlshaber der Alliierten Expeditions Streitkraefte*

Bei der Unterzeichnung waren als Zeugen auch zugegen:

gez. de Lattre-Tassigny	*gez. Spaatz*
General, Oberstkommandierender der Ersten Französischen Armee	*Kommandierender General der Strategischen Luft-Streitkraefte der Vereinigten Staaten*

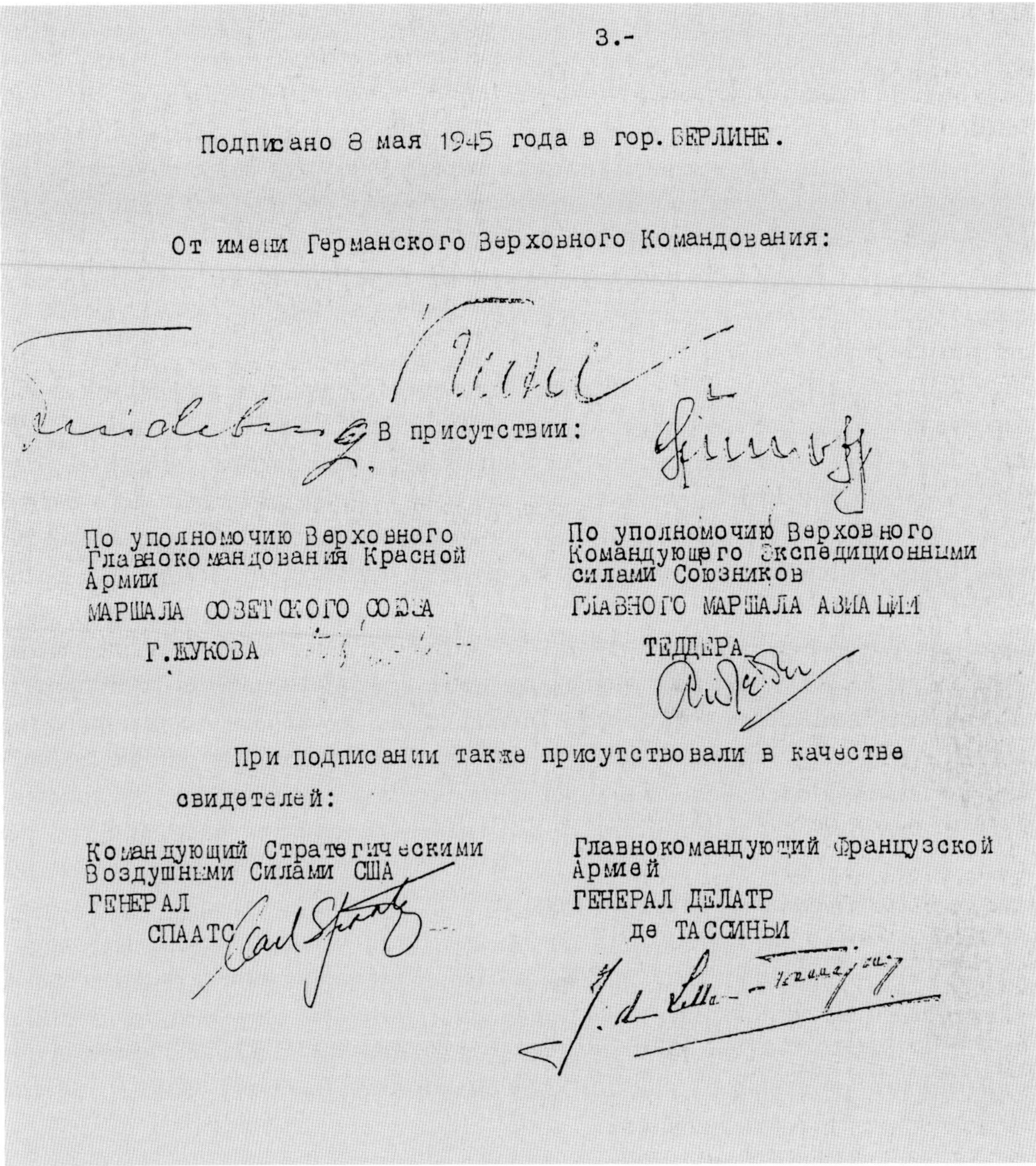

3.-

Подписано 8 мая 1945 года в гор. БЕРЛИНЕ.

От имени Германского Верховного Командования:

В присутствии:

По уполномочию Верховного Главнокомандования Красной Армии

МАРШАЛА СОВЕТСКОГО СОЮЗА

Г.ЖУКОВА

По уполномочию Верховного Командующего Экспедиционными силами Союзников

ГЛАВНОГО МАРШАЛА АВИАЦИИ

ТЕДДЕРА

При подписании также присутствовали в качестве свидетелей:

Командующий Стратегическими Воздушными Силами США

ГЕНЕРАЛ

СПААТС

Главнокомандующий Французской Армией

ГЕНЕРАЛ ДЕЛАТР

де ТАССИНЬИ

48 Die Unterschriften auf der Kapitulationsurkunde in der russischen Fassung, 8. Mai 1945.

1.4. Die Erfahrung des Krieges

Während der letzten Kriegsmonate war das Leben der Berliner durch die anhaltenden Bombenangriffe, aber auch durch die rasch anschwellende Furcht vor einer Eroberung der Stadt durch die sowjetischen Streitkräfte geprägt. Fast kein Tag und keine Nacht vergingen mehr ohne Bombenalarm, und in den inneren Bezirken der Stadt erreichte die Zerstörung ein unvorstellbares Ausmaß. An ungestörten Schlaf war nicht mehr zu denken, und wer in einem halbwegs sicheren Keller Zuflucht fand, bangte nicht nur um seine persönliche Habe, sondern vor allem um das Leben der nächsten Angehörigen und Freunde.

Das tägliche Leben war, wenn Haus oder Wohnung nicht ganz zerstört waren, durch ständig neue Improvisationen, durch den Ausfall von Licht, Heizung und Wasser, durch die schlechter werdende Versorgung mit Lebensmitteln und durch die Zerstörung der meisten Verkehrsmittel bestimmt. Zwar ging man pflichtgemäß zur Arbeit, doch fehlten für eine sinnvolle Tätigkeit mehr und mehr die Voraussetzungen. Die „Ausgebombten" wurden provisorisch untergebracht und versorgt. Dazu kamen schließlich in rasch wachsenden Zahlen die Flüchtlinge, die vor der Roten Armee westwärts zogen.

Angesichts der extremen Belastungen war die physische und psychische Widerstandsfähigkeit der Berliner Bevölkerung bemerkenswert. Trotz der ständigen Bedrohungen von Leib und Leben, der weitgehenden Zerstörung der gewohnten Lebensverhältnisse und der Aussicht auf eine ganz und gar ungewisse Zukunft erwiesen sich die Leidensfähigkeit und der Überlebenswille der allermeisten als ungewöhnlich stark. Die nationalsozialistische Ideologie spielte dabei in den letzten Monaten nur noch eine geringe Rolle. Die Kriegsmüdigkeit war groß, der Glaube an die „Wunderwaffen" und den „Endsieg" nicht mehr sehr verbreitet. Unter den älteren Jahrgängen des „Volkssturms" war beispielsweise die Begeisterung gering und der „Defätismus" gang ung gäbe. Daneben gab es allerdings noch immer fanatische Parteigenossen, die regimekritische Äußerungen oder Verhaltensweisen erbarmungslos verfolgten, und Teile der „Hitlerjugend", die bereit waren, auch jetzt noch für „Führer, Volk und Vaterland" zu sterben. Im April/Mai wurden schließlich über 5.000 Selbstmorde von Berlinern registriert, die das „Dritte Reich" nicht überleben wollten.

Die Gesamtzahl der Berliner, die durch Kriegseinwirkungen starben, ist nicht genau zu ermitteln, da nicht nur über 300.000 Männer zur Wehrmacht eingezogen, sondern auch über 1,2 Millionen Menschen aus der Stadt „evakuiert" wurden (so daß sich von den 4,3 Millionen Berlinern zu Kriegsbeginn im August 1944 nur noch 2,77 Millionen in der Stadt befanden). Die Gesamtverluste der in Berlin verbliebenen Zivilbevölkerung werden auf circa 50.000 geschätzt. Darunter waren überdurchschnittlich viele Frauen, Kinder unter 5 Jahren und Männer über 60. So groß diese Zahl ist, erscheint sie angesichts des Ausmaßes der Luftangriffe und der Intensität der „Schlacht um Berlin" als eher niedrig. Bezogen auf die jeweilige Bevölkerungszahl haben zahlreiche andere deutsche Städte sehr viel größere Verluste erlitten.

49 Anschläge über den Verbleib der ehemaligen Bewohner eines ausgebombten Wohnhauses in der Schöneberger Hauptstraße Ecke Hähnelstraße, Anfang 1945.

50 Nachricht für Verwandte und Freunde am Erdgeschoß eines ausgebombten Hauses in der Nähe des Potsdamer Platzes, Februar 1945.

Text 17

Tagebucheintragungen Ursula von Kardorffs, 25. und 26. Januar 1945.

25. Januar 1944

[...]

Bald müssen die Gäste kommen. Wir sind mit den Vorbereitungen fertig. Am glücklichsten sind die drei Franzosen, die Klaus und mich vorhin zu einer Flasche Champagner einluden. Alarm scheint nicht zu kommen. Die Aussichten sind günstig, da Nebel in England. Das Eßzimmer sieht fast wie in alten Zeiten aus. Das Parkett wurde geputzt, so gut es ging, wir haben eine Art Bar aufgebaut und vor die verpappten Fenster Rollos gehängt, die Mama früher einmal mit Blumen bemalte. Jetzt klingelt es. Ich muß aufhören.

26. Januar 1944

Total erschöpft. Unser Fest dauerte bis in den Morgen. Ein Freund von Thilenius, Graf Widmann, der aus Prag gekommen war: „So lebt ihr zwischen den Trümmern, ihr tanzt auf dem Vulkan, und wir, die wir nichts von Bomben spüren, wagen kaum noch zu lachen!" Die tschechischen Musiker spielten großartig. Als wir erfuhren, daß es Studenten waren, ging Hülsen mit einem Teller herum und sammelte Geld. Ich glaube, es kamen viele hundert Mark zusammen.

Wir tanzten wie Besessene. Als stände jemand mit der Hetzpeitsche hinter allen, als sei es das letzte Mal. „Untergang des Abendlandes" haben wir das Fest getauft. Wohl zwanzigmal erklang die Melodie: „Bei mir biste scheen." Herr Remde, von der St. Pauli-Bar nebenan, den wir auch eingeladen hatten, sorgte für den Rotwein.
Schwab, dessen Vater vor drei Monaten im Zuchthaus starb, Jutta, deren Geschwister verbrannten, Dr. Meier, dessen Vater im Lager verhungerte – sie alle machten mit. Jeder wollte einmal für kurze Stunden seine Last und seine Trauer vergessen. Freude ist auch ein Wärmespeicher in dieser Zeit. Wir alle leben nur noch dem Augenblick, doch so intensiv wie nie zuvor.
Übermorgen kommt ein Lastwagen, dann gehen die Möbel nach Lychow.

Text 18

Betrachtungen Theo Findahls, den Alltag in der zerstörten Stadt betreffend, 1945.

Erst im letzten Abschnitt des Luftkrieges war es, als verstünden die Berliner schließlich die Sinnlosigkeit und Hoffnungslosigkeit in allen Versuchen, die Stadt in ihrer alten Gestalt wieder aufzubauen. Sie wurden bescheidener und beschränkten sich auf den Versuch, die Ruinen so bewohnbar wie möglich zu machen. Und bei diesen Arbeiten trug sich etwas Seltsames zu: Vor unseren Augen wuchs die Kleinstadt auf den Überresten der Großstadt heran. Ringsum in den von Bomben zerstörten Gegenden kribbelten und krabbelten die fleißigen Ameisen, die sich mühten und strebten, um kleine Zellen in dem zerstörten Haufen zu ordnen. Unglaublich wie viele Leute noch in der Stadt wohnten, wie viele Räume eine Millionenstadt gehabt hat, die zu etwas anderem verwandt worden waren als zu Wohnungen. Die gähnend leeren Fenster im ersten Stock wurden zugemauert und in kleinere Öffnungen neue Scheiben eingesetzt, das Ganze in einem streng sachlichen Stil. Es galt vor allem, an Material zu sparen. Besonders unternehmende Personen gaben den neuen Mauern einen Farbanstrich in hellen Tönen, hinter den blanken kleinen Scheiben standen Blumentöpfe vor hübschen Gardinen. Ob es ein Laden, eine Bierkneipe oder eine Privatwohnung hinter der Fassade war, so bekam das Bild etwas Kleinstädtisch-Idyllisches, es war puppenhaft zierlich, anmutig und altmodisch gemütlich-deutsch wie in der Zeit der Kleinstaaterei.

51 Habseligkeiten von Ausgebombten vor einem zerstörten Berliner Wohnhaus, 1945.

Text 19

Schilderung Karl Friedrich Borées aus den letzten Kriegsmonaten, die Arbeitssituation in einer Bank unter den Bedingungen der Bombenangriffe betreffend, 1954.

Auf der Bank herrschten jetzt Zustände, die bei aller Unerquicklichkeit der Komik nicht entbehrten. Die Angestellten, von den Prokuristen bis zu den Stenotypistinnen hinab, entfalteten einen Ameiseneifer, die immer wieder neu entstehenden Schäden immer wieder zu beseitigen. Wegschaffen von Schutt – den sie kurzerhand zu den Fenstern hinauswarfen – Kehren, Fenstervernageln bildeten ihre Berufstätigkeit; sie brachten sich das notwendige Handwerkszeug und Material von zu Hause mit. Es entwickelten sich Spezialisten, die man gegenseitig auslieh. Ich konnte nicht unterscheiden: war es der rührende deutsche Aktivitäts- und Ordnungstrieb, war es Angst um den Arbeitsplatz und vor einem unwillkommenen Einsatz, oder hatten sie einfach Freude daran, sich mit anderen Dingen zu tummeln als mit ihrem Bürokram? Der Hof tönte von Pochen und Klirren, aber auch von lustigen Stimmen.

Der ganze Betrieb machte in aller Schamlosigkeit das gespenstische Geräusch einer Maschine, die leerläuft. Ein hohler Ton durchsurrte das Haus. Man rannte in den Keller hinunter, um seine Akten und Schreib- und Rechenmaschinen heraufzuholen, man rannte mit ihnen wieder hinunter, wenn eine Vorwarnung ertönte. Dann kam die Mittagspause (oder ein Angriff). Wenn das Licht ausfiel, konnte in vielen Zimmern überhaupt nicht mehr gearbeitet werden. Die Post lief nur noch in zufälligen Stößen ein. Sicherlich ging es in allen Geschäftshäusern und Ministerien so, aber augenscheinlich hatte niemand den Mut, der obersten Stelle zu melden, daß die Arbeit in Berlin nur noch Attrappe sei; vielleicht wollten sie es oben auch nicht zugeben, damit die Abwanderung der Behörden und Wirtschaftszentralen kein Signal zur Panik werde. Selbstverständlich gab es noch sehr gewissenhafte Leute. Jenen Abteilungsdirektor, der im Luftschutzkeller zu arbeiten pflegte, traf ich dabei, wie er ein Geschäft mit dem estnischen Staate abwickelte, der gar nicht mehr existierte. Die Orientabteilung korrespondierte mit Geschäftsfreunden in Persien, die längst hinter die Front geraten waren.

Schließlich wurden ganze Abteilungen heimatlos, weil dort Luft war, wo sie gesessen hatten. Auf den Fluren stand Regenwasser, und es plätscherte die Marmortreppe hinunter. Man saß Schulter an Schulter an langen Tischen, Prokurist, Expedient und Stenotypistin. Ein Notofen, der mit Trümmerholz geheizt wurde, streckte sein schwarzes Rohr quer durch den Raum zu dem vernagelten Fenster hinaus. Ein paar winzige Öllampen blakten. Wenn jemand telefonieren mußte, ging er ins nicht mehr reparable Nebenzimmer, wo sich zufällig das Telefon erhalten hatte; der Apparat stand auf der Erde im Schutt.

Text 20

Auszug aus dem Bericht Nr.21 der „Abteilung Wehrmachtspropaganda des OKW", die Stimmung der Berliner Bevölkerung in der Zeit vom 28. Februar 1945 bis zum 6. März 1945 betreffend, 9. März 1945.

/Aus mitgeteilten Einzelbeobachtungen/
23. Erschießungen:
In der S-Bahn wurde erzählt, daß in der letzten Zeit eine ganze Reihe von Soldaten wegen Fahnenflucht erschossen worden sei. In Zukunft würden die Erschießungen am Orte der erfolgten Festnahme stattfinden. Den Soldaten und der Bevölkerung solle gezeigt werden, wie schnell mit einem verfahren werde, der den Eid auf den Führer breche. In der Friedrichstraße soll bereits eine Erschießung stattgefunden haben.

52 Eine Mieterin sucht in ihrer zerstörten Wohnung den Rest ihrer Habe zusammen, 1945.

24. Kommunistische Hetze:
Auf dem S-Bahnhof Schöneberg unterhielten sich am 27.2. zwei Frauen, aus Wannsee kommend, über ihre Fahrterlebnisse, wobei die eine empört sagte: „Denken Sie sich nur, als ich neulich von Beelitz nach Wannsee fuhr, stand in einem Abteil 2. Klasse ‚Schlagt den Führer tot!'" – Eisenbahnpersonal halte es anscheinend nicht für notwendig, derartige Sudeleien zu entfernen.
25. Verhalten eines Reichsbahnbeamten:
Auf sämtlichen Berliner Bahnhöfen sind die kleinen blaugedruckten Plakate angebracht, die zum ernsthaften Schanzen in Bild, Wort und Vers auffordern. Diese wurden am 25.2. gegen 9.00 bis 9.30 Uhr von einer Ostarbeiterin mit heißem Wasser beseitigt. Der Mann mit der roten Mütze, deswegen zur Rede gestellt, entgegenete brüsk: „Was soll der Dreck! Ist ja überflüssig!"

Text 21

Auszug aus dem Bericht Nr.25 der „Abteilung Wehrmachtspropaganda des OKW", die Stimmung der Berliner Bevölkerung in der Zeit vom 30. März 1945 bis zum 7. April 1945 betreffend, 10. April 1945.

Bei äußerlich meist gelassener Haltung ist die Stimmung der Berliner doch so ziemlich auf den Nullpunkt herabgesunken. Es ist nicht die Art des Berliners, aus irgendeiner Verzagtheit heraus voreilig aufzugeben, aber man sieht im allgemeinen keinen Ausweg mehr. Und so wird häufig verstandesgemäß gefolgert, daß die Fortsetzung des Kampfes eine unnötige Verlängerung des Blutvergießens sei. Dabei macht sich auch die Kriegsmüdigkeit deutlich bemerkbar. Man fürchtet neue schwere Luftangriffe und den drohenden Angriff der Sowjets. Da man keine Hoffnung mehr auf eine Wendung zum Besseren habe, ist der Verteidigungswille gering, und man fragt sich: Wozu das alles noch? Mit einem gewissen von Galgenhumor getragenen Fatalismus, hinter dem sich schon manche innere Verzweifelung verbirgt, sieht man allem weiteren entgegen. Aus Berlin fortzugehen habe für die Frauen auch keinen Sinn mehr. Wo solle man noch hin? Es sei überall unsicher. Und es sei alles Schicksal! Immer wieder wird gefragt, wie die Führung ihre Hoffnung auf einen guten Ausgang wohl noch begründen wolle. Daß sich die Alliierten vor der Niederwerfung Deutschlands noch entzweien würden, hält man für ganz ausgeschlossen. Hört man irgendwo eine Hoffnung äußern, so ist es eben die,

53 Straßenbahnverkehr in Schöneberg an der Kreuzung Nettelbeck-, Luther- und Kleiststraße, Winter 1944/45.

daß die Anglo-Amerikaner noch vor den Sowjets nach Berlin kommen. Sicher wird der Berliner auch weiterhin seinen Mann stehen wie bisher, aber die allgemeine Ansicht ist die, daß der Krieg verloren ist, sofern nicht ein wirkliches Wunder geschieht.

Text 22

Aus den „Meldungen wichtiger staatspolizeilicher Ereignisse" Nr. 1 des Reichssicherheitshauptamtes, Jugend-Cliquen betreffend, 2. Juni 1944.

Der Bericht macht deutlich, wie unter den Bedingungen des Bombenkrieges neue Lebensfreiräume, hier für Jugendliche, entstanden, die den NS-Repressionsapparat zu entsprechenden Gegenmaßnahmen herausforderten.

In Berlin wurden 24 Jugendliche festgenommen, die sich Anfang 1944 zu einer Clique „Knietief" zusammengeschlossen hatten. Sie kamen fast täglich in einem Café im Nord-Osten Berlins zusammen. Bei Jazz-Musik wurde getanzt und „gehottet". Ein Angehöriger der Clique hatte die Wohnung seiner abwesenden Eltern für „Budenzauber" zur Verfügung gestellt, wobei es zu alkoholischen Exzessen und sittlichen Ausschreitungen mit Mädchen kam. Sie verübten ferner Überfälle auf HJ-Angehörige, rissen ihnen die HJ-Abzeichen ab und belästigten sie. Allgemein wurde langer Haarschnitt getragen.
Zwei Cliquenangehörige, bei denen es sich um jüdische Mischlinge I.Grades handelt, wurden einem Arbeitserziehungslager zugeführt; 12 Jugendliche sind dem Jugendrichter überstellt worden.

Text 23

Auszug aus dem Bericht der Außenstelle II des Sicherheitsdienstes der SS in Wilmersdorf an den SD-Leitabschnitt Berlin, die Stimmung der Berliner Bevölkerung betreffend, 17. April 1945.

Grundstimmung, der Krieg ist verloren. Die Haltung hat dementsprechend immer mehr nachgelassen. Die wenigen Optimisten werden für verrückt erklärt, trotzdem kann man sich des Eindrucks nicht erwehren, daß sich auch die Pessimisten an jeden sich bietenden Strohhalm klammern. Immerhin steht fest, daß verstandesgemäß heute keiner mehr mit kann und daß auch der Glaube an eine Wendung, soweit er noch vorhanden war, immer mehr im Absinken ist ...
Je näher die Fronten rücken, um so größer wird die Sorge, ob es möglich sein wird, die Berliner Bevölkerung vor dem Verhungern zu bewahren. Infolgedessen versuchen die meisten, sich irgendwelche Lebensmittel zu beschaffen ...
Die Flucht von Privatpersonen aus Berlin hat offenbar mangels Ziel stark nachgelassen. Dafür bemühen sich alle moglichen Dienststellen und führenden Leute, sich schleunigst in Sicherheit zu bringen. In vielen Behörden wird seit 6 Wochen so gut wie nicht mehr gearbeitet. Dabei ist ein neuer Unruheherd entstanden, die Unruhe überträgt sich auf die Bevölkerung, die ganz offen von Sabotage spricht. Die Parteidienststellen verschwinden meist nach Bayern, und zwar die besseren nach Landshut und Berchtesgaden. In dem letzteren Ort soll sich der Führer, wenn alles schief geht, mit seinen Getreuen verschanzen wollen. Das Arbeitsministerium war zeitweise nach Eisenach verlegt, kam dann zurück und ist jetzt auch nach Bayern gegangen. Viele Reichsstellen, z.B. die Reichsstelle für Metalle und das RAM /Reichsaußenministerium/, haben eine Reihe von Angestellten beurlaubt oder ganz entlassen.

Text 24

Schilderung Konrad Warners, seine Erlebnisse auf einer „Fliegerschadensstelle" im Januar 1944 betreffend, 1944.

Am Mittwoch früh ging ich zur Fliegerschadenstelle, um für uns die Versorgungsnachweise abzuholen. Sie war in einem Theater untergebracht. Als ich hinkam, herrschte ein unbeschreibliches Gedränge. Die Menschen, die hier stundenlang anstehen mußten, erzählten alle von ihrem Schicksal. Den einen war das Haus oder die Wohnung durch Sprengbomben zerstört worden. Sie hatten überhaupt nichts retten können. Andern war die Wohnung so schnell verbrannt, daß auch sie nur das nackte Leben retten konnten. Dieser erzählte von Rohrbrüchen und Überschwemmungen, jener von Verschütteten und Verstümmelten, und aus allen Berichten sprachen Krieg, Tod und Vernichtung.
Die Drängerei wurde immer schlimmer, so daß schließlich der Krieg vergessen wurde und man zu schimpfen begann. Es kam zu einer richtigen kleinen Revolte. Der Mann an der Ausgabestelle erkletterte einen Stuhl und hielt eine Rede ans

54 Ausgebombte auf der „Fliegerschadensstelle" bei der Anmeldung und Registrierung ihrer Schäden, 1944.

Volk, wie einst im Parlament. Zwischenrufe und Schmähungen unterbrachen ihn. Er begann immer wieder von vorn, um die Langsamkeit der Abfertigung zu erklären.
Auf dem Versorgungsnachweis wurden alle, Familienmitglieder und die beschädigte oder zerstörte Wohnung eingetragen. Es stand darauf, daß der Ausweis bei Verlust nicht ersetzt werde und nur innerhalb eines Monats in der Reichshauptstadt gültig sei. Verantwortlich zeichnete der Oberbürgermeister. Auf der Innenseite stand in fetten Lettern: „Kein Berufstätiger verläßt Berlin! Er wird hier untergebracht und arbeitet weiter."
Auf Grund dieses Scheines erhielt man bei seiner Kartenstelle die Lebensmittelmarken und die Sonderzuteilungen an Zigaretten, Obst und Bonbons, Wein und Suppe. Nun mußte man sich bei der Kartenstelle wieder einfinden. Viele gaben vor, alle ihre Lebensmittelkarten und Ausweise für die übrigen Einkäufe verloren zu haben, obwohl das gar nicht der Fall war. So lebten sie während

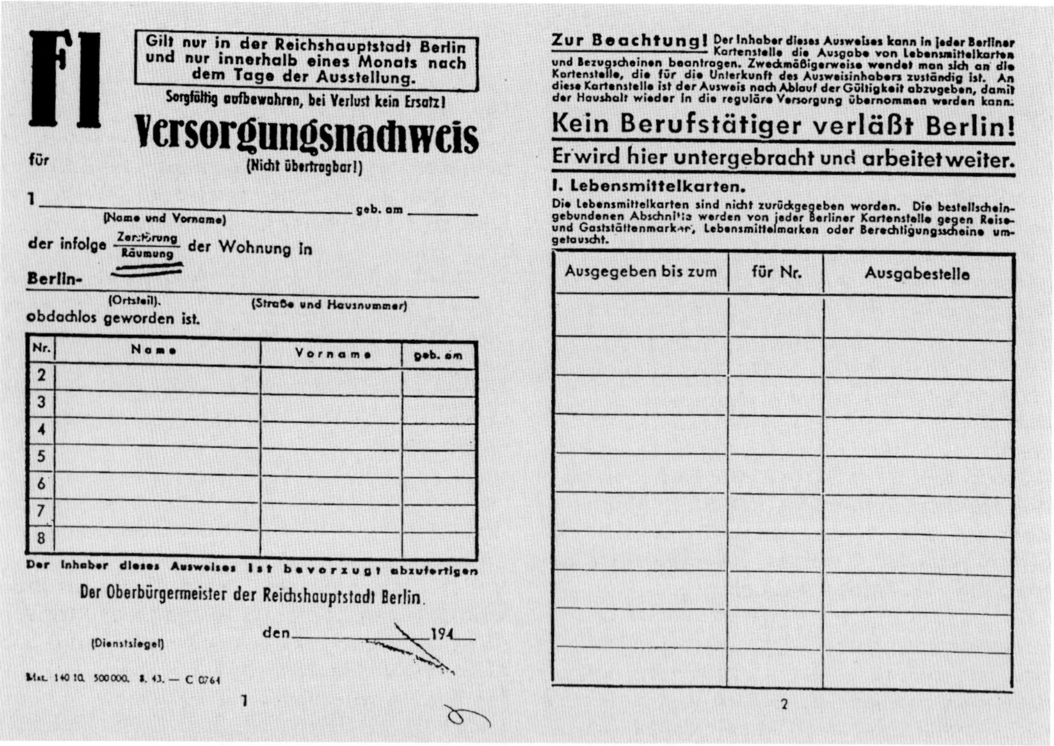

Fl

Gilt nur in der Reichshauptstadt Berlin und nur innerhalb eines Monats nach dem Tage der Ausstellung.

Sorgfältig aufbewahren, bei Verlust kein Ersatz!

Versorgungsnachweis

für

(Nicht übertragbar!)

1 ______________________ geb. am ________
(Name und Vorname)

der infolge Zerstörung / Räumung der Wohnung in

Berlin- ______________________
(Ortsteil). (Straße und Hausnummer)

obdachlos geworden ist.

Nr.	Name	Vorname	geb. am
2			
3			
4			
5			
6			
7			
8			

Der Inhaber dieses Ausweises ist bevorzugt abzufertigen

Der Oberbürgermeister der Reichshauptstadt Berlin.

(Dienstsiegel) den ______________ 194__

Mat. 140 10. 500000. 8. 43. — C 0764

1

Zur Beachtung! Der Inhaber dieses Ausweises kann in jeder Berliner Kartenstelle die Ausgabe von Lebensmittelkarten und Bezugscheinen beantragen. Zweckmäßigerweise wendet man sich an die Kartenstelle, die für die Unterkunft des Ausweisinhabers zuständig ist. An diese Kartenstelle ist der Ausweis nach Ablauf der Gültigkeit abzugeben, damit der Haushalt wieder in die reguläre Versorgung übernommen werden kann.

Kein Berufstätiger verläßt Berlin!

Er wird hier untergebracht und arbeitet weiter.

I. Lebensmittelkarten.

Die Lebensmittelkarten sind nicht zurückgegeben worden. Die bestellscheingebundenen Abschnitte werden von jeder Berliner Kartenstelle gegen Reise- und Gaststättenmarken, Lebensmittelmarken oder Berechtigungsscheine umgetauscht.

Ausgegeben bis zum	für Nr.	Ausgabestelle

2

55 Die ersten beiden Seiten des Versorgungsnachweises, den Ausgebombte auf der „Fliegerschadensstelle" erhielten, 1944/45.

zwei Wochen mit doppelten Rationen, bis wieder eine neue Kartenperiode begann. Nach den Strapazen konnte das jeder gebrauchen. In einem großen Tuch holte ich dann bei der Ausgabestelle belegte Brote sowie die Sonderzuteilungen, die es frei und kostenlos gab.

Text 25

Die Lebensmittelrationen für die 74. Zuteilungsperiode (9. bis 29. April 1945) für Normalversorgungsberechtigte und für Kinder bis zu sechs Jahren pro Kopf und Tag (abgerundete Angaben), 28. März 1945.

	Normalversorgungsberechtigte	Kinder
1. Brot	243g	143g
2. Fleisch	36g	14g
3. Fett	18g	18g
4. Nährmittel	11g	11g
5. Zucker	8g	18g
6. Kunsthonig	—	6g
7. Käse	3g	3g
8. Quark	6g	6g
9. Kaffee-Ersatz	5g	5g

Text 26

Schreiben des Leiters der Kartenstelle 10 in Oberschöneweide an den Bezirksbürgermeister von Köpenick Mathow, die Versorgungsschwierigkeiten und die damit verknüpfte Mißstimmung unter der Bevölkerung betreffend, 16. April 1945.

Die in der 73.Zeitperiode erfolgte Brotkürzung hat in allen Bevölkerungskreisen einen heftigen Unmut hervorgerufen. Dieser Unwille wurde noch genährt, als die NSV /Nationalsozialistische Volkswohlfahrt/ Zusatz-Brotkarten ausgab und als Grundlage dieser Ausgabe die Bedingung machte, daß nur Volksgenossen berücksichtigt werden sollten, die in der 71. Zeitperiode mit einer Zusatz-Brotkarte bedacht worden waren. Die Mütter von über 6 Jahre alten Kindern erschienen in der Kartenstelle und verlangten die Abstempelung der beiden Abschnitte, die von der Belieferung ausgeschlossen waren. Auf die pflichtgemäße Ablehnung wurde von den Müttern geschimpft, wobei auch die Angestellten der Kartenstelle böse Worte hören mußten. Hinzu kam, daß die Vollmilchlieferung der über 6 Jahre alten

56 Bombengeschädigte erhalten an einer Feldküche eine erste warme Mahlzeit, 26. November 1943.

Kinder ab 2. April 1945 aufhörte, während jedoch alle Lebensmittelkarten bis 8. April liefen. Hier gab es deshalb besonders harte Worte. Die Mütter schrien „sollen unsere Kinder verhungern", vereinzelt wurde gerufen, „wenn doch die Russen erst hier wären". Zahlreiche Auftritte entstanden m.E. dadurch, daß die NSV in den Fällen, in welchen sie nicht helfen konnte, die Antragsteller – um sie loszuwerden – einfach an die Kartenstelle verwies. Da hier gleichfalls nicht geholfen werden konnte, wurden unsere noch so höflichen Ablehnungen als böser Wille ausgelegt.
Für die Ausfertigung der notwendigen Bescheinigungen zur Belieferung der Haushalte mit Kochkohle wurden sofort 4 Angstellte eingesetzt. In den ersten Abfertigungstagen war der Andrang sehr stark. Es gab Wartezeiten von 60 bis 90 Minuten; jetzt läuft der Zugangsstrom in geregelten Bahnen.
Da 4 Angestellte ihrer eigentlichen Tätigkeit entzogen werden mußten, ist in der Ausfertigung der Schuh- und Spinnstoff-Bezugscheine ein geringer Rückstand entstanden.
Infolge des sich der Reichshauptstadt nähernden Feindes besteht naturgemäß eine große Gespanntheit.

Text 27

Auszug aus dem Bericht Nr.25 der „Abteilung Wehrmachtspropaganda des OKW", die Versorgungslage in der Zeit vom 30. März 1945 bis zum 7. April 1945 betreffend, 10. April 1945.

Sehr viel böses Blut hat die Sonderbrotverteilung gemacht. Die Organisation dieser Verteilung habe völlig versagt, und die Behandlung der

Der Luftterror unserer Feinde fügt der Bevölkerung schwere Schäden an Hab und Gut zu.

Die Versorgung der Bombengeschädigten mit den notwendigsten Gebrauchsgütern gehört daher zu den vordringlichsten Aufgaben.

Wer sich zu Unrecht als Bombengeschädigter ausgibt und sich unter Vorspiegelung falscher Tatsachen Vorteile erschleicht, handelt gegen die Volksgemeinschaft.

Die Sondergerichte haben wiederholt gegen derartige Volksschädlinge Todesurteile und langjährige Zuchthausstrafen ausgesprochen.

57 Anschlag, die mißbräuchliche Angabe von „Fliegerschäden" betreffend, Februar 1944.

58 Verbotsschild gegen Plünderungen, 1945.
Insbesondere in den letzten Kriegsmonaten ist es in den Wirren unmittelbar nach Luftangriffen häufig zu Plünderungen und Diebstählen gekommen.

Antragsteller durch die NSV-Dienststellen habe vielfach größte Empörung ausgelöst. ...
Große Mißstimmung herrscht in der Bevölkerung der Vororte, die keine Sonderzuteilung erhalten und auch bei der Sonderbrotverteilung nicht berücksichtigt wurden.-
Die Absperrung der Gaszufuhr hat große Beunruhigung hervorgerufen. Man fragt, wie sich die leitenden Stellen eine Nachbarschaftshilfe dächten, wenn ganze Häuserblocks oder Straßenzüge nur auf den Gasherd angewiesen seien. Hier müsse unbedingt eine schnelle und überlegte Regelung erfolgen.
Die Hausfrauen schelten allgemein über die Nichtzuteilung von Waschmitteln, da es schon längere Zeit kein Seifenpulver mehr gegeben habe. ...
Sehr große Mißstimmung herrscht über die Verhältnisse auf den Nahverkehrsmitteln. Zu bedauern seien alle arbeitenden Volksgenossen, die ihre Arbeitsstelle nur durch ein- oder mehrmaliges Umsteigen erreichen könnten. Warten und nochmals warten sei für diese Volksgenossen die traurige Parole geworden. In den Bahnen könne man im übrigen deutlich merken, daß die Berliner immer gereizter und nervöser würden.

Text 28

Tagebucheintragung Konrad Warners, Diebstähle während der Bombenangriffe betreffend, Januar 1944.

Immer wieder hörte ich von Raub und Diebstahl während der Angriffe. Bei Freunden fand man eine fremde Leiche im Keller, einen jungen Mann. Wahrscheinlich war er auf Raubzug ausgewesen, denn an einem Kabinenkoffer, den man noch herausschaffen konnte, stellte man Aufbrechversuche fest. Der Mensch war offenbar an einer Rauchvergiftung ohnmächtig geworden und umgekommen. Andern wurden die Koffer aus dem Keller oder von der Straße weggestohlen, wohin sie im ersten Augenblick gestellt worden waren. Einem meiner Bekannten, in dessen Haus erst die Obergeschosse brannten, stahl man sämtliche Wäsche, Schuhe und Kleidungsstücke, Wein, Schnaps und Zigaretten aus den Schränken. In einem Damenwäschegeschäft erzählte mir der Besitzer: „Ich habe gegenüber löschen helfen, weil bei uns nichts passiert war. Und dann habe ich bei Ausgrabungsarbeiten geholfen. Als ich morgens nach Hause kam, war mein ganzer Laden ausgeräumt."

59 Wartende mit Wassereimern an einer Wasserpumpe, 1945.
Nachdem durch die zahlreichen Bombenangriffe auch das Trinkwasserleitungsnetz stark beschädigt war, erlangten die alten Wasserpumpen, die es fast überall in Berlin gab, besondere Bedeutung.

Text 29

Tagebucheintrag von Liselotte G. (17 Jahre), die Atmosphäre vor dem Einmarsch der Roten Armee betreffend, 29. April 1945.

An diesem ersten Tag sollen in Friedrichshagen an die hundert Selbstmorde vorgekommen sein. Ein Segen, dass es kein Gas gibt, sonst hätte sich noch mancher das Leben genommen; wir wären vielleicht auch tot. Ich war ja so verzweifelt!

[...]

Das mußte aus meinem deutschen Vaterland werden, dass wir jetzt völlig rechtlos der Macht der Fremden ausgeliefert sind. Aber das deutsche Volk will es so, es muß sich immer vor jemanden ducken, unter eine Knute beugen, sonst ist ihm nicht wohl. War es erst Hitler, ist es jetzt Stalinknechtsvolk. Wo ist die Freiheit, die ich meine? Sollte sie uns nicht mehr werden? O, wenn Schiller diese Zeit erlebte oder Kant. Wenn nur Vati da wäre, er würde uns schützen vor den feindlichen Rotten. Warum kommst Du nicht.
Ob Frau L. noch rein ist, oder ob sie sie auch geschändet haben?

60 Behelfsmäßiger Brotverkauf auf der Straße nach dem Bombenangriff, 3. Februar 1945.

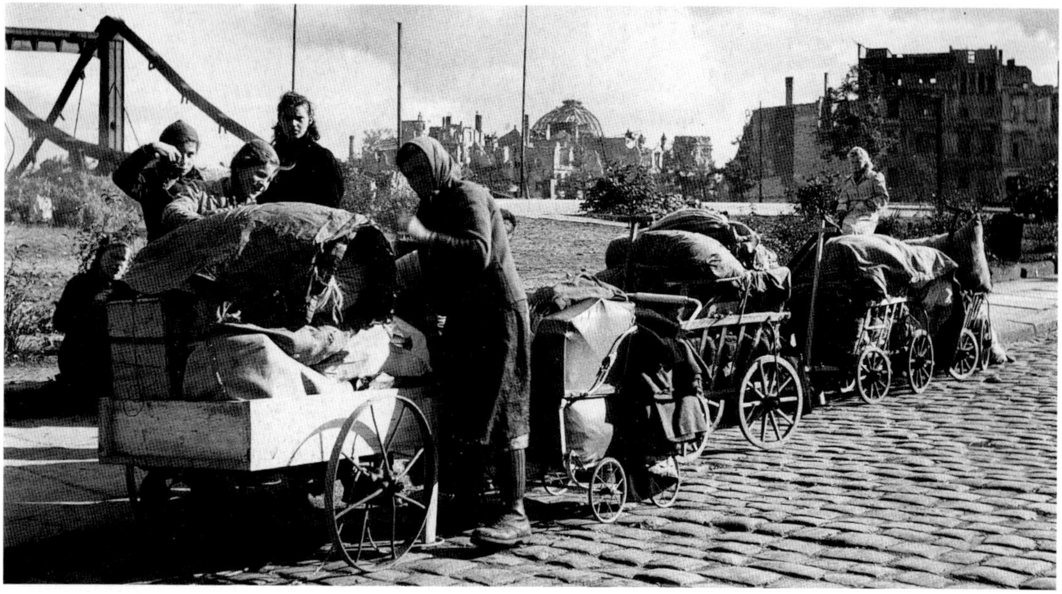

61 Berliner kehren mit ihren geretteten Habseligkeiten in die zerstörte Stadt zurück, 1945.

62 Zwei alte Männer in einer mit Trümmern übersäten Straße, Mai 1945.

63 Berlinerinnen beobachten den Einmarsch sowjetischer T-34 Panzerkolonnen in der Yorckstraße Ecke Mehringdamm in Kreuzberg, Mai 1945.

64 Kurz nach der Kapitulation – Berliner unterwegs in der zerstörten Stadt zwischen sowjetischen Soldaten und Militärfahrzeugen, Mai 1945.
Zivilisten tragen weiße Armbinden als Zeichen der Kapitulation.

Text 30

Übersicht über die Höhe der Selbstmordrate im Jahre 1945.

Zeit	*Selbstmorde*
Jahr	
1929	*1678*
1932	*2262*
1938	*2108*
Monats-D.	
1929	*140*
1932	*187*
1938	*176*
1945	
Januar	*117*
Februar	*199*
März	*238*
April	*3881*
Mai	*977*
Juni	*367*
Juli	*340*
August	*263*
September	*196*
Oktober	*188*
November	*154*
Dezember	*137*
Zusammen	*7057*
Monats-D.	*588*

Text 31

Tagebucheintragung von Hermann Kasack, seine Erlebnisse mit sowjetischen Soldaten betreffend, 27. April 1945.

Als wir aus der Haustür traten, sahen wir in dem Zugang zwischen den schmalen Vorgärten ein Maschinengewehr aufgestellt, mit der Mündung auf die Breitseite der leeren Straße. Die Bedienungsmannschaft hockte auf den Treppenstufen. Auf die Frage, wohin wir gehen sollten, hieß es: „Auf den Rasen." Der Dolmetscher blieb am Maschinengewehr zurück. Ich begriff. Wir überquerten langsam den Fahrdamm. Auf dem Sandweg vor der Rasenfläche umarmte mich meine Frau noch einmal und ich küßte sie. „Es ist aus", sagte ich. „Ja", sagte sie. Wir waren ganz ruhig. Jemand fragte: „Werden wir jetzt erschossen?" – „Ja", sagte ich. Ich sah, daß auf der Rasenfläche ein halbes Dutzend Gräber ausgehoben war. Wie rasch so etwas geht. Wir stellten uns nebeneinander in der Mitte der Rasenfläche auf, die Gesichter unserem Hause zugewandt. So ist das also, dachte ich. Die Zeit stand still. Nach einer Weile wurde uns durch den Dolmetscher bedeutet, uns auf die gegenüberliegende Straßenseite zu begeben. Wir drehten uns um, und keiner sagte ein Wort .. Von dem Augenblick an, da wir den Rasen betreten hatten, um erschossen zu werden, gehörte ich den Gestorbenen an. Daß der Tod nicht vollzogen worden war, änderte nichts an der Gültigkeit ..

Text 32

Tagebucheintragung von Sabine K. (19 Jahre), ihre Erinnerungen an den Tag der Kapitulation Berlins betreffend, 2. Mai 1945.

Gestern konnte ich leider nicht weiter schreiben. Ich bin ja überhaupt immer auf dem Sprung, denn jeden Augenblick kann ein Russe hier her-

65 Kurz nach der Eroberung Berlins – Alltag in der zerstörten Stadt, Mai 1945.

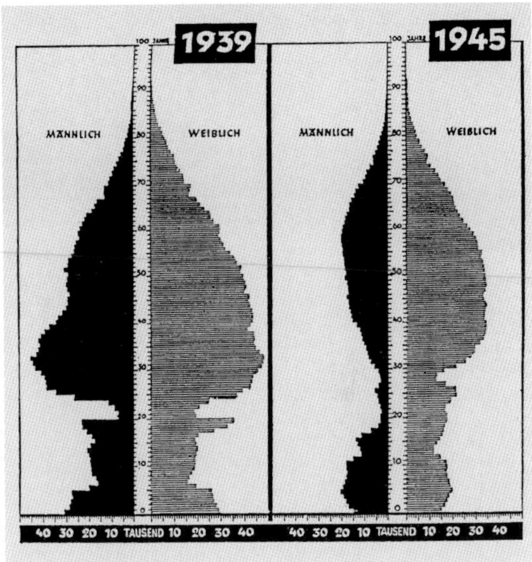

66 Die Auswirkungen des Krieges auf die altersmäßige und geschlechtliche Zusammensetzung der Berliner Bevölkerung, 1949.

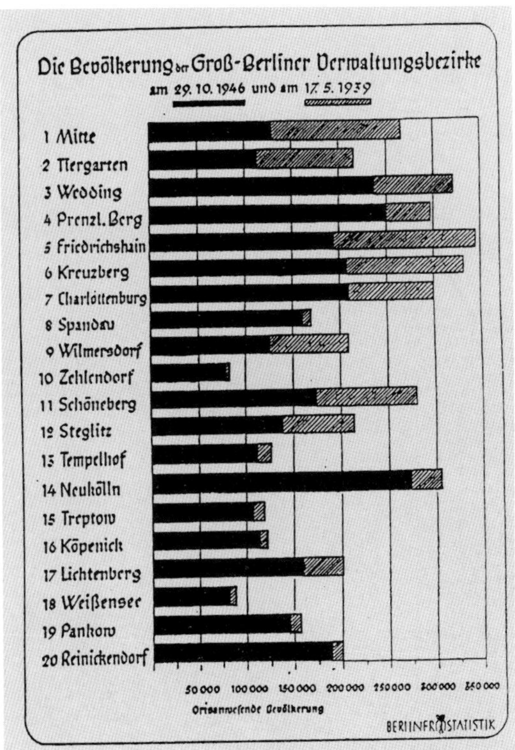

67 Die Abnahme der Bevölkerungszahl Berlins durch den Krieg, 1947.
Auffallend ist die unterschiedliche Höhe des Rückgangs der Einwohnerzahlen der einzelnen Bezirke: Während bei einigen die Einwohnerzahl sich halbierte, blieb sie in anderen fast gleich. Dort, wo die Zerstörungen durch Bombenangriffe am schwersten war, war auch der Rückgang der Bevölkerungszahlen am größten.

aufkommen, dann springe ich schnell unter das Bett in der Kammer; denn das stimmt, daß sie alle Mädchen und auch ältere Frauen vergewaltigen. Aber das kommt später.

Text 33

Die prozentuale Abnahme der Bevölkerung der einzelnen Bezirke in Berlin durch den Krieg.

Verwaltungsbezirk Sektor	*Bevölkerungsabnahme vom 17. 5. 1939 bis 29. 10. 1946 in vH*
1. Mitte	*52,2*
2. Tiergarten	*47,2*
5. Friedrichshain	*44,7*
9. Wilmersdorf	*39,4*
6. Kreuzberg	*38,5*
11. Schöneberg	*38,1*
12. Steglitz	*35,3*
7. Charlottenburg	*30,7*
3. Wedding	*27,4*
17. Lichtenberg	*19,9*
4. Prenzlauer Berg	*16,6*
13. Tempelhof	*10,9*
14. Neukölln	*9,9*
15. Treptow	*9,6*
18. Weißensee	*9,1*
16. Köpenick	*6,1*
19. Pankow	*6,1*
20. Reinickendorf	*5,9*
10. Zehlendorf	*4,3*
8. Spandau	*3,5*
Groß-Berlin	*26,6*
davon	
Sowjetischer Sektor	*26,3*
Amerikanischer Sektor	*26,7*
Britischer Sektor	*31,7*
Französischer Sektor	*19,2*

68 Leben in Trümmern, Frühjahr 1945.

69 Straßencafé am Hotel am Zoo auf dem Kurfürstendamm, kurz nach dem 8. Mai 1945.

1.5. Die zerstörte Stadt

Die Zerstörungen infolge des Bombenkriegs und der Kampfhandlungen seit Mitte April 1945 bedeuteten eine tiefgreifende gewaltsame Veränderung der Stadt Berlin, ihrer Gebäude, Plätze, Straßen, Brücken, Parks und ihrer gesamten stadträumlichen Struktur. Das von den Nationalsozialisten hinterlassene Berlin war, wie es in einer wissenschaftlichen Untersuchung formuliert worden ist, *„das größte zusammenhängende Ruinengebiet Deutschlands und Europas"*. Die Trümmermengen betrugen nach einer niedrigen Schätzung 55 Millionen Kubikmeter, nach einer wahrscheinlicheren Schätzung mindestens 80 Millionen Kubikmeter. *„Berlin. Der Schutthaufen bei Potsdam"*, notierte Bert Brecht nach seiner Rückkehr aus den USA.
Nach den Ermittlungen des Berliner Hauptamtes für Statistik aus dem Jahre 1947 war von 1,5 Millionen Wohnungen knapp ein Drittel nicht mehr bewohnbar; von den 5,2 Millionen Wohnräumen waren es sogar rund 40%. Erstaunlicherweise waren die Schäden im industriellen Sektor deutlich geringer, so daß die Berliner Industrie, gemessen am Produktionsstand von 1936, im Mai 1945 zu etwa 75% einsatzfähig war. Im Innenstadtbereich war über ein Drittel des Straßennetzes nicht mehr befahrbar. Der größte Teil der innerstädtischen Brücken war während der „Schlacht um Berlin" von den deutschen Truppen gesprengt worden und war nicht mehr passierbar. Die U- und S-Bahnen waren vollständig lahmgelegt, von den Omnibussen, den U- und S-Bahnwagen war so gut wie keiner unbeschädigt geblieben.
Die einzelnen Stadtbezirke waren von den Zerstörungen in unterschiedlichem Maße betroffen. Die Randbezirke waren in sehr viel geringerem Maße Angriffsziel als der innerstädtische Bereich. Im Bezirk Tiergarten galten beispielsweise knapp 60% der Gebäude als nicht mehr bewohnbar, im Bezirk Pankow nur knapp 20%. Die stärksten Zerstörungen erlitt aufgrund der Konzentration von Regierungs- und Verwaltungsgebäuden, die bis zuletzt hartnäckig verteidigt wurden, der Bezirk Mitte. Hier wirkten sich neben den Bomben vor allem der sowjetische Artilleriebeschuß und die Straßenkämpfe aus.
Als besonders schmerzlich wurde die Zerstörung vieler großer Gebäude empfunden, in denen sich Geschichte und Gegenwart Berlins in besonderer Weise gespiegelt hatten. Das betraf die Schlösser und viele Kirchen, die Philharmonie und zahlreiche Theater, das Zeitungsviertel und die großen Verlagshäuser, die repräsentativen Hotels, die Straße Unter den Linden, die Wilhelmstraße, den Pariser, den Leipziger oder den Potsdamer Platz. Zerstört waren schließlich auch der Zoologische Garten und der Tiergarten, dessen Baumbestand durch Bomben, Artilleriegeschosse, Brände und anschließende Rodungen von 200.000 auf 7.000 reduziert worden war.
„Das ist das zweite Karthago", notierte im Mai 1945 Harry Hopkins, der langjährige Berater des amerikanischen Präsidenten, nach einem Flug über Berlin. Auch andere Beobachter fühlten sich zu dem Vergleich mit antiken Ruinenfeldern gedrängt. Der amerikanische Korrespondent und Berlin-Kenner William L. Shirer schrieb im November 1945 über *„das Bild einer bis zur Unkenntlichkeit zerstörten großen Hauptstadt"*. In der „New York Times" wurde gleich nach Kriegsende argumentiert, daß die Auslöschung

Berlins den Beginn einer erneuten Zivilisierung Deutschlands einleiten könne. Die Feststellung, daß nur *„sehr wenige Menschen [...] das Verschwinden dieses unliebenswürdigen Parvenüs unter den europäischen Hauptstädten bedauern"* würden, konnte angesichts der Verbrechen, für die das Deutsche Reich und mit ihm seine Hauptstadt verantwortlich waren, nicht überraschen.

70 Der Anhalter Bahnhof in Kreuzberg, um 1945.

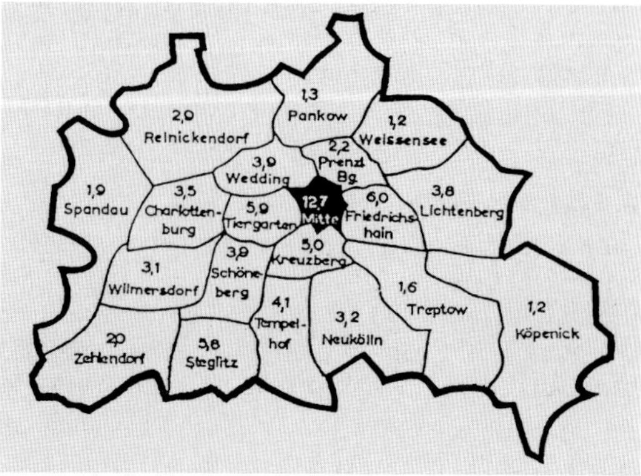

71 In den Bezirken angefallene Trümmermassen nach dem Statistischen Jahrbuch Berlin 1952 (in Millionen Kubikmeter).

Gebäudezustand nach Beendigung der Kampfhandlungen

Mitteilungen des Hauptvermessungsamtes

Verwaltungsbezirk / Sektor	Von den Gebäuden waren: total zerstört Zahl	total zerstört vH	schwer beschädigt Zahl	schwer beschädigt vH	wiederherstellbar Zahl	wiederherstellbar vH	leicht beschädigt, unbeschädigt Zahl	leicht beschädigt, unbeschädigt vH	Gebäude insges.[1]
1 Mitte	3 573	34.6	1 758	17.0	1 580	15.3	3 392	32.9	10 321
2 Tiergarten	2 429	32.2	1 673	22.2	1 150	15.2	2 291	30.4	7 543
3 Wedding	1 666	19.3	736	8.5	1 055	12.3	5 110	59.4	8 608
4 Prenzlauer Berg	689	10.4	460	7.0	725	10.9	4 745	71.6	6 625
5 Friedrichshain	2 179	27.0	1 496	18.5	1 046	12.9	3 317	41.0	8 088
6 Kreuzberg	2 346	26.0	1 250	13.9	1 364	15.1	3 942	43.8	9 009
7 Charlottenburg	1 461	17.7	1 400	16.9	411	5.0	4 996	60.4	8 268
8 Spandau	888	5.1	766	4.4	484	2.8	14 932	86.5	17 266
9 Wilmersdorf	1 085	16.9	902	14.0	1 101	17.2	3 336	51.9	6 424
10 Zehlendorf	722	5.5	835	6.3	1 553	11.8	10 064	76.1	13 220
11 Schöneberg	729	8.8	1 823	22.0	1 319	16.0	4 398	53.2	8 269
12 Steglitz	1 984	11.5	3 045	17.7	1 707	9.9	10 496	60.9	17 232
13 Tempelhof	1 072	8.4	1 274	9.9	2 499	19.5	7 961	62.2	12 806
14 Neukölln	1 331	7.5	774	4.3	1 874	10.5	13 853	77.7	17 837
15 Treptow	581	4.4	466	3.6	431	3.3	11 308	86.7	13 045
16 Köpenick	533	4.7	237	2.1	585	5.2	8 395	74.3	11 299
17 Lichtenberg	1 832	8.2	318	1.4	1 279	5.8	18 792	84.4	22 267
18 Weißensee	719	7.4	39	0.4	577	5.9	8 440	86.3	9 775
19 Pankow	407	2.9	292	2.1	619	4.4	12 467	89.6	13 920
20 Reinickendorf	1 453	6.2	583	2.5	1 489	6.3	19 730	84.0	23 478
Groß-Berlin	27 679	11.3	20 127	8.2	22 848	9.3	171 965	70.1	245 300
davon									
Sowjetischer Sektor	10 513	11.0	5 066	5.3	6 842	7.2	70 856	74.3	95 340
Amerikanischer Sektor	8 184	10.4	9 001	11.5	10 316	13.2	50 714	64.7	78 373
Britischer Sektor	5 863	14.8	4 741	12.0	3 146	8.0	25 555	64.7	39 501
Französischer Sektor	3 119	9.7	1 319	4.1	2 544	7.9	24 840	77.4	32 086

[1]) Einschl. der unerkundeten Gebäude, insgesamt 2681 oder 1.1 vH aller Gebäude.

72 Statistische Erhebung des Hauptvermessungsamts über den Gebäudezustand nach Beendigung der Kampfhandlungen in Berlin am 2. Mai 1945, 1946.

Text 34

Aus dem Kapitel „Am Alexanderplatz" in Alfred Döblins autobiographischer Schrift „Schicksalsreise", 1949.

Döblin (1878-1957), der als Arzt in Berlin praktiziert hatte und 1929 den berühmten Berlin-Roman („Berlin Alexanderplatz") veröffentlicht hatte, war 1933 über Frankreich in die USA emigriert und 1947/48 als französischer Besatzungsoffizier nach Deutschland zurückgekehrt.

Wieder das Bild der Stadt. Wir sehen die traurigen Reihen der Häuserskelette, die leeren Fassaden, alles was der Brand und die Kriegsfurie übrig gelassen hat. Ja, hier war etwas geschehen, wieder sah ich es. Dies war der Hauptschauplatz des Spuks. Hier machte sich das Verbrechen breit, das Volk ließ sich betäuben, singende Jugend, enthusiastische Zuschauer. Das wogte durch die Straßen und scholl von den Häuserwänden, die nun nach vorne auf die Stirn gefallen sind. Versuche einer hier dem Gedanken an ein Strafgericht zu entgehen. Die damals hier lebten, haben gewiß zu Millionen nicht mitgemacht. Sie haben nur zugesehen, wie der Hexensabbat gefeiert wurde. Und dann sind aber ihre Häuser eingestürzt und Menschen getötet worden. So furchtbar spricht das Gericht in der Geschichte. Die Straßen. Weit ist das alles von dem entfernt, was früher war. Es ist nicht mehr das, was ich kannte. Aber es ist mir auf neue Weise nahegerückt: Vom göttlichen Strahl getroffen und gezeichnet. Ich sagte auch bei der Diskussion: Zwischen den Trümmern müßte man sitzen, lange und sie auf sich wirken lassen, und den Schmerz und das Gericht ganz fühlen. Ja, es geht mich sehr an.

73 Der zerstörte Gasometer an der Bayreuther Straße (heute: Welserstraße) im Bezirk Schöneberg, 1945.
Im Hintergrund der Viktoria-Luise-Platz.

Text 35

Der englische Journalist Isaac Deutscher in einer Reportage für die Zeitung „The Observer" über das zerstörte Berlin, 1946.

Wenn die Gebäude ihr trügerisches solides Aussehen verlieren, macht Berlin den Eindruck einer wundersam guterhaltenen Ruine des Altertums – wie Pompeij oder Ostia – in riesiger Grösse. Diese Ähnlichkeit mit einer ausgegrabenen Stadt wird durch die Leere vieler Straßen verstärkt.

Text 36

Zusammenstellung, das Ausmaß der Zerstörungen in Berlin im Mai 1945 betreffend.

1. Wohnungen:
Von 1562000 Wohnungen waren nur 370000 unbeschädigt geblieben [...] In Mitte waren z. B. 60,7% des Wohnraumes zerstört, in Friedrichshain 54,3%.

2. Dienstleistungseinrichtungen:
Von 38 Gasbehältern waren 37 beschädigt. Die acht Gaswerke, beschädigt zu 50–60%, hatten ihre Arbeit eingestellt. Das Gasleitungsnetz war zu 99,8% kaputt.
Von den rund 100000 elektrischen und Gaslaternen der Straßenbeleuchtung brannte nicht eine.
Die 19 Wasserwerke waren zwar nur z.T. zerstört, aber 2000 Schäden am Rohrnetz legten die Wasserversorgung lahm. Die 87 Pumpwerke der Stadtentwässerung arbeiteten alle nicht, sie waren zu 60% zerstört. Das Rohrnetz hatte rund 3000 Schäden. [...]
Von 188 Postämtern und Zweigpostämtern waren 122 schwer beschädigt. Die 46 Vermittlungsstellen des Fernmeldenetzes waren lahmgelegt, neben den Schäden in diesen Zentralen gab es viele Kabelunterbrechungen.

3. Verkehr:
Vom 4300 km langen Straßennetz waren 1350 km zerstört, darunter vor allem die Hauptverkehrsadern und die Ausfahrtstraßen.
Von 166 größeren Straßenbrücken waren 122 zerstört.
Von 153000 Kraftfahrzeugen waren nur noch 115 in Betrieb.
95% der Oberleitungen der Straßenbahnen waren nicht mehr intakt.
Von 2832 Straßenbahnwagen waren 2739 beschädigt, von 1101 U-Bahnwagen 1056, von 667 Omnibussen 649.

4. Gesundheitswesen:
Die 366 Fürsorgestellen, Kliniken u.a. Einrichtungen waren alle nicht vom Krieg verschont geblieben. Von 33000 Krankenhausbetten waren rund 24000 unbenutzbar.
Von den einstigen 400 Krankentransportwagen war keiner mehr einsatzfähig.

5. Volksbildung und Kultur:
Von 649 Schulgebäuden waren 149 völlig zerstört, 147 schwer beschädigt, 292 leicht beschädigt und 81 waren anderweitig belegt. Von 22730 Klassenräumen waren rund 20000 zerstört.
Viele Gebäude der Universität und der Technischen Hochschule mit ihren wertvollen Einrichtungen waren stark beschädigt. Von 106 Volksbüchereien waren viele ausgebombt und ausgebrannt [...]
Die Museen waren von Luftangriffen und Kampfhandlungen alle in Mitleidenschaft gezogen worden. Im Stadtzentrum hatte sich die SS gerade in den letzten Kriegstagen in Museen verschanzt und sie als Widerstandsnester mißbraucht.
19 Theater und Konzertsäle waren völlig und 13 teilweise zerstört. Von den rund 400 Kinos waren zunächst nur 20 spielbereit.

6. Sport:
Von 416 Turnhallen in Berlin waren nur 38 erhalten geblieben.
Von 151 Sportplätzen waren 40 stark beschädigt, 111 konnten nach einiger Zeit wieder in Betrieb genommen werden.
Von 12 Schwimmhallen waren 9 schwer zerstört.

7. Industrie, Handel und Gewerbe:
Bei der Fahrzeugindustrie blieben nur 3% der Werkzeugmaschinen übrig. Von den unter Trümmern liegenden Maschinen konnten in mühseliger Kleinarbeit etwa 25% wieder betriebsfähig gemacht werden. [...]
Von 24000 Betten in Hotels und Pensionen hatte der Krieg nur 1000 übriggelassen.
Im Gaststättengewerbe waren von 12000 Betrieben 9500 vernichtet. Von rund 1600 Reinigungsbetrieben (Wäschereien, Färbereien etc.) waren 1000 ausgefallen.
Von 19 Markthallen waren 8 zerstört.
Beträchtlich war auch der Zerstörungsgrad der Einzelhandelsgeschäfte: von den 1829 Drogerien waren nur 372 zur Eröffnung bereit, von 3312 Seifengeschäften 1017, von 788 Farben-

und Tapetenläden nur 40, von 853 Geschäften für Ärzte- und Krankenhausbedarf sowie Foto-, Kino- und Röntgenbedarf 70, von 1650 Radio- und Elektrogeschäften 800 und von rund 600 Möbel- und Holzverarbeitungsbetrieben noch rund 200.

74 Die 1938/39 nach einem Entwurf Albert Speers fertiggestellte Neue Reichskanzlei in der Voßstraße, von Westen, 1945.

Text 37

Eindrücke des englischen Journalisten Stephen Spender, die Zerstörung Berlins betreffend, 1945.

Der Reichstag und die Reichskanzlei sind schon jetzt Sehenswürdigkeiten für Touristen, wie sie es auch in weiteren fünfhundert Jahren durchaus sein können. Sie sind Schauplätze eines dermaßen vollständigen Zusammenbruchs, daß es schon jetzt die Ferne aller endgültigen Katastrophen hat, die einen dramatischen und gespenstischen Eindruck hinterlassen, während sie gleichzeitig ihre Geheimnisse zurückziehen und alles der Vorstellungskraft überlassen. Die letzten Tage Berlins sind wie die letzten Tage eines Reiches in einer fernen Epoche Angelegenheiten für Spekulationen: man geht durch die Ruinen mit dem gleichen Gefühl der Verwunderung, der gleichen Beanspruchung der Vorstellungskraft, als ginge man zum Kolosseum in Rom.

75 Die Ruine des Ministeriums für Volksaufklärung und Propaganda am Wilhelmplatz 8-9, 1946.
Im Hintergrund Teile des Neubaus aus den dreißiger Jahren.

Text 38

Tagebuchaufzeichnung des amerikanischen CBS-Korrespondenten William L. Shirer, 3. November 1945.

Es gibt etliches zu sehen – hier, wo der Sturm endete. Und es ist unbeschreiblich.
Wie soll man Worte finden, um das Bild einer bis zur Unkenntlichkeit zerstörten großen Hauptstadt wahrheitsgetreu und genau zu schildern? Das Bild einer einstmals mächtigen Nation, die aufgehört hat zu existieren? Das Bild eines Erobervolkes, das sich noch vor fünf Jahren, als ich von hier wegfuhr, auf so brutale Weise arrogant aufführte und von seiner Mission als Herrenrasse blind überzeugt war – und das man nun in den Ruinen herumstochern sieht, gebrochen, betäubt, zitternd; hungrige menschliche Wesen ohne Willen, Lebenszweck oder Ziel, reduziert auf animalische Funktionen wie Nahrungs- oder Obdachsuche, um den nächsten Tag lebendig zu erleben?

76 Das Hauptgebäude der Technische Hochschule Berlin, Juli 1945.
Das Gebäude mit seinen 33.600 m^2 Nutzfläche wurde bei einem Bombenangriff am 22./23. November 1943 schwer beschädigt. Die teilzerstörte Südseite wurde nach 1950 wiederaufgebaut.

77 Die Ruine des ehemaligen Königlichen Schlosses, Mai 1945.
Nachdem das Berliner Schloß 1918 seine Funktion als Residenz der Hohenzollern verloren hatte, wurden weite Teile der Anlage an verschiedene Nutzer, zumeist Museen, vermietet. Nach der Machtübernahme durch die NSDAP 1933 residierte die Reichskammer der Bildenden Künste im Quergebäude des Schlosses. Der Schloßkomplex erlitt schwere Schäden durch den Luftangriff am 3. Februar 1945 und durch Artilleriebeschuß bei der Eroberung Berlins 1945. Am 30. Dezember 1950 wurde mit dem Eosanderportal der letzte Rest des Bauwerks gesprengt.

78 Das Hotel Kaiserhof am Wilhelmplatz, um 1945.
Der „Kaiserhof" war vor der Machtübernahme 1933 Hitlers Hauptquartier in Berlin.

79 Die St. Hedwigs-Kathedrale in Berlin-Mitte, 1945.

80 Die Fassade der zerstörten Synagoge in der Kreuzberger Lindenstraße, 1949.
Von 29 in einer Nachkriegsstatistik erfaßten Berliner Synagogen wurden nur neun ausschließlich durch unmittelbare Kriegseinwirkungen, 20 hingegen, darunter auch die Synagoge in der Lindenstraße, während des Pogroms am 9. November 1938 ("Reichskristallnacht") in unterschiedlichem Ausmaß beschädigt.

81 Die Philharmonie in der Bernburger Straße, Mai 1945.

Text 39

Gottfried Bermann Fischer in einem Brief an seine Frau Brigitte nach seiner Rückkehr nach Berlin, 1947.

Das alte Zentrum Berlins, Wilhelmsplatz mit Kaiserhof, Propagandaministerium... Reichskanzlei sind bizarre Trümmer – Friedrichstraße, Leipzigerstraße, Potsdamerplatz völlig tot, manchmal ein Radler – ein Fußgänger, dessen Schritte laut durch die Öde hallen, am hellichten Tag. Ein Windstoß bläst Dir weiße Staubwolken entgegen. Potsdamer Bahnhof eine hohe Mauer mit der Eingangstreppe und nichts mehr dahinter ... Der Kurfürstendamm ist eine bessere Dorfstraße. Die Fassaden stehen noch. Die Menschen kriechen von irgendwo unter dem Schutt heraus ... Vom Wittenbergplatz an aber beginnt das große Grauen. Dort ist nur noch eine große Schuttwüste, in der man auf Straßen herumirrt, die einem so fremd sind, daß man nach einer Weile absolut nicht mehr weiß, wo man ist ... Der Tiergarten ist eine Art Schuttabladeplatz mit Schrebergärten. Gespenstisch leuchten aus dem Gewühl die alles überdauernden Hohenzollern, die man weiß Gott warum nicht abgeräumt hat. Einsam sitzt Diana auf ihrem Pferd, allein und verlassen, rechts ragt das gewaltige Russenmonument, dahinter der ausgebrannte Reichstag mit verborgener Kuppel, dahinter die Siegessäule mit der Tricolore und dem Union Jack ...

82 Das Kaufhaus Hertie (bis 1935 Kaufhaus Hermann Tietz) am Alexanderplatz, 1945.

Text 40

Aus dem Kapitel „Am Alexanderplatz" in Alfred Döblins autobiographischer Schrift „Schicksalsreise", 1949.

Die U-Bahn brachte uns am Nachmittag zum Alexanderplatz. Es ist noch alles zu erkennen und zum Schweigen gebracht [...]. Diesen Platz, ich kenne ihn noch. Ich kannte ihn schon, als sich noch nicht einmal der mächtige Tietz-Palast hier erhob, derselbe Palast, den man jetzt samt seiner Kuppel niedergeboxt hat. (Das Gebäude sieht aus wie ein Mann, dem ein Stoß das Genick gebrochen und den Schädel in den Brustkasten heruntergeschoben hat.) [...] Nein, das ist alles Geschichte, Vergangenheit. Hier wie in der Friedrichstraße, am Lützowplatz, am Stettiner Bahnhof, alles zerbrochen und niedergetreten. Die menschliche Siedlung zerstört, an der sie jahrhundertelang gebaut haben. Sie haben einen ungeheuren Fleiß darangegeben. Sie wurden wohlhabend, aber sie konnten das Ganze nicht meistern. Zuletzt fiel alles zusammen.

Aber von diesem Platz und seinen Menschen ist die Vernichtung nicht ausgegangen. Hier pulsierte friedliches Leben, so wie menschliches Leben ist, mit Schwächen und Lastern und Verderbnis. Das ist hingesunken und zum Opfer geworden, die Wohnhäuser, die Warenhäuser, die Läden, die Cafés, die Gaststätten, die kleinen versteckten Hotels, Aschinger, und mit ihnen alle Gegenstände, die das tägliche Leben erfreuen. Darin steckte nichts Übertriebenes und Gewaltsames. Und wenn es jetzt mit Mann und Maus untergegangen ist und zu Mauerwerk zerfällt, so kam das U-Boot, das alles zur Strecke brachte, doch nicht von hier.

Text 41

Auszug aus Arnold Zweigs „Fahrt durch die Ruinenstadt", 1948.

Wer offenen Auges und Herzens durch die Ruinenstadt des inneren Berlin fährt, kann sich einer Erkenntnis nicht entziehen: dies sind die Rückschläge des totalen Krieges. Von hier aus wurde er losgelassen, hunderttausend Kehlen brüllten im Sportpalast ihr „Ja" zu ihm – und hunderttausend Häuser liegen deshalb hier in Trümmern, einschließlich jenes Sportpalastes selbst. Der Redesport der Herren Hitler und Goebbels kam Berlin teuer zu stehen.

83 Die Deutschlandhalle, deren Dachkonstruktion abgetragen wurde, nach 1945.

84 Die Halle des am 30. Januar 1944 ausgebrannten Sportpalastes in der Potsdamer Straße.
Der Sportpalast war nicht nur Schauplatz spektakulärer Sportveranstaltungen, wie Sechstagerennen oder Boxkämpfe, sondern diente auch als Ort für Propagandaveranstaltungen unter anderem der Nationalsozialisten.

85 Die Friedrichstraße nach Süden, Juli 1945.

86 Eine Generatorenfabrik der Allgemeinen Elektrizitäts-Gesellschaft (AEG), Juli 1945.

Text 42

Aus dem Artikel „Deutsches Bekenntnis" von Johannes R. Becher, veröffentlicht in der Zeitschrift „Aufbau", September 1945.

[...] *ein halbiertes Zimmer schwebt in schwindelnder Höhe über dem Abgrund eines trümmerverstopften Hofs; hoffnungslos vereinsamt in der Schuttwüste des hingerichteten Stadtviertels, mit Tisch, Klavier, Sofa, Stühlen und den beiden bilderbehangenen Wänden: ahnungslos, daß es nur eines geringen Windstoßes bedarf, um es von seiner schwindelnden Höhe ins Nichts hinabzufegen, – gespensterhaft: da tritt aus der Kulisse des Ausgebranntseins und des Ausgestorbenseins hervor durch eine unsichtbare Hintertür eine Frau auf die Bühne, die, eine Kanne vor sich herhaltend, tastend sich an den Tisch heranbewegt; auch ein Balkon über dem Trümmerreich, wie emporgehoben für einen Augenblick, und es ist, als neige er sich schon wieder hernieder, in seiner Schwebe.*

Text 43

Verlust an Wohnungen und Wohnräumen in Berlin durch direkte Kriegseinwirkungen nach einer Statistik aus dem Jahr 1947.

Verwaltungs-bezirk	Wohnungen am 1.1.43	Wohnungen am 13.4.46	Abnahme in %	Wohnräume am 1.1.43	Wohnräume am 13.4.46	Abn. in %
Mitte	96.430	44.195	54,2	291.423	113.632	61,0
Tiergarten	75.215	37.063	50,7	248.572	102.221	58,9
Wedding	121.826	83.729	31,3	324.632	210.779	35,1
Prenzlauer Berg	113.468	89.672	21,0	329.302	241.328	26,7
Friedrichshain	132.779	65.334	50,8	354.821	164.079	53,8
Kreuzberg	129.487	76.505	40,9	368.395	188.693	48,8
Charlottenburg	102.673	63.327	38,3	392.568	209.372	46,7
Spandau	57.167	49.406	13,6	190.146	150.721	20,7
Wilmersdorf	72.738	41.596	42,8	324.264	150.448	53,6
Zehlendorf	26.153	20.353	22,2	129.695	85.738	33,9
Schöneberg	93.641	60.168	35,7	370.759	197.341	46,8
Steglitz	72.100	39.769	44,8	305.752	143.938	52,9
Tempelhof	45.303	35.658	21,3	168.949	114.902	32,0
Neukölln	113.640	96.328	15,2	339.386	270.477	20,3
Treptow	42.364	36.190	14,6	139.681	111.778	20,0
Köpenick	43.547	38.432	11,7	155.231	118.349	23,8
Lichtenberg	69.748	50.179	28,1	222.529	145.506	34,8
Weißensee	31.558	26.606	15,7	100.283	77.996	22,2
Pankow	53.520	48.812	8,8	187.002	150.465	19,5
Reinickendorf	69.284	61.936	10,6	241.610	193.340	20,0
Gesamt	1.562.641	1.065.258	31,8	5.185.000	3.140.603	39,4

87 Der Bayerische Platz in Schöneberg, um 1946.
Das Bayerische Viertel in Schöneberg wurde als reines Wohngebiet durch mehrere Luftangriffe weitgehend zerstört.

88 Stehengebliebene Kachelöfen in einer Hausruine in Berlin-Mitte, November 1947

89 Hochbahnhof Gleisdreieck, 1946.

Text 44

Situationsbericht des Ersten Direktors der BVG, Dr. Walther Schneider, die Zerstörungen der Berliner städtischen Nahverkehrsmittel betreffend, 1947.

Die Kriegsschäden der Verkehrsmittel waren nicht weniger schwer als die Zerstörungen der Stadt selbst. Die U-Bahn, die als Unterpflasterbahn nur verhältnismäßig flach unter der Straßendecke liegt, hatte eine große Zahl von Tunneldurchschlägen zu verzeichnen, die während des Krieges nur notdürftig wieder hatten behoben werden können und bei Kriegsende schließlich den gesamten Betrieb der U-Bahn lahmlegten. Es kam hinzu, daß bei Kriegsende durch Sprengungen an einer Kreuzung der unterirdischen Berliner Verkehrsanlagen mit dem Landwehrkanal ein großer Teil der U-Bahn-Tunnel, und zwar gerade die wichtigsten zentralen Strecken, völlig voll Wasser liefen. Bei der Straßenbahn war besonders die Oberleitung aufs schwerste in Mitleidenschaft gezogen, da sie beim Ende der Kampfhandlungen zu 95 vH am Boden lag. Beim Omnibus waren die Wagenverluste, die auch bei Straßenbahn und U-Bahn erheblich waren, das überhaupt ausschlaggebende Moment. Abgesehen von der Entnahme einer großen Anzahl von Omnibussen für unmittelbare Kriegszwecke waren die Fahrzeuge durch Bomben- und Brandschäden so in Mitleidenschaft gezogen, daß bei Kriegsende von über 800 Omnibussen nur noch 18 betriebsfähige Fahrzeuge vorhanden waren. Nimmt man hinzu, daß auch die Betriebshöfe der Straßenbahn und des Omnibusbetriebes sowie die Werkstätten der drei Verkehrsmittel schwere Schäden erlitten hatten und daß die Hauptverwaltung der BVG durch Bomben-, Feuer- und Wasserschäden völlig vernichtet war, so ergab sich am Ende des Krieges in der Wende vom April zum Mai 1945 ein unermeßliches Trümmerfeld und ein völliger Stillstand dieser öffentlichen Verkehrsmittel.

Text 45

Tagebuchaufzeichnung des amerikanischen CBS-Korrespondenten William L. Shirer, 31. Oktober 1945.

Aber ach, Berlin an diesem Morgen! Eine riesige Wüste, wo einst die stolze Hauptstadt eines Reiches stand, von dem Hitler tönte, es werde tausend Jahre dauern. [...]
Natürlich hatte es das schon früher gegeben. Babylon und Karthago. Und war nicht auch Rom von germanischen Barbaren geplündert worden? Doch ich glaube nicht, daß jemals zuvor eine Stadt in solchem Ausmaß vernichtet worden ist.

90 Die Reste der Admiral-Scheer-Brücke am Humboldthafen, 1945.
Im Hintergrund das Alexanderufer.

91 Die eingestürzte Stubenrauchbrücke über den Teltowkanal in Tempelhof, September 1945.

2. Das Erbe: Die Hauptstadt des „Dritten Reiches"

2.1. Stadtzerstörungen, die von Berlin ausgingen

Der Zerstörung Berlins durch die alliierten Luft- und Bodenstreitkräfte ging die Zerstörung zahlreicher europäischer Städte durch die deutsche Wehrmacht voraus. Die Planungs- und Befehlszentralen dieser Zerstörungsaktionen hatten direkt oder indirekt ihren Sitz in Berlin.
Noch vor der Entfesselung des Zweiten Weltkrieges war sichtbar geworden, daß die Industrialisierung und Technisierung der Kriegführung eine neue Qualität an Zerstörung und Vernichtung auch für die Zivilbevölkerung bedeuteten. Die am 27. April 1937 durch die deutsche Luftwaffeneinheit „Legion Condor" zerstörte baskische Kleinstadt Guernica gilt bis heute als Symbol für die Unmenschlichkeit des modernen Krieges.
Schon der deutsche Eroberungskrieg gegen Polen war im September 1939 durch massive Luftangriffe auf städtische Ballungszentren bestimmt: Binnen weniger Tage warf die deutsche Luftwaffe fast 6.000 Tonnen Bomben auf Warschau ab, das in seiner Substanz schwer getroffen wurde. Die endgültige Zerstörung der Stadt erfolgte dann im Oktober 1944 nach dem Warschauer Aufstand. Auch im Westen führte die deutsche Kriegführung zu zahlreichen Stadtzerstörungen: Die Innenstadt Rotterdams wurde am 14. Mai 1940 völlig zerstört, und französische Städte, darunter Paris, Marseille, Dijon, Lyon und St. Etienne, wurden bombardiert, um die Bevölkerung zu demoralisieren.
Im August und September 1940 sollte die „Luftschlacht über England" eine deutsche Invasion in Großbritannien („Operation Seelöwe") vorbereiten. Nachdem die Invasionspläne zurückgestellt worden waren, begann die deutsche Luftwaffe, zunehmend auch Wohngebiete zu bombardieren. Neben den anhaltenden Angriffen auf die Londoner City stellten vor allem die Bombardierung Coventrys am 14./15. November 1940 und der sogenannte „Baedecker-Blitz" auf militärisch unbedeutende Kulturzentren wie Canterbury, Bath und York eine radikale Abkehr von den bis dahin üblichen Formen der Kriegführung dar. Nach dem Verlust der Lufthoheit gegenüber den englischen und amerikanischen Luftstreitkräften setzte die deutsche Luftwaffe seit dem Sommer 1944 V1-Flugbomben, später auch ferngelenkte V2-Raketen gegen englische Städte, insbesondere London, ein. Neuere Schätzungen beziffern die zivilen Todesopfer des Luftkriegs gegen Großbritannien auf insgesamt etwa 60.000; allein zwischen Juli 1940 und Juli 1941 wurden 350.000 Häuser als unbewohnbar gemeldet.
Versuchte man die Stadtzerstörungen im Westen zunächst noch durch militärische Zwänge zu rechtfertigen, wurde das im Krieg gegen die Sowjetunion nicht mehr für nötig gehalten. Unzählige sowjetische Städte wurden durch Luftbombardements und Artilleriebeschuß dem Erdboden gleichgemacht. Im Rahmen des ideologischen Vernichtungskrieges zerstörten deutsche Truppen im Verbund mit Sondereinheiten der Sicherheitspolizei und des SD auch zahlreiche kleinere Ortschaften. In Leningrad, das systematisch ausgehungert wurde, starben trotz der letztlich erfolgreichen Abwehr der Blockade über 800.000 Menschen.

Nicht zuletzt ist an Städte zu erinnern, die das Opfer von „Vergeltungsmaßnahmen" gegen Akte des Widerstandes wurden. Lidice in der Tschechoslowakei 1942 und Oradour-sur-Glane in Frankreich 1944 sind herausragende Symbolorte für solche Massaker und Städtezerstörungen.

Text 46

Auszug aus einem Befehl des Generalstabs der Luftwaffe, die Bombardierung Warschaus betreffend, 10. September 1939.

Der Angriff ist als Vergeltung der an den deutschen Soldaten verübten Verbrechen anzusehen und hat die Vernichtung von „Wasserkante" zum Ziel. Es kommt darauf an, bei dem 1. Angriff weitgehende Zerstörung in den dicht besiedelten Stadtteilen zu erreichen.

Text 47

Aus einem Fernschreiben des Fliegerführers z.b.V. Generalmajor Wolfram von Richthofen an den Generalstab der Luftwaffe, 23. September 1939.

1. Angriff auf Warschau mit Heeresgruppe und führender 8. Armee durchgesprochen. Verbindung mit 8. Armee sichergestellt.
2. Armee beabsichtigt im frontalen Angriff in 2 Perioden im Süden und Nordwesten bis an das Stadtinnere heranzugehen, dort abzuschließen und Übergabe durch Beschuß und Hunger zu erzwingen.
[...]
4. Falls Fliegerführer z.b.V. damit beauftragt, wird mit allen Kräften völlige Tilgung Warschau angestrebt, umsomehr, da in Zukunft nur noch Grenzzollamt.
5. Beantrage dringend letzte Möglichkeit von Brand- und Terrorangriffen als groß angelegten Versuch zu nutzen. Hierzu ein He 111 Geschwader mit Gefechtslandeplatz Grojek erforderlich. Beabsichtige He 111 Geschwader nur Brandbomben, Stuka und K.G. 77 Sprengbomben werfen zu lassen. Letzteres Tag und Nacht.

Text 48

Aus dem persönlichen Tagebuch des Obersten Otto Hoffmann von Waldau, Chef der Operationsabteilung des Führungsstabes der Luftwaffe, 25. Mai 1940.

Der Angriff von 2 K(ampf)- und Stukagruppen verwandelte Südrotterdam zu einem Schutthaufen, der jeden Vergleich mit Warschau aushielt. Bereits nach 2 Stunden folgte die totale Kapitulation von Holland. Fall Holland war damit erledigt.

Text 49

Aus einer Denkschrift des Chefs des Wehrmachtführungsamts im Oberkommando der Wehrmacht, Generalmajor Alfred Jodl, die Weiterführung des Krieges gegen England betreffend, 30. Juni 1940.

Die deutsche Erwartung, daß die englische Regierung nach der Kapitulation Frankreichs sich um einen Ausgleich mit Deutschland bemühen würde, erfüllte sich nicht. Unter dem Decknamen „Seelöwe" bereitete die militärische Führung daher eine Landung auf den britischen Inseln vor. Der Luftwaffe kam in der Vorbereitung der Landung entscheidende Bedeutung zu. Nachdem im September 1940 die Planungen für „Seelöwe" zurückgestellt worden waren, bombardierte die Luftwaffe verstärkt englische Siedlungszentren.

Chef WFA *30. 6. 40*

Die Weiterführung des Krieges gegen England.

Wenn politische Mittel nicht zum Ziele führen, muß der Widerstandswille Englands mit Gewalt gebrochen werden

92 Die zerstörte Sankt Laurenskirche in Rotterdam, 1940.
Die Bombardierung Rotterdams durch die deutsche Luftwaffe sollte eine beschleunigte Kapitulation der holländischen Truppen bewirken. Der Angriff erreichte im Rahmen des Luftkriegs insofern ein neues Niveau, als – im Unterschied zu Warschau 1939, das von der polnischen Regierung zur militärischen Festung deklariert worden war – erstmals eine nicht zum militärischen Objekt erklärte Stadt bombardiert wurde.

93 Die Kathedrale von Coventry nach der Bombardierung am 14. November 1940, 9. Dezember 1940.
Zwar galt der Nachtangriff auf die mittelenglische Stadt Coventry, der unter dem Decknamen „Mondscheinsonate" geführt wurde, in erster Linie den zahlreichen Rüstungsindustrien in der Stadt, doch wurden vorwiegend zivile Ziele getroffen und zerstört. In einer zynischen Wortschöpfung bezeichnete man in Deutschland die flächendeckende Zerstörung urbaner Siedlungen von nun an als „coventrieren".

94 Die sowjetische Seefestung Sewastopol nach der Eroberung durch die Wehrmacht, 2. Juli 1942.
Sewastopol wurde während der 250 Tage dauernden Belagerung fortlaufend unter Dauerfeuer bzw. -bombardement genommen. Die Belagerung und Erstürmung der Stadt wiederholte sich 1944 unter umgekehrten Vorzeichen.

95 Ausgebombte Wohn- und Geschäftshäuser in London, von St. Paul's Cathedral aus fotografiert, 16. Mai 1941.

a) durch den Kampf gegen das englische Mutterland,
b) durch die Ausweitung des Krieges an der Peripherie.
Zu a: gibt es 3 Möglichkeiten:
[...]
2.) den Terror-Angriff gegen die englischen Bevölkerungszentren.
[...]
Gelingt es, die um London und Birmingham zusammengeballten Produktionsstätten der Flugzeugindustrien auszuschalten, so kann die englische Luftwaffe nicht mehr erneuert werden. Damit ist England am Ende seiner militärischen Aktionsfähigkeit gegen Deutschland, da die Blockadewirkung durch die englische Flotte keinerlei kriegsentscheidende Bedeutung mehr für uns hat. Dieses erste und wichtigste Ziel der Kampfführung gegen England wird gleichzeitig ergänzt durch den Kampf gegen die englischen Vorratslager sowie die Ein- und Ausfuhr auf See und in den Häfen.
Verbunden mit Propaganda und zeitweiligen Terror-Angriffen – als Vergeltung erklärt – wird diese zunehmende Schwächung der englischen Ernährungsbasis den Widerstandswillen des Volkes lähmen und endlich brechen und damit seine Regierung zur Kapitulation zwingen.
[...]

gez. Jodl

Text 50

Aus einer Rede Hitlers zur Eröffnung des Kriegswinterhilfswerks im Berliner Sportpalast, die Bombardierung englischer Städte betreffend, 4. September 1940.

Und wenn die britische Luftwaffe zwei- oder drei- oder viertausend Kilogramm Bomben wirft, dann werfen wir jetzt in einer Nacht 150 000, 180 000, 230 000, 300 000, 400 000, 1 Million Kilogramm. Wenn sie erklären, sie werden unsere Städte in großem Ausmaß angreifen – wir werden ihre Städte ausradieren!

Text 51

Auszug aus dem Kriegstagebuch des Armeeoberkommandos der 6. Armee, das deutsche Vorgehen gegen sowjetische Städte betreffend, 20. Oktober 1941.

Die H.Gr. Süd teilt folgende Willensmeinung des Führers mit:
Das Leben deutscher Soldaten für die Errettung russ. Städte vor einer Feuersgefahr einzusetzen oder deren Bevölkerung auf Kosten der deutschen Heimat zu ernähren, ist nicht zu verantworten. Das Chaos in Rußland wird um so größer werden, je mehr die Bevölkerung der sowjetruss.

96 Eine russische Kleinstadt, um 1942.
Da die typischen Wohnhäuser aus Holz gebaut waren, blieben nur die gemauerten Kamine stehen.

97 Bergung von Opfern in Leningrad nach deutschem Artilleriebeschuß, 1941.
Das seit September 1941 durch deutsche und finnische Belagerungstruppen von allen Landverbindungen abgeschnittene Leningrad mußte bis 1943 über das Wasser oder Eis des südlichen Ladogasees versorgt werden. Mindestens 800.000 der 3,2 Millionen Einwohner kamen durch Hunger und Seuchen ums Leben. Befreit werden konnte die Stadt erst Januar 1944, nach 900 Tagen Belagerung.

Städte nach dem Innern Rußlands flüchtet. Die Städte sind daher vor ihrer Einnahme durch Art.-Feuer zu zermürben und ihre Bevölkerung zur Flucht zu veranlassen. Diese Maßnahmen sind allen Kommandeuren bekanntzugeben.
Zusatz des AOK.:
Das Verhalten der Truppen bei Bränden ist in der Verfg. des Herrn Oberbefehlshabers über das Verhalten im Ostraum vom 10.10.41 geregelt. Bei Kämpfen in der Nähe der Städte Charkow und Belgorod ist Artl. einzusetzen und auch gegen bewohnte Stadtteile zu feuern. Die Flucht der Bevölkerung bei und nach der Besetzung der Stadt nach Osten ist zu fördern.

Text 52

Aus den Aufzeichnungen des Chefs des Generalstabs des Heeres, Generaloberst Franz Halder, die Planungen Hitlers für Moskau und Leningrad betreffend, 8. Juli 1941.

12.30 Uhr Vortrag beim Führer
[...]
2. Feststehender Entschluß des Führers ist es, Moskau und Leningrad dem Erdboden gleichzumachen, um zu verhindern, daß Menschen darin bleiben, die wir dann im Winter ernähren müßten. Die Städte sollen durch die Luftwaffe vernichtet werden. Panzer dürfen dafür nicht eingesetzt werden. „Volkskatastrophe, die nicht nur den Bolschewismus, sondern auch das Moskowitertum der Zentren beraubt."

Text 53

Vortragsnotiz der Abteilung Landesverteidigung im OKW/WFSt, die Zerstörung Leningrads betreffend, 24. September 1941.

Geheime Kommandosache
Abteilung Landesverteidigung
F.H.Qu., den 21.9.41
09119/41 gKdos. (I Op.)
6 Ausfertigungen
6. Ausfertigung

Vertragsnotiz Leningrad

Möglichkeiten:
1. Stadt besetzen, also so verfahren, wie wir es mit anderen russischen Großstädten gemacht haben:
Abzulehnen, weil uns dann die Verantwortung für die Ernährung zufiele.
2. Stadt eng abschließen, möglichst mit einem elektrisch geladenen Zaun umgeben, der mit M.Gs. bewacht wird:

98 Ruinen auf dem Marktplatz der Warschauer Altstadt nach der systematischen Zerstörung der gesamten Innenstadt, Spätjahr 1944.

Nachteile: Von etwa 2 Millionen Menschen werden die Schwachen in absehbarer Zeit verhungern, die Starken sich dagegen alle Lebensmittel sichern und leben bleiben. Gefahr von Epidemien, die auf unsere Front übergreifen. Außerdem fraglich, ob man unseren Soldaten zumuten kann, auf ausbrechende Frauen und Kinder zu schießen.
3. Frauen, Kinder, alte Leute durch Pforten des Einschließungsringes abziehen, Rest verhungern lassen:
[...]
Es wird vorgeschlagen:
[...]
b) Wir schließen Leningrad zunächst hermetisch ab und schlagen die Stadt, soweit mit Artillerie und Fliegern möglich, zusammen (vorerst nur schwache Fliegerkräfte verfügbar!).
c) Ist die Stadt dann durch Terror und beginnenden Hunger reif, werden einzelne Pforten geöffnet und Wehrlose herausgelassen. Soweit möglich, Abschub ins innere Rußland. Rest wird sich zwangsläufig über das Land verteilen.
d) Rest der „Festungsbesatzung" wird den Winter über sich selbst überlassen. Im Frühjahr dringen wir dann in die Stadt ein (wenn die Finnen es vorher tun, ist nichts einzuwenden), führen das, was noch lebt, nach Innerrußland bezw. in die Gefangenschaft, machen Leningrad durch Sprengungen dem Erdboden gleich und übergeben den Raum nördlich der Newa den Finnen.

gez. von Loßberg

Text 54

Aus dem Verhör von Generaloberst Heinz Guderian durch den beim Internationalen Militägerichtshof in Nürnberg zugelassenen polnischen Staatsanwalt Jerzy Sawicki, 29. Januar 1946.

Der im Spätsommer 1944 von der polnischen „Heimatarmee" unter der Führung von General Tadeusz Graf Bór-Komorowski organisierte militärische Aufstand gegen die deutsche Besatzungsmacht war mit der Exilregierung in London und den Westalliierten abgesprochen. Angesichts der überlegenen deutschen Kräfte und der mangelnden Unterstützung durch die kurz vor War-

schau stehenden sowjetischen Truppen kapitulierte die „Heimatarmee" am 2. Oktober 1944. Wie schon nach der Niederschlagung des Warschauer Ghetto-Aufstandes im April/Mai 1943 reagierten die deutschen Truppen mit der systematischen Zerstörung ganzer Stadtteile.
Die Einebnung der Innenstadt, vordergründig aus dem Zwang militärischer Notwendigkeit heraus befohlen, tatsächlich aber Teil der Kriegführung der „verbrannten Erde", erfolgte durch planmäßige Sprengung und Artilleriebeschuß einzelner Gebäude und Straßenzüge.

(St.=Staatsanwalt, A.=Angeklagter Guderian)

St. War Ihnen nicht zu Ohren gekommen, daß nach dem Verlassen Warschaus durch die Zivilbevölkerung die Stadt dem Erdboden gleichgemacht worden ist und daß an dieser Aktion reguläre militärische Einheiten teilgenommen haben?

A. Wir errichteten militärische Befestigungen, weil Warschau in der Frontlinie lag. Dort, wo es notwendig war, ein freies Gelände für die Artillerie zu schaffen, mußten ganze Häuserblocks zerstört werden.

St. Ist Ihnen nicht bekannt, daß eine Straße nach der anderen dem Erdboden gleichgemacht wurde?

A. Ich weiß davon aus einem Fotoalbum, das mir Fegelein im Hauptquartier Hitlers zeigte. Das ist aber nicht auf meinen Befehl geschehen, und das war auch niemals meine Absicht. Ich gebe zu, daß diese Maßnahme durch keine militärische Notwendigkeit gerechtfertigt war. Das, was durch eine solche Notwendigkeit diktiert war, nämlich die Errichtung von Befestigungen, war an und für sich für Warschau schon schrecklich genug, aber nicht übertrieben. Die militärische Notwendigkeit gebot die Schaffung einer Verteidigungsposition an der Weichsel. Das ließ sich zu dem Zeitpunkt, als Warschau in die Frontlinie einbezogen wurde, nicht mehr umgehen.

St. Was sagte Ihnen Fegelein, als er Ihnen das Album zeigte?

A. Er zeigte es dem Führer und sagte: „Hier ist das Album. Ich weiß zwar nicht, wer die Aufnahmen gemacht hat, aber sie geben die augenblickliche Lage in Warschau wieder." Das Album enthielt Aufnahmen sämtlicher Zerstörungen.

99 V2-Einschlag im Londoner Stadtteil West Hampstead, 17. März 1945.
Die sogenannten „Vergeltungswaffen" (V-Waffen) sollten im Angesicht der drohenden Niederlage dem Krieg eine neue Wendung geben. Seit Sommer 1944 wurde mit V1-Flugbomben der – nach militärischen Gesichtspunkten erfolglose – unterschiedslose Luftkrieg gegen England geführt. Der Beschuß Londons mit V2-Raketen 1945 hatte höchstens noch psychologische Bedeutung, da die Alliierten mit weiteren Vergeltungsschlägen unter Einsatz neuer „Wunderwaffen", darunter auch chemischen Kampfstoffen, rechnen mußten.

Text 55

Tagebucheintrag des Generalgouverneurs in Polen Hans Frank, 5. August 1944.

20[05] Der Herr Generalgouverneur richtet folgendes Fernschreiben an Reichsminister Dr. Lammers:
... Die Stadt Warschau steht zum größten Teil in Flammen. Die Niederbrennung von Häusern ist auch das sicherste Mittel, den Aufständischen Schlupfwinkel zu entziehen. Die deutschen Entsatztruppen haben etwa heute früh um 10 Uhr mit der Kampftätigkeit an drei Stellen der Außenstadt begonnen. Eine Auswirkung in der Innenstadt, etwa im Sinne einer Verbesserung der Lage der Deutschen in dem von Barrikaden umgebenen Bereich, ist noch nicht festzustellen.
In der Stadt mit ihrer Millionenbevölkerung herrscht ein unvorstellbares Elend. Nach diesem Aufstand und seiner Niederschlagung wird Warschau dem verdienten Schicksal seiner völligen Vernichtung mit Recht anheimgefallen sein oder unterzogen werden. ...

2.2. Die Berliner und die NS-Herrschaft

Anders als München oder Nürnberg war Berlin eine Stadt, in der die Nationalsozialisten zunächst nur schwer Fuß fassen konnten. Berlin war zu keinem Zeitpunkt eine Wählerhochburg der NSDAP, sondern eine „rote" Stadt, in der Sozialdemokraten und Kommunisten die Wahlen dominierten. Noch am 5. März 1933, als die NSDAP reichsweit fast 44% der bei der Reichstagswahl abgegebenen Stimmen erhielt, waren es in Berlin nur 34,6%. In bürgerlichen Bezirken konnte das Bündnis von Nationalsozialisten und Deutschnationalen allerdings deutliche Mehrheiten erzielen.

Nach der erfolgreichen „Machtergreifung", der systematischen und brutalen Ausschaltung aller politischen Gegner, wurde Berlin sehr rasch zu einer Stadt, in der Hitler und die nationalsozialistische Bewegung ihre Macht inszenieren, ihre Triumphe feiern konnten. Berlin war die wichtigste Bühne für die Selbstdarstellung des „Dritten Reiches". Zu „Führers Geburtstag" am 20. April, zum „Tag der nationalen Arbeit" am 1. Mai, bei Staatsbesuchen oder politischen Großereignissen wie dem „Anschluß" Österreichs waren Berlinerinnen und Berliner bei Aufmärschen, Paraden und Kundgebungen zugleich jubelnde Kulisse und aktive Teilnehmer. Die korrumpierende Wirkung der Macht und des Erfolges zeigte sich bis weit in jene Teile der Bevölkerung hinein, die dem NS-System zuerst skeptisch oder ablehnend gegenüber gestanden hatten.

Selbst unter dem doppelten Zugriff von Terror und Propaganda blieben in Berlin allerdings Elemente großstädtischen Lebens erhalten, die sich der politischen Gängelung zumindest teilweise entzogen. Vor allem während der Olympischen Spiele von 1936 wurden sie im Sinne einer scheinbar weltoffenen Außendarstellung der Stadt propagandistisch genutzt, so daß vorübergehend sogar auf offen antisemitische Parolen und Maßnahmen verzichtet wurde.

Der Kriegsbeginn 1939 löste in Berlin ebenso wenig Jubel wie im übrigen Reich aus. Die militärisch erfolgreichen „Blitzkriege" ließen jedoch die Stimmung umschlagen. 1940 erfaßte die Begeisterung über den Sieg über Frankreich auch diejenigen, die Hitlers Kriegspolitik bis dahin als ein unverantwortliches Abenteuer abgelehnt hatten. Noch einmal, wie schon 1936 oder 1938, entstand eine weitgehende Identifikation der Berliner Bevölkerung mit dem scheinbar siegreichen „Dritten Reich". Im Krieg gegen die Sowjetunion gab es trotz der anfänglich beeindruckenden militärischen Erfolge keine solche Zustimmung, und spätestens mit Stalingrad kam die endgültige Ernüchterung. Als Goebbels im Februar 1943 den „Totalen Krieg" proklamierte, waren es nicht „die Berliner", die ihm zujubelten, sondern sorgfältig ausgesuchte, fanatische Nationalsozialisten, an denen es auch in Berlin bis zum bitteren Ende nicht fehlte.

Berlin war die Hauptstadt des „Dritten Reiches", aber es war auch das Zentrum des deutschen Widerstandes – vom frühen Arbeiterwiderstand bis zum Umsturzversuch des 20. Juli 1944. Selbst gegenüber den verfolgten Juden fehlte es nicht ganz an Hilfeleistungen: Von etwa 5.000 „Untergetauchten" vermochten schließlich etwa 1.400 mit Hilfe nichtjüdischer Nachbarn und Freunde zu überleben. Gegen die Gegner des Nationalsozialismus wüteten in Berlin der Volksgerichtshof und auch das Reichskriegsgericht. Allein im Hinrichtungsschuppen der Strafanstalt Plötzensee endete der Weg von über tausend Opfern des NS-Terrors.

Text 56

Reichstagswahlergebnisse im Deutschen Reich und in Berlin vom 6. 11. 1932 und vom 5. 3. 1933 (in Prozent)

	Reichstagswahl am 6.11.1932		Reichstagswahl am 5.3.1933	
	Reich	Berlin	Reich	Berlin
NSDAP	33,0	25,9	43,9	34,6
DNVP	8,3	11,3	8,0	10,9
KPD	16,8	31,0	12,3	24,4
SPD	20,4	23,3	18,3	21,7
Zentrum	11,9	4,4	11,3	4,9
Sonstige	9,8	4,1	6,2	3,5

Text 57

Erinnerungen des Schriftstellers Hans Sahl an seine Erfahrungen im Frühjahr 1933.

Ich schlief nicht mehr zu Hause, ich ging ins Kino, vier- oder fünfmal am Tag, ich wohnte im Kino, ich wohnte in Warenhäusern und Cafés, fuhr zwischendurch in meine Wohnung, stellte fest, daß noch niemand dagewesen war, verbrannte Papiere oder warf sie ins Klosett, holte sie wieder heraus, weil sie das Klosett verstopft hatten, lief über den Dachgarten auf das Nachbarhaus, weil ich glaubte, es hätte geklingelt. Jemand hatte mir gesagt, ich wäre auf der schwarzen Liste. Er mußte es wissen, denn er gehörte jetzt zu jenen, die Einblick in schwarze Listen hatten und ihre Freunde aus alter Anhänglichkeit, die aber nicht lange dauern würde, ihre Freunde von gestern zu warnen versuchten.
Noch einmal ging ich ins „Romanische Café", wo die „Einhergewehten" saßen und sich wunderten, daß sie immer noch dasaßen und Zeitungen lasen und Schach spielten. Sie saßen dort wie Wesen, die in ihren Posen erstarrt waren und darauf warteten, weggeweht, weggeräumt zu werden. Es schien, als ob sie ihre Identität verloren hätten und auf eine neue warteten, die ihnen das Leben retten würde. Einige wälzten Kursbücher, beugten sich über Landkarten oder schrieben Briefe an einen Verwandten, der einmal nach Amerika ausgewandert war und es dort zu etwas gebracht haben sollte. Wohl dem, der einen Onkel in Amsterdam oder einen Neffen in Shanghai, eine Kusine in Valparaiso hatte. Ich hatte keine Verwandten im Ausland. Meine Familie war im Land geblieben und hatte sich redlich genährt. [...]
Ich rief meine Mutter an, und wir trafen uns in einer Konditorei am Roseneck. Ich gab ihr meine Schlüssel unter dem Tisch und bat sie, mir ein paar Sachen aus meiner Wohnung zu holen, Unterzeug, meinen Paß, meine Reisetasche. Sie stellte keine Fragen mehr, sie wußte Bescheid.

Text 58

Der Schriftsteller Kurt Hiller über seine Einlieferung in das Berliner Konzentrationslager „Columbiahaus" im Frühjahr 1933, 1935.

Nach der „Machtergreifung" beherbergte die ehemalige Militärarrestanstalt am Columbiadamm zuerst eines der sogenannten „wilden" Konzentrationslager, in denen Regimegegner inhaftiert und gefoltert wurden. Anschließend nutzte die Geheime Staatspolizei in der Prinz-Albrecht-Straße das Haus als zusätzliches „Hausgefängnis".

Wir müssen uns in einem engen halbdunklen Gang nebeneinander aufstellen, alles, was wir bei uns haben, vor uns niederlegen, in den Hut oder die Mütze: Brieftasche, Uhr, Messer, Bleistifte, Portemonnaie, sogar den Ring vom Finger, Krawatte und Kragen, das Taschentuch, den Hosengurt, die Schnürsenkel. Vor jeden von uns tritt ein SS-Kerl, dicht, fast Nase an Nase. Ich schaue mir meinen an, leicht analysierend; er brüllt, ich Schwein solle zu Boden sehn. Sein Nachbar, grinsend, wünscht mit ihm zu tauschen. Vor mich tritt ein riesiger Sportskerl, Promenadenmischung, höhnischer Blick, spitze, etwas zu kleine Nase, unten rötlich. Er lacht mich an: „Solche weeche Neese, die lieb ich besonders" – und schon habe ich vier, fünf Fausthiebe im Gesicht, mit voller Boxkraft aus nächster Nähe, dass mir schummrig wird und das Blut in vollem Strome aus der Nase schiesst. Man stösst mich in die Schreibstube, ich gebe die Sachen ab, die Personalien werden notiert. Dann jagt man mich mit Tritten in eine Zelle. Ich falle blutbesudelt auf den Strohsack. Die Tür knallt zu.

Noch ehe ich recht zur Besinnung komme, holt man mich wieder heraus, hetzt mich in ein geräumiges Zimmer. Seine Wände sind mit Peitschen und Geisseln drapiert; die Mitte nimmt ein grosser viereckiger blankgescheuerter Tisch ein; [...] Ich muss mich über den Tisch legen; vier Kerle pressen mir die Hände an die Kanten und halten meine Füsse fest. Hinter mich tritt der Entblösste mit riesiger Peitsche; [...] Fünfundzwanzig Hiebe. Nach dem fünften, sechsten glaube ich, das ist nicht überlebbar, und beginne zu schreien. Das stachelt sie; höhnische Zurufe. Nach dem vielleicht zwanzigsten brülle ich, ich würde ohnmächtig. Nach dem fünfundzwanzigsten tritt eine Pause ein. Ich falle hin; man reisst mich auf. Man befiehlt mir, Hose und Unterhose herunterzulassen, und ich muß mit dem Bauch abermals über den Tisch. Man umklammert mir die Gelenke, drückt meinen Kopf mit einer Wucht auf die gescheuerte Platte, als wäre er vorn selber platt, hebt mir das Hemd hoch, und nun folgen neue fünfundzwanzig.

100 Nationalsozialistische Massenkundgebung im Lustgarten, Mai 1934.

Text 59

Tagebucheintrag der Berliner Ärztin Helga Narthoff, 1. April 1933.

Juden-Boykott.
Mit Flammenschrift steht dieser Tag in mein Herz eingegraben. Daß so etwas im 20. Jahrhundert noch möglich ist. Vor allen jüdischen Geschäften, Anwaltskanzleien, ärztlichen Sprechstunden, Wohnungen stehen junge Bürschchen in Uniform mit Schildern „Kauft nicht bei Juden", „Geht nicht zum jüdischen Arzt", „Wer beim Juden kauft, der ist ein Volksverräter", „Der Jude ist die Inkarnation der Lüge und des Betruges". Die Arztschilder an den Häusern sind besudelt und zum Teil beschädigt, und das Volk hat gaffend und schweigend zugesehen. Mein Schild haben sie wohl vergessen zu überkleben. Ich glaube, ich wäre tätlich geworden. Erst nachmittags kam so ein Bürschlein zu mir in die Wohnung und fragte: „Ist das ein jüdischer Betrieb"? – „Hier ist überhaupt kein Betrieb, sondern eine ärztliche Sprechstunde", sagte ich, „sind Sie krank"? Nach diesen ironischen Worten verschwand der Jüngling, ohne vor meiner Türe Posten zu stehen. Freilich, manche Patienten, die ich bestellt hatte, sind nicht gekommen. Eine Dame hat angerufen, daß sie doch heute nicht kommen könne, und ich sagte, daß es am besten wäre, sie käme überhaupt nicht mehr. Ich selber habe heute mit Absicht in Geschäften gekauft, vor denen ein Posten stand. Einer wollte mich abhalten, in ein kleines Seifengeschäft zu gehen. Ich schob ihn aber auf die Seite mit den Worten: „Für mein Geld kaufe ich, wo ich will". Warum machen es nicht alle so? Dann wäre der Boykott schnell erledigt gewesen. Aber die Menschen sind ein feiges Gesindel, ich weiß es längst.

Text 60

Der französische Botschafter in Berlin (1931–1938) André François-Poncet über seine Eindrücke von den Olympischen Spielen 1936.

In der Geschichte des Naziregimes bezeichnen die Feierlichkeiten der Olympischen Spiele in Berlin im August 1936 einen Höhepunkt, einen Gipfel, wenn nicht eine Apotheose für Hitler und das dritte Reich. In gewisser Hinsicht rufen sie die Erinnerung an die Tage Napoleons in Erfurt im Jahre 1808 herauf. Müde der Aufregungen, die die Besetzung des Rheinlandes mit sich brachte, die befürchten ließ, daß wieder ein allgemeiner Brand Unglück über die Menschheit brächte, geben sich die Gemüter erleichtert der eintretenden Entspannung hin; sie lassen sich von dem Eindruck beschwichtigen, daß ein böser Traum zerstoben sei, und hoffen auf das Heraufkommen besserer Zeiten im Schoße des Friedens, da Deutschland nun seine eingestandene Absicht

verwirklicht hat, sich von den Ketten von Versailles zu befreien.
Hitler hat sich Europa als eine außergewöhnliche Persönlichkeit aufgedrängt. Er verbreitet nicht nur Furcht und Abscheu, er erweckt auch Neugierde, er gewinnt auch Sympathien. Sein Ansehen wächst. Die Kraft der Anziehung, die von ihm ausgeht, wirkt auch über die Grenzen seines Landes hinaus. Könige, Fürsten, berühmte Gäste kommen in die Hauptstadt, weniger vielleicht, um den bevorstehenden Sportwettkämpfen beizuwohnen, als um diesem für die Zukunft so bestimmenden Mann zu begegnen, der das Schicksal des Kontinents in seinen Händen zu halten scheint, auch um dieses Deutschland zu sehen, das er mit unwiderstehlichem Zwang verändert und wiederbelebt hat. Und alle Welt ist begeistert von der lückenlosen Organisation, der geschlossenen Ordnung und Disziplin, die mit verschwenderischer Großzügigkeit aufgezogen ist.
Das Bild ist in der Tat großartig.

Text 61

Tagebucheintrag des amerikanischen CBS-Korrespondenten William L. Shirer über die Reaktion der Berliner Bevölkerung auf die Besetzung des Sudetenlandes durch die Wehrmacht, 27. September 1938.

Berlin, 27. September
Bei Einbruch der Dämmerung rollte heute eine motorisierte Division durch die Straßen der Stadt, ihr Ziel ist die tschechische Grenze. In Erwartung einer mächtigen Demonstration ging ich zur Ecke Unter den Linden, wo die Kolonne in die Wilhelmstraße einbog. Ich rief mir die Szenen von 1914 in Erinnerung, über die ich gelesen hatte: eine jubelnde Menge auf eben diesen Straßen, die den vorbeimarschierenden Soldaten Blumen zuwarf; und Mädchen, die spontan auf sie zuliefen und sie küßten. Die heutige Nachmittagsstunde hat man zweifellos gewählt, um jene Hunderttausende von Berlinern zu erreichen, die nach

101 Nationalsozialistische Massenkundgebung im Lustgarten, 1. Mai 1936.

Feierabend aus ihren Büros strömen. Doch sie eilten schnurstracks zur U-Bahn und weigerten sich, dem Spektakel zuzuschauen. Und jene Handvoll, die am Straßenrand stand, verharrte in völligem Schweigen, unfähig zu einer Freudenreaktion angesichts der Blüte der Jugend, die da in den ruhmreichen Krieg zog. Es war die bewegendste Demonstration gegen den Krieg, die ich jemals gesehen habe. Hitler äußerst aufgebracht deswegen, wie es heißt. Ich stand noch nicht lange an der Kreuzung, als ein Polizist aus Richtung Reichskanzlei die Wilhelmstraße hochkam und der kleinen Gruppe am Straßenrand zurief, der Führer begrüße die vorbeifahrende Truppe vom Balkon herab. Nur wenige setzten sich daraufhin in Bewegung. Ich ging hin, um die Szene zu beobachten. Da oben stand Hitler, und an der Straße sowie auf dem großen Areal des Wilhelmsplatzes hatten sich nicht einmal zweihundert Menschen versammelt. Hitler blickte erst grimmig, dann immer zorniger in die Runde und verließ bald darauf seinen Balkon, auf die Inspektion der Truppen verzichtend. Was ich da am heutigen Abend gesehen habe, läßt beinahe wieder ein wenig Vertrauen in das deutsche Volk aufkommen. Sie sind des Kriegs müde.

102 Unter den Linden am Sonntag während der Olympischen Spiele, 26. Juli 1936.

Text 62

Tagebucheintrag William L. Shirers über seine Eindrücke von den Siegesfeiern in Berlin nach der Kapitulation Frankreichs, 18. Juli 1940.

Berlin, 18. Juli
Zum ersten Mal seit 1871 marschierten heute wieder deutsche Truppen in einer Siegesparade durch das Brandenburger Tor. Darunter befand sich auch eine Berliner Division. Geschäfte und Fabriken auf Befehl geschlossen, und die ganze Stadt im Freudentaumel. Nichts finden die Berliner – im ganzen naive und simple Leute – schöner als eine große Militärparade. Und nichts angenehmer als einen freien Nachmittag, fern von der Arbeit und von ihren traurigen Wohnungen. Ich mischte mich unter die Menge am Pariser Platz. Es herrschte totale Feiertagsstimmung. Die Menschenmasse hatte absolut nichts Martialisches an sich. Man war hergekommen, um ein paar frohe Stunden zu erleben. Ich fragte mich, ob wenigstens einigen unter ihnen bewußt war, was in Europa vorging; ob sie eine entfernte Ahnung davon hatten, daß ihre Freude, daß diese glorreiche Stechschritt-Parade einhergingen mit einer großen Tragödie für Millionen andere Menschen [...].

Text 63

Tagebuchaufzeichnung von Ruth Andreas-Friedrich, 19. September 1941.

Berlin. Freitag, 19. September 1941
Es ist soweit. Die Juden sind vogelfrei. Als Ausgestoßene gekennzeichnet durch einen gelben Davidstern, den jeder von ihnen auf der linken Brustseite tragen muß. Wir möchten laut um Hilfe schreien. Doch was fruchtet unser Geschrei? Die, die uns helfen könnten, hören uns nicht. Oder wollen uns vielleicht nicht hören. „Jude" steht in hebräischen Schriftzügen mitten auf dem gelben Davidstern, „Jude" höhnen die Kinder, wenn sie einen so Besternten durch die Straßen wandern sehen. „Schämt euch!" schnauzt Andrik zwei solcher Lümmel an und haut ihnen, ehe sie sich's versehen, ein paar rechts und links um die Ohren. Die Umstehenden lächeln zustimmend. Wie ertappte Sünder schleichen die Bengel beiseite. Gott Lob und Preis! Das Gros des Volkes freut sich nicht über die neue Verordnung. Fast alle, die uns begegnen, schämen sich wie wir. Und selbst der Spott der Kinder hat mit ernsthaftem Antisemitismus wenig zu tun. Sie spotten,

103 Zuschauer im Olympiastadion vor Beginn des Endspiels um die deutsche Fußballmeisterschaft 1941 zwischen dem FC Schalke 04 und Rapid Wien, 22. Juni 1941.
In den frühen Morgenstunden des gleichen Tages hatte mit dem deutschen Überfall der Krieg gegen die Sowjetunion begonnen.

weil sie sich einen Spaß davon versprechen. Einen Spaß, der nichts kostet, da er auf Kosten von Wehrlosen geht. Es liegt kein großer Unterschied darin, ob man Fliegen die Beine ausreißt, Schmetterlinge aufspießt oder Juden ein Schimpfwort nachruft.

Text 64

Auszug aus einem Stimmungsbericht für die Sozialdemokratische Partei Deutschlands (Sopade), Januar 1940.

Im Auftrag des Exilvorstands der Sozialdemokratischen Partei Deutschlands verfaßten untergetauchte Parteimitglieder regelmäßig Berichte über die Stimmungslage der deutschen Bevölkerung.

Es ist noch immer fast unmöglich, ein einheitliches Bild von der Stimmung der Berliner Bevölkerung zu gewinnen. Interessant ist die Beobachtung, daß in den Restaurants und Cafés trotz der Verteuerung der Speisen und Getränke, trotz der Verschlechterung des Biers und trotz der Ersatz-Mahlzeiten geradezu Hochbetrieb herrscht. Es ist zu manchen Tageszeiten fast unmöglich, einen leeren Stuhl zu finden. Ebenso sind die Kinos außerordentlich besetzt. Diese Erscheinung ist ein Ausdruck eines jetzt weit verbreiteten Fatalismus. Die Leute wollen ihr Geld ausgeben, da alles Sparen keinen Sinn mehr habe, und wollen auch nicht zu Hause sitzen, weil sie Ablenkung brauchen. Sollte Deutschland siegen, sagen sie, nützt uns das gar nichts, wir werden nicht besser dran sein als jetzt. Verliert Deutschland, dann geht es uns vielleicht noch schlimmer. Im Grunde genommen ist alles gleich, was kommt.

Text 65

Tagebuchaufzeichnung Ursula von Kardorffs, 6. Oktober 1943.

Unsere grün-bleiche Portiersfrau, mit Spitznase und dunkler Mütze, die wie eine Gestalt von Breughel aussieht: „Lassen Sie man ruhig die Russen kommen, uns kleinen Leuten tun die nichts. Und dann ist der Krieg wenigstens aus."

Text 66

SD-Bericht, die Reaktionen der deutschen Bevölkerung auf die Goebbelsrede im Berliner Sportpalast am 18. Februar 1943 betreffend, 22. Februar 1943.

Der „Sicherheitsdienst des Reichsführers-SS" unterrichtete in den „Meldungen aus dem Reich" die Parteiführung über die innenpolitische Lage, insbesondere über die Stimmung der deutschen Bevölkerung.

Nr. 361, 22. Februar 1943
Die Rede des Reichsministers Dr. Goebbels am 18.2.1943 ist nach den vorliegenden Meldungen trotz der überraschenden und ziemlich späten Ankündigung von einem großen Teil der Bevölkerung abgehört worden, darüber hinaus durch die Wiederholung der Übertragung, durch den Abdruck in der Presse und durch die rege Besprechung ihres Inhalts in weiteste Kreise der Bevölkerung eingedrungen. Ihre Wirkung sei, darin stimmen die Meldungen überein, unge-

104 Sommerferien im Strandbad Wannsee, 7. Juli 1942.

105 Passanten vor einer Lagekarte der Ostfront, die in einem Schaukasten des Scherl-Verlages ausgehängt ist, 12. Juli 1941. Eingesteckte Fähnchen markieren den Vormarsch und die von der Wehrmacht besetzten Gebiete in der Sowjetunion.

wöhnlich groß und im ganzen sehr günstig gewesen. Die Volksgenossen, die durch die jüngste Entwicklung an der Ostfront, vor allem die alarmierende Nachricht von der Räumung Charkows, wieder an einem Tiefpunkt der Stimmung angelangt gewesen seien, hätten sich nach einer klaren Darstellung der Lage geradezu gesehnt. Die Rede des Reichsministers Dr. Goebbels habe, trotz ihrer sehr offenen Darstellung des Ernstes der Situation entspannend gewirkt und die Zuversicht und das Vertrauen zur Kriegsführung erneut gestärkt. Dr. Goebbels habe es verstanden, eine Begeisterung und „Kampfzeitstimmung" im Sportpalast zu entwickeln, die sich dem Hörer am Rundfunk vermittelt habe.

Text 67

SD-Bericht, „Auflockerungserscheinungen in der Haltung der Bevölkerung" betreffend, 8. Juli 1943.

Die vorliegenden Meldungen weisen allgemein darauf hin, daß viele Volksgenossen unter dem Eindruck des Luftterrors gegen Westdeutschland, ferner der befürchteten Materialüberlegenheit der Feindmächte auch bei kommenden Operationen zu Lande, sowie der Unabsehbarkeit der weiteren Entwicklung auf militärischem Gebiet und des Kriegsendes gedrückt und vielfach nervös seien. Diese Gesamtsituation habe nicht nur viele rein stimmungsmäßige Auswirkungen zur Folge, sondern zeige neuerdings verschiedentlich auch Erscheinungen, die auf eine beginnende Änderung einzelner Faktoren der Grundeinstellung der Bevölkerung hindeuteten. Als Anzeichen hierfür werden in den Meldungen u.a. folgende Feststellungen angeführt:

1. Die Verbreitung von Gerüchten aller Art habe in den letzten Monaten sehr stark zugenommen. Soweit es sich um Mutmaßungen über bevorstehende militärische Operationen u.dgl. handele, sei die Aufgeschlossenheit der Volksgenossen für Gerüchte verständlich. Bedenklich sei aber die Tatsache, daß auch die unsinnigsten und bösartigsten Gerüchte über führende Männer der Partei oder des Staates eine so schnelle Verbreitung finden und sich Wochen und Monate halten könnten. […]

2. Ähnlich verhalte es sich mit der Einstellung zu politischen Witzen. Das Erzählen von staatsabträglichen und gemeinen Witzen, selbst über die Person des Führers, habe seit Stalingrad erheblich zugenommen. […]

3. Eine weitere Erscheinung, die nach den Meldungen nicht mehr ausschließlich auf das „Konto Stimmung" gesetzt werden könne, sei die überall zu beobachtende starke Kritiksucht gegenüber der Führung von Staat und Partei. Viele Volksgenossen würden die Leistungen einzelner Ressorts des Staates oder der Partei in Bausch und Bogen angreifen („Die Partei hat versagt" – „Die Verwaltung ist ein großes Durcheinander") und mit solchen Behauptungen kaum auf direkten Widerspruch stoßen. Die meisten würden dazu gar nichts sagen oder sogar zustimmen. – Ein Teil der Volksgenossen empfinde offenbar einen Angriff auf Einrichtungen des Staates und der Partei oder deren personelle Träger gar nicht mehr als eigene Sache, sondern habe sich innerlich distanziert. […]

4. Die Meldungen weisen ferner auf die Tatsache hin, daß das Abhören ausländischer Sender offensichtlich seit Monaten stark zugenommen hat. […]

5. Auch gegenüber der sonstigen Feindpropaganda zeige die Einstellung eines großen Teiles der Volksgenossen eine Veränderung. Bei Luftangriffen abgeworfene Flugblätter würden von den Volksgenossen aufgehoben und untereinander besprochen. […]

6. Als Anzeichen einer Verschlechterung der Haltung wird in mehreren Meldungen auch die Tatsache angesehen, daß ein großer Teil der Volksgenossen in offener undisziplinierter Weise seine Befürchtungen um den Kriegsausgang kundgibt. Man lasse sich vielfach in dieser Beziehung stark gehen und äußere seine Sorgen um den Sieg ohne Rücksicht auf die Wirkung solcher Äußerungen auf andere Volksgenossen, insbesondere auch ohne Rücksicht auf Fronturlauber. [...]
7. Die Anwendung des deutschen Grußes sei, so werde von Geschäftsleuten und Beamten mit Publikumsverkehr erklärt, in den letzten Monaten auffallend zurückgegangen. Auch sei festzustellen, daß viele Parteigenossen das Parteiabzeichen nicht mehr trügen.
8. In den Meldungen aus den Luftkriegsgebieten wird hervorgehoben, daß es schwierig sei, gewisse Erscheinungen daraufhin zu beurteilen, ob sie als Ausfluß der dort herrschenden gedrückten Stimmung und Nervosität anzusehen seien oder Rückschlüsse auf eine Verschlechterung der Haltung der Bevölkerung zuließen. [...]

Text 68

Gestapo-Bericht, Aktivitäten des „Deutschen Volkssenders" betreffend, 10. September 1943.

Der vor allem von kommunistischen Widerstandskämpfern illegal betriebene „Deutsche Volkssender" rief die deutsche Bevölkerung zum Widerstand gegen das NS-Regime auf, diente aber auch der organisatorischen Vorbereitung von Widerstandsaktionen.

Reichssicherheitshauptamt
Amt IV
Meldung wichtiger staatspolizeilicher Ereignisse
Nr.2
vom 10. September 1943
Feindpropaganda
Der Deutsche Volkssender brachte am 2. September 1943 einen Bericht über die ungünstigen Auswirkungen der letzten Luftangriffe auf die Angehörigen der Berliner Betriebe. Die herrschende Unruhe nehme vor allem unter den Nachtarbeitern zu. U.a. wurde folgendes ausgeführt: „In vielen Betrieben kam es am Jahrestag des Kriegsausbruches zu Protesten gegen die Fortsetzung des Krieges. In den Gesprächen der Arbeiter bricht sich der Haß gegen Hitler und seinen Krieg immer stärker Bahn. Aus einer Reihe von Rüstungsbetrieben wird über passive Resistenz der Belegschaften berichtet. Infolge Flüsterpropaganda lassen die Arbeiter die Werkbänke leerlaufen, und an den Häuserwänden stehen jetzt öfter hitlerfeindliche Losungen, wie „Durch Sturz Hitlers zum Frieden!"; „Macht Schluß mit der Herstellung von Waffen und Munition!"; „Übt passive Resistenz!"; „Rüstet zum Massenstreik, verhindert einen 5. Kriegswinter!"; „Die Kriegsverbrecher an den Galgen, rettet Berlin, macht Schluß mit dem Kriege!"

106 Der Berliner Sportpalast während der Goebbelsrede zur Proklamation des „Totalen Krieges", 18. Februar 1943.

2.3. Adressen der Macht und des Terrors

Berlin war das Zentrum des „Dritten Reiches". Die Berliner mochten dem Nationalsozialismus skeptischer gegenüberstehen als andere Reichsbürger, es änderte nichts daran, daß die nationalsozialistische Macht in Berlin ihren stärksten Ausdruck fand. Dies lag in erster Linie an der zentralistischen Staatsauffassung, die ab 1933 konsequent durchgesetzt wurde. Der Dualismus von Reichs- und Länderministerien verschwand, die preußischen Ministerien wurden mit den Reichsministerien zusammengelegt. Berlin war aber nicht nur Zentrum der staatlichen Macht, auch die Parteidienststellen der NSDAP siedelten sich bis auf wenige Ausnahmen ab 1933 in der Reichshauptstadt an. Und schließlich entwickelte sich in Berlin unter Leitung des Reichsführers-SS Heinrich Himmler der SS-Staat, dessen Kern ein aus staatlichen und SS-Dienststellen geformter Verfolgungsapparat war.

Die neuen Machthaber betonten die Kontinuität. Am „Tag von Potsdam" am 21. März 1933 stilisierte sich Hitler zum Erben Bismarcks, die deutschnationalen Politiker und Beamten, deren innenpolitisch autoritäre und außenpolitisch expansionistische Ambitionen die Weimarer Republik nicht befriedigt hatte, akzeptierten Hitler als ihren Hoffnungsträger. Die „Wilhelmstraße", die Regierungsmeile des Deutschen Reiches, fühlte sich im Hakenkreuzschmuck keineswegs unwohl.

Die Hoffnung auf ein erneuertes Deutschland in Bismarckschem Geist erwies sich bald als Illusion. Ohne Rechtsstaatlichkeit pervertierte preußisches Pflichtgefühl in kriminelles Komplizentum. Dies war in der Wilhelmstraße, dem Zentrum preußisch-deutscher Macht, schon in der Architektur ablesbar. Dort, wo sich die nationalsozialistische Regierung ihre eigenen Gebäude schuf, im 1935/36 errichteten Reichsluftfahrtministerium und in der 1939 fertiggestellten Neuen Reichskanzlei, triumphierte der nackte Wille zur Macht und Weltherrschaft. Diese Einschüchterungsarchitektur kontrastierte auffällig mit dem eher bescheidenen Ambiente, das die Wilhelmstraße bis dahin charakterisiert hatte.

Neue Reichskanzlei und Reichsluftfahrtministerium geben eine Ahnung davon, wie Berlin nach einem Sieg im Weltkrieg umgeformt worden wäre. Bis dahin verbargen sich die Zentralen des Terrors hinter freundlichen, ehrwürdigen oder auch unscheinbaren Fassaden. Der Chef der Sicherheitspolizei und des SD residierte im barocken Prinz-Albrecht-Palais, die Geheime Staatspolizei nutzte eine ehemalige Kunstgewerbeschule, der Generalbevollmächtige für den Arbeitseinsatz organisierte die europaweite Zwangsarbeit von der thüringischen Landesvertretung aus, die Ministerialbeamten arbeiteten hinter klassizistischen Fassaden dem Terror-Regime zu.

Bombenhagel und „Endkampf" haben die meisten Gebäude, in denen sich die Macht im „Dritten Reich" konzentrierte, zerstört. Mit dieser Zerstörung ist eine deutsche und europäische Schreckensherrschaft zu Ende gegangen.

107 Hitler läßt sich zwei Tage vor der offiziellen Übergabe von Speer (rechts neben ihm) die Neue Reichskanzlei zeigen, 7. Januar 1939.

108 Das Mikrofonzimmer im Propagandaministerium, 1933. Das Kennzeichen Goebbelsscher Propaganda war die Beherrschung der Massenmedien. Er steuerte nicht nur den Rundfunk, sondern auch Presse und Film. Hervorstechendstes Merkmal seiner Weltanschauung war ein fanatischer Haß auf die Juden. Er war nicht nur treibende Kraft beim Novemberpogrom 1938, er hielt es auch für seine *„größte politische Tat"*, Berlin *„judenfrei"* gemacht zu haben. Je schwieriger sich die Kriegslage für das deutsche Reich gestaltete, umso stärker wurde Goebbels' Einfluß. Als „Generalbevollmächtigter für den totalen Kriegseinsatz" ab Juli 1944 versuchte er, die letzten Reserven zu mobilisieren. In Hitlers Testament zum Reichskanzler ernannt, ließ er einen Tag nach dem Selbstmord Hitlers seine sechs Kinder umbringen und beging am 1.5.1945 zusammen mit seiner Frau Magda Selbstmord.

Text 69

Auszug aus Hitlers Rede im Sportpalast vor Bauarbeitern, die an der Errichtung der Neuen Reichskanzlei mitgewirkt hatten, 9. Januar 1939.

Hier bin ich Repräsentant des deutschen Volkes! Und wenn ich jemanden in der Reichskanzlei empfange, dann empfängt den Betreffenden nicht der Privatmann Adolf Hitler, sondern der Führer der deutschen Nation – und damit nicht ich ihn, sondern durch mich empfängt ihn Deutschland. Und ich will daher, daß diese Räume dieser Aufgabe entsprechen. Jeder Einzelne [der Bauarbeiter, Handwerker usw.] *hat mitgeholfen an einem Bauwerk, das viele Jahrhunderte überdauern wird und das von unserer Zeit sprechen wird. Das erste Bauwerk des neuen großen deutschen Reiches!*

109 Prinz-Albrecht-Palais, Wilhelmstraße 102, um 1928.
Die Verlagerung der SS-Institutionen von München nach Berlin erforderte auch ein neues Dienstgebäude für den Sicherheitsdienst der SS (SD), dem Reinhard Heydrich vorstand. Man fand es in dem barocken Prinz-Albrecht-Palais, das zuvor der Weimarer Republik als Gästehaus für hochrangige Staatsbesucher gedient hatte. Nachdem schon 1936 durch die Zusammenfassung von Gestapo und Kriminalpolizei zur Sicherheitspolizei (Sipo) ein Schritt zur Zentralisierung des nationalsozialistischen Verfolgungsapparates getan worden war, erfolgte am 27.9.1939 die Gründung des Reichssicherheitshauptamtes (RSHA), die der Sicherheitspolizei noch den SD hinzufügte. Chef des RSHA war Reinhard Heydrich. Sein Dienstsitz blieb das Prinz-Albrecht-Palais, wo auch sein Nachfolger Dr. Ernst Kaltenbrunner residierte.
Das RSHA (Dienstadresse: Prinz-Albrecht-Straße 8) war nicht nur das Hauptinstrument für die politische Verfolgung, sondern auch für die rassistische Vernichtung. Heydrich sicherte sich die Federführung bei der Ermordung der europäischen Juden auf der sogenannten Wannsee-Konferenz am 20.1.1942. Und für die Deportation der Zigeuner war im Rahmen des RSHA das Reichskriminalpolizeiamt zuständig.
Heydrich starb am 4.6.1942 an den Folgen eines Attentates in Prag. Kaltenbrunner wurde im Nürnberger Kriegsverbrecherprozeß zum Tode verurteilt und am 16.10.1946 gehängt.

110 Leipziger Platz und Leipziger Straße, um 1928.
Am Leipziger Platz und in seiner unmittelbaren Umgebung konzentrierten sich Dienststellen der Vierjahresplanbehörde:
Leipziger Platz 6-9: Der Reichskommissar für die Preisbildung.
Leipziger Platz 11: Geschäftsgruppe Forsten.
Leipziger Platz 7 und Leipziger Straße 110-111: Geschäftsgruppe Ernährung.
Leipziger Straße 3: Allgemeine Abteilung, Geschäftsgruppe Devisen.

Am Leipziger Platz und in der Leipziger Straße befanden sich nicht nur Dienststellen des „Vierjahresplanes", sondern auch andere, deren Chef Hermann Göring war, so in der Leipziger Straße 2 sowie Leipziger Platz 10 und 11 das Reichsforstamt – Göring war Reichforstmeister und Reichsjägermeister – sowie in der Leipziger Straße 7 seit 1936 das monströse Reichsluftfahrtministerium.

111 Der Reichsluftfahrtminister und Oberbefehlshaber der Luftwaffe Hermann Göring nimmt eine Parade vor dem Reichsluftfahrtministerium an der Wilhelmstraße ab, 1937.
Das Reichsluftfahrtministerium (mit 2.000 Arbeitsräumen) wurde 1935/36 von Ernst Sagebiel im typischen Stil der NS-Einschüchterungsarchitektur errichtet. Im Luftfahrtministerium wurde ab 1939 versucht, Hitlers Wunsch, feindliche Städte „auszuradieren", in die Tat umzusetzen. Umso überraschender ist es, daß dieses Gebäude den Bombenhagel auf Berlin fast unversehrt überstanden hat und nach dem Krieg als „Haus der Ministerien der DDR" bzw. seit 1990 als Treuhandanstalt genutzt werden konnte. Göring, der als Oberbefehlshaber der Luftwaffe zwar mächtig, aber auch sehr verwundbar war – das Versagen bei der Versorgung der eingekesselten 6. Armee in Stalingrad sowie bei der Luftabwehr feindlicher Bomberstaffeln beeinträchtigten seinen Ruf stark –, war im Nürnberger Kriegsverbrecherprozeß als „zweiter Mann im Staate" der Hauptangeklagte. Der Vollstreckung des Todesurteils durch Erhängen entzog er sich am 15.10.1946 durch Gift.

112 Oberkommando der Wehrmacht, Tirpitzufer (heute: Reichpietschufer) 72–76, 31. Mai 1936.
Neben der Hakenkreuzfahne weht am Jahrestag der Skagerrak-Schlacht die ehemalige Reichskriegsflagge auf dem Gebäude.
Die Soldaten der Wehrmacht wurden seit dem 20.8.1934 auf Hitler persönlich vereidigt. Die Vorbehalte der Generalität galten Hitlers militärischem Dilettantismus, nicht jedoch seinem Expansionsstreben. Zugleich mit der Übernahme des Oberbefehls durch Hitler am 4.2.1938 wurde aus dem ehemaligen Wehrmachtsamt das Oberkommando der Wehrmacht (OKW), an dessen Spitze der spätere Generalfeldmarschall Wilhelm Keitel stand. Das OKW nahm die Geschäfte des Anfang 1938 aufgelösten Reichskriegsministeriums wahr, Keitel war den Ministern im Rang gleichgeordnet. Keitel war es auch, der dafür sorgte, daß sich nationalsozialistischer Geist in der Armee verbreitete. Nicht nur in der Waffen-SS, sondern auch in der Wehrmacht selbst entwickelte sich zunehmend der Typ des „politischen Soldaten ", d.h. des Soldaten, der sich in seinem Handeln nicht mehr am Kriegsvölkerrecht orientierte, sondern an der Durchsetzung der nationalsozialistischen Weltanschauung. Keitel wie auch der Chef des Wehrmachtführungsstabes Alfred Jodl wurden im Nürnberger Kriegsverbrecherprozeß zum Tode verurteilt und am 16.10.1946 hingerichtet.

2.4. Diktatur und Gewalt

Als Adolf Hitler am 30. Januar 1933 von Reichspräsident v. Hindenburg zum Kanzler des Deutschen Reiches ernannt wurde, ahnten nur wenige Menschen, was dies wirklich bedeutete. Viele nahmen an, daß Hitler nach einigen Monaten abgewirtschaftet haben würde wie so viele Regierungen vor ihm. Die Nationalsozialisten dachten jedoch nicht daran, die ihnen gerade übertragene Macht wieder aufs Spiel zu setzen. Durch Reichstagsbrandverordnung und Ermächtigungsgesetz schafften sie die Weimarer Verfassung faktisch ab, durch den nun ungehinderten Straßenterror der SA schüchterten sie politische Gegner ein, schufen mit Dachau das erste staatliche Konzentrationslager und ließen die eigenmächtige Errichtung von KZs durch die SA zu. Die Ermordung Röhms und die damit verbundene Entmachtung der SA am 30. Juni 1934 signalisierte vordergründig das Ende des Machtergreifungsterrors und verschaffte Hitler wieder die Unterstützung des durch die Aktionen der SA irritierten Bürgertums. Die Röhm-Affäre bedeutete jedoch keineswegs die Rückkehr zur Legalität, im Gegenteil. Indem Hitler die Morde des 30. Juni 1934, denen nicht nur SA-Führer, sondern auch bürgerliche Hitler-Gegner, darunter General Schleicher und der Leiter der „Katholischen Aktion" Erich Klausener, zum Opfer fielen, im Nachhinein zur Abwehr eines „Staatsnotstandes" für rechtens erklären ließ, machte er unmißverständlich deutlich, daß er als „Führer" über dem Gesetz stehe.

Mit dem Abebben des Straßenterrors trat der systematische und kalte Terror von Geheimer Staatspolizei und Sicherheitsdienst der SS deutlicher in Erscheinung. Mit Himmlers Amtsantritt als Chef der preußischen Gestapo im Jahre 1934 wurde der Unterdrückungsapparat zielstrebig ausgebaut. Er kulminierte 1939 in der Gründung des Reichssicherheitshauptamtes, in dessen Kompetenz nicht nur die politische, sondern auch die rassistische Verfolgung lag.

Die Schaffung von Arbeitsplätzen durch kriegsvorbereitende Rüstungsproduktion, sozialpolitische Verbesserungen sowie außenpolitische Erfolge (folgenloser Einmarsch in das entmilitarisierte Rheinland, Rückkehr des Saargebietes durch Volksabstimmung, „Anschluß" Österreichs) verschafften dem System eine zunehmende Unterstützung in der Bevölkerung, zumal es in der Einparteiendiktatur keine legale Opposition gab, die die Fragwürdigkeit dieser Politik hätte öffentlich machen können. Hinreichende Verankerung im Volk eröffnete den Nationalsozialisten die Möglichkeit, die Gewalt nach außen zu tragen, aus den Deutschen, die zunächst Opfer der Hitler-Diktatur waren, Mittäter zu machen. Waren es in den ersten Jahren der Diktatur fast ausschließlich Deutsche, die in Konzentrationslager eingewiesen wurden, waren es 1945 zu 90% Nichtdeutsche. Auch die Funktion der Konzentrationslager hatte sich gewandelt. Galten die ersten KZs hauptsächlich der Einschüchterung des politischen Gegners, wurden die KZs im Kriege zu einem fast unerschöpflichen Reservoir für Sklavenarbeit. Sie dienten zugleich der rassistischen Vernichtung. Der Industriekomplex Auschwitz-Monowitz war dafür der extremste Ausdruck.

Text 70

Auszug aus der Verordnung des Reichspräsidenten „zum Schutz von Volk und Staat", 28. Februar 1933.

Den Reichstagsbrand zum Vorwand nehmend, wurden die Grundrechte der Weimarer Verfassung außer Kraft gesetzt. Zwar wurden allein die Kommunisten als Staatsfeinde erwähnt, doch diente die Reichstagsbrandverordnung generell als Rechtsgrundlage für die Verfolgung politischer Gegner und auch für die Verhängung von „Schutzhaft", d.h. für die Einweisung in ein Konzentrationslager. In der wissenschaftlichen Literatur ist die Verordnung vom 28.2.1933 mit guten Gründen als die eigentliche „Verfassungsurkunde" des „Dritten Reiches" bezeichnet worden.

§ 1

Die Artikel 114, 115, 117, 118, 123, 124 und 153 der Verfassung des Deutschen Reichs werden bis auf weiteres außer Kraft gesetzt. Es sind daher Beschränkungen der persönlichen Freiheit, des Rechts der freien Meinungsäußerung, einschließlich der Pressefreiheit, des Vereins- und Versammlungsrechts, Eingriffe in das Brief-, Post-, Telegraphen- und Fernsprechgeheimnis, Anordnungen von Hausdurchsuchungen und von Beschlagnahmen sowie Beschränkungen des Eigentums auch außerhalb der sonst hierfür bestimmten gesetzlichen Grenzen zulässig.

Text 71

Auszug aus der Verordnung des Reichspräsidenten „zur Abwehr heimtückischer Angriffe gegen die Regierung der nationalen Erhebung", 21. März 1933.

An die Stelle dieser Verordnung trat am 20.12.1934 das „Heimtücke-Gesetz".

§ 3

(1) Wer vorsätzlich eine unwahre oder gröblich entstellte Behauptung tatsächlicher Art aufstellt oder verbreitet, die geeignet ist, das Wohl des Reichs oder eines Landes oder das Ansehen der Reichsregierung oder einer Landesregierung oder der hinter diesen Regierungen stehenden Parteien oder Verbände schwer zu schädigen, wird, soweit nicht in anderen Vorschriften eine schwerere Strafe angedroht ist, mit Gefängnis bis zu zwei Jahren und, wenn er die Behauptung öffentlich aufstellt oder verbreitet, mit Gefängnis nicht unter drei Monaten bestraft.

Text 72

Auszug aus dem „Gesetz zur Behebung der Not von Volk und Reich", 24. März 1933.

Mit dem sogenannten „Ermächtigungsgesetz" wurde die Weimarer Verfassung faktisch abgeschafft, ohne sie formell aufzuheben.

Artikel 1

Reichsgesetze können außer in dem in der Reichsverfassung vorgesehenen Verfahren auch durch die Reichsregierung beschlossen werden. Dies gilt auch für die in den Artikeln 85 Abs. 2 und 87 der Reichsverfassung bezeichneten Gesetze.

Artikel 2

Die von der Reichsregierung beschlossenen Reichsgesetze können von der Reichsverfassung abweichen, soweit sie nicht die Einrichtung des Reichstags und des Reichsrats als solche zum Gegenstand haben. Die Rechte des Reichspräsidenten bleiben unberührt.

113 Reichstagssitzung in der Kroll-Oper, die als Ersatztagungsort für das am 27. 2. 1933 durch Brandstiftung verwüstete Parlamentsgebäude dienen mußte, 24. März 1933.
Am Rednerpult Hitler. Reichstagspräsident Göring beobachtet die Abgeordneten durch ein Fernglas. Alle anwesenden Fraktionen, bis auf die sozialdemokratische, stimmten dem Ermächtigungsgesetz zu. Die Kommunisten, durch die Reichstagsbrand-Verordnung unter Verfolgung gesetzt, konnten an dieser Reichstagssitzung schon nicht mehr teilnehmen.

114 Der jüdische Rechtsanwalt Dr. Michael Siegel wird von SA-Männern durch die Straßen Münchens getrieben, März 1933.
Dr. Siegel mußte ein Schild mit der Aufschrift: *„Ich werde mich nie mehr bei der Polizei beschweren"* tragen. Er hatte sich bei der Polizei über die Behandlung seines Mandanten, des Münchener Kaufhausbesitzers Uhlfelder, beschwert, der in „Schutzhaft" genommen worden war. Dr. Siegel gelang 1940 die Ausreise aus Deutschland. Er starb 1979 im Alter von 96 Jahren in Lima/Peru.

Text 73

Auszug aus dem „Gesetz gegen die Neubildung von Parteien", 14. Juli 1933.

Dieses Gesetz begründete juristisch die Einparteiendiktatur. Die Parteien der Weimarer Republik, bis auf die NSDAP, waren entweder zerschlagen (KPD) bzw. verboten (SPD) worden oder hatten sich selbst aufgelöst.

§ 1
In Deutschland besteht als einzige politische Partei die Nationalsozialistische Deutsche Arbeiterpartei.

§ 2
Wer es unternimmt, den organisatorischen Zusammenhalt einer anderen politischen Partei aufrechtzuerhalten oder eine neue politische Partei zu bilden, wird, sofern nicht die Tat nach anderen Vorschriften mit einer höheren Strafe bedroht ist, mit Zuchthaus bis zu drei Jahren oder mit Gefängnis von sechs Monaten bis zu drei Jahren bestraft.

Text 74

Auszüge aus dem Gesetz über die Geheime Staatspolizei, 10. Februar 1936.

Die Kompetenzen der Gestapo sind insgesamt dreimal gesetzlich geregelt worden: Am 26. April 1933, am 30. November 1933 und am 10. Februar 1936. In diesem dritten Gestapo-Gesetz ist insbesondere der § 7 wichtig, der die rechtliche Konstruktion eines rechtsfreien Raums darstellt.

Gesetz über die geheime Staatspolizei vom 10. Februar 1936

Das Staatsministerium hat das folgende Gesetz beschlossen:
§ 1.
(1) Die Geheime Staatspolizei hat die Aufgabe, alle staatsgefährlichen Bestrebungen im gesamten Staatsgebiet zu erforschen und zu bekämpfen, das Ergebnis der Erhebungen zu sammeln und auszuwerten, die Staatsregierung zu unterrichten und die übrigen Behörden über wichtige Feststellungen auf dem laufenden zu halten und mit Anregungen zu versehen. Welche Geschäfte im einzelnen auf die Geheime Staatspolizei übergehen, bestimmt der Chef der Geheimen Staatspolizei im Einvernehmen mit dem Minister des Innern.
[...]
§ 7.
Verfügungen und Angelegenheiten der Geheimen Staatspolizei unterliegen nicht der Nachprüfung durch die Verwaltungsgerichte.

Text 75

Auszüge aus einem Aufsatz von Reinhard Heydrich über „Die Bekämpfung der Staatsfeinde", 15. April 1936.

Reinhard Heydrich, SS-Gruppenführer, Leiter des Preuß.Geh.Staatspolizeiamtes, Berlin:

Die Bekämpfung der Staatsfeinde
[...]
Der Nationalsozialismus geht nicht mehr vom Staate, sondern vom Volke aus. Dies hat der Führer schon in „Mein Kampf" richtunggebend gesagt. Er bezeichnet den Staat als „Mittel zum Zweck", als „eine Einrichtung für das jeweils in Frage kommende Volkstum" zur Erhaltung und Förderung einer „Gemeinschaft physisch und seelisch gleichartiger Lebewesen". Dementsprechend kennen wir Nationalsozialisten nur den Volksfeind. Er ist immer derselbe, er bleibt sich ewig gleich.
[...]
D a s J u d e n t u m ist als solches selbstverständlich durch die Gesetzgebung von Nürnberg als

jüdische Rasse und jüdisches Volk isoliert. Damit ist ein direktes Zuströmen jüdischen Blutes in den Volkskörper verhindert. Der mittelbare Einfluß jüdischen Geistes ist aber noch lange nicht endgültig gehemmt. Einmal sitzen unbewußt noch bei vielen, vor allem in Wissenschaft und Geisteswelt, jüdische, liberale und freimaurerische Infektionsreste. Auf der anderen Seite hat uns unsere eigene deutsche Geschichte gezeigt, daß das jüdische Ziel ewig bleibt: die Beherrschung der Welt durch eine mehr oder weniger sichtbare jüdische Oberschicht. Und wenn in Deutschland innerpolitisch durch die nationalsozialistische Politik der Boden ungeeignet ist, so schaltet der Jude auf die Wirtschaft und auf die Außenpolitik um. In der Wirtschaft konnte er auch in Deutschland immer auf egoistische und verräterische Elemente als Mitarbeiter rechnen. In der Außenpolitik arbeitet der Jude mit den Apparaten, die schon restlos seiner Führung unterliegen, dem Bolschewismus und den im Ausland noch intakten Freimaurerlogen.

Der Kommunist, der sich in seinem Kernstück aus dem internationalen Verbrechertum rekrutiert und mit allen Mitteln der Technik der Neuzeit kämpft, ist dabei besonders gefährlich, da er zugleich als Spion Sowjetrußlands angesehen werden muß: das läßt den anarchistischen Verbrecher gleichzeitig zum gefährlichsten Angreifer gegen die Elemente der Landesverteidigung werden.

Die Freimaurerlogen waren auch in Deutschland nie etwas anderes als Hilfsorganisationen des Judentums. Sie hatten den Zweck, ganz allmählich und unmerklich den deutschen Mann charakterlich und geistig in jüdischem Sinne umzubiegen.

Bis auf wenige Unverbesserliche wird die Staats- und Volksfeindlichkeit bei Juden, Kommunisten und Freimaurern anerkannt und die Behandlung als Staats- und Volksfeind mit allen Konsequenzen gebilligt. Jedoch gegenüber einem weiteren Volks- und Staatsfeind, dem politisierenden Kirchenbeamten stößt man häufig noch auf erhebliches Unverständnis.

[...]

Zusammenfassend ist folgendes zu sagen:

Der Nationalsozialismus sieht im Staatsfeind den Volksfeind. Alle Äußerungen staatsfeindlicher Kräfte führen immer wieder auf den Volksfeind zurück, werden von hier aus gestützt, gelenkt und in ihrem Vorgehen bestimmt. Der Volksfeind kann nur dann richtig bekämpft werden, wenn er geistig in seinen Methoden und Mitteln erkannt wird. Diese Aufgabe wird durch geheime Staatspolizei und Sicherheitsdienst der SS erfüllt, die damit in vorbildlicher Zusammenarbeit ein Beispiel geben für die Einheit zwischen Partei und Staat.

Text 76

Auszug aus den „Meldungen aus dem Reich", 23. Oktober 1939.

Die „Meldungen aus dem Reich" wurden vom Sicherheitsdienst der SS (SD) verfaßt, der sich dazu eines großen Informantennetzes bediente. Die „Meldungen" hatten eine doppelte Funktion: Sie sollten zum einen die Führung über die wirkliche Stimmung informieren, zum andern wurden Berichte über Vorkommnisse und Meinungen, die als „staatsgefährdend" eingestuft wurden, an die Gestapo weitergeleitet.

Der Hilfsprediger Riedesel, Königsberg, der Anhänger der Bekenntnisfront ist, führte anläßlich einer Predigt im Zusammenhang mit dem Gleichnis vom Barmherzigen Samariter aus: „Ein Verwundeter liegt im Straßengraben, ein eleganter Wagen mit einem Mann in schöner Uniform kommt vorbei, der Mann bekleidet viele Ämter des Staates oder der Partei. Dem Verwundeten leistet er keine Hilfe, weil er dadurch kostbare Zeit verlieren würde. Ein weiterer Wagen kommt vorbei, der ebenfalls keine Hilfe leistet. Erst der dritte, ein Jude mit einem Klappwagen, erbarmt sich des Verwundeten und nimmt ihn mit." (Staatspolizei ist verständigt.)

Text 77

Auszüge aus der „Disziplinar- und Strafordnung für das Gefangenenlager" Dachau, 1. Oktober 1933.

In Dachau bei München wurde am 22.3.1933 das erste staatliche Konzentrationslager eingerichtet. Der SS-Oberführer Theodor Eicke war seit dem Sommer dieses Jahres Kommandant des Konzentrationslagers Dachau. Seine Lagerordnung wurde zum Muster für andere KZs, weil Eicke im Juli 1934 zum Inspekteur der Konzentrationslager ernannt wurde und dadurch Gelegenheit erhielt, seine Dachauer Methoden zu verallgemeinern.

Toleranz bedeutet Schwäche. Aus dieser Erkenntnis heraus wird dort rücksichtslos zugegriffen werden, wo es im Interesse des Vaterlandes not-

115 Das Buna-Werk der I.G. Farben in Auschwitz-Monowitz, 1945.

wendig erscheint. Der anständige, verhetzte Volksgenosse wird mit diesen Strafbestimmungen nicht in Berührung kommen. Den politisierenden Hetzern und intellektuellen Wühlern – gleich welcher Richtung – aber sei gesagt, hütet euch, daß man euch nicht erwischt, man wird euch sonst nach den Hälsen greifen und nach eurem eignen Rezept zum Schweigen bringen. [...]

§ 8

Mit 14 Tagen strengem Arrest und mit 25 Stockhieben zu Beginn und am Ende der Strafe werden bestraft:

Wer das Gefangenenlager ohne Begleitperson verläßt, oder betritt, wer unbefugt sich einer ausmarschierenden Arbeitskolonne anschließt,

wer in Briefen oder sonstigen Mitteilungen abfällige Bemerkungen über nationalsozialistische Führer über Staat und Regierung, Behörden und Einrichtungen zum Ausdruck bringt, marxistische oder liberalistische Führer oder Novemberparteien verherrlicht, Vorgänge im Konzentrationslager mitteilt,

wer verbotene Gegenstände, Werkzeuge, Hieb- oder Stoßwaffen in seiner Unterkunft oder in Strohsäcken aufbewahrt.

Text 78

Auszug aus einem Bericht des Reichsjustizministers Dr. Otto Thierack über eine Besprechung mit Himmler, die „Vernichtung durch Arbeit" betreffend, 18. September 1942.

2. Auslieferung asozialer Elemente aus dem Strafvollzug an den Reichsführer SS zur Vernichtung durch Arbeit. Es werden restlos ausgeliefert die Sicherungsverwahrten, Juden, Zigeuner, Russen und Ukrainer, Polen über 3 Jahre Strafe, Tschechen oder Deutsche über 8 Jahre Strafe nach Entscheidung des Reichsjustizministers. Zunächst sollen die übelsten asozialen Elemente unter letzteren ausgeliefert werden. Hierzu werde ich den Führer durch Reichsleiter Bormann unterrichten.

Text 79

Schreiben des stellvertretenden Leiters des IG-Farben Unternehmens Ludwigshafen Dr. Otto Ambros an die Direktoren Dr. ter Meer und Dr. Struß, die Errichtung eines Buna-Werkes in Auschwitz betreffend, 12. April 1941.

Dr. Otto Ambros
I.G. Farbenindustrie Aktiengesellschaft
Ludwigshafen A.RH. 12. April 1941/S1
Fernsprecher 6498

An die Herren
Direktor Dr. ter Meer
Direktor Dr. Struß

I.G.-Frankfurt

Sehr geehrte Herren!

In Anlage übersende ich Ihnen die Berichte über unsere Baubesprechungen, die regelmäßig wöchentlich einmal unter meiner Leitung stattfinden.

Sie entnehmen daraus die organisatorische Regelung und vor allem den Beginn unserer Tätigkeit im Osten.

Inzwischen fand auch am 7.4. die konstituierende Gründungssitzung in Kattowitz statt, die im großen und ganzen befriedigend verlief. Gewisse Widerstände von kleinen Amtsschimmeln konnten schnell beseitigt werden.

Dr. Eckell hat sich dabei sehr bewährt und außerdem wirkt sich unsere neue Freundschaft mit der SS sehr segensreich aus.

Anläßlich eines Abendessens, das uns die Leitung des Konzentrationslagers gab, haben wir weiterhin alle Maßnahmen festgelegt, welche die Einschaltung des wirklich hervorragenden Betriebes des KZ-Lagers zugunsten der Buna-Werke betreffen.

Ich verbleibe mit besten Grüßen
Ihr
Otto Ambros

Anlage.

Text 80

Auszüge aus der Ersten Verordnung zum Reichsbürgergesetz, 14. November 1935.

§ 4

(1) Ein Jude kann nicht Reichsbürger sein. Ihm steht ein Stimmrecht in politischen Angelegenheiten nicht zu; er kann ein öffentliches Amt nicht bekleiden.[...]

§ 5

(1) Jude ist, wer von mindestens drei der Rasse nach volljüdischen Großeltern abstammt. § 2 Abs. 2 Satz 2 findet Anwendung.

116 Das Wilhelmsgymnasium in der Bellevuestraße 15, Sitz des Volksgerichtshofs seit 1935, undatiert.
Der Volksgerichtshof mußte das ehem. Preußische Abgeordnetenhaus räumen, weil das Reichsluftfahrtministerium auf das Gebäude Anspruch erhob und diesen Anspruch auch durchsetzte. Das ehemalige Parlament hieß nun „Haus der Flieger". Der Volksgerichtshof fand ein neues Domizil in der Bellevuestraße 15. Das ehemalige Gymnasium wurde bis zum 3.2.1945 als Gerichtsgebäude genutzt. Danach war es aufgrund der Bombenschäden unbrauchbar geworden. Der Präsident des Volksgerichtshofs, Roland Freisler, kam bei dem Bombenangriff am 3.2.1945 ums Leben. Die Verhandlungen gegen die Verschwörer des 20. Juli 1944 fanden nicht in der Bellevuestraße statt, sondern im Plenarsaal des Kammergerichts in der Elßholzstraße in Schöneberg. Um die Zuständigkeit des Volksgerichtshofs für dieses Verfahren herstellen zu können, wurden die angeklagten Offiziere zuvor aus der Wehrmacht ausgestoßen. Andernfalls wäre das Reichskriegsgericht zuständig gewesen.

(2) Als Jude gilt auch der von zwei volljüdischen Großeltern abstammende staatsangehörige jüdische Mischling,

a) der beim Erlaß des Gesetzes der jüdischen Religionsgemeinschaft angehört hat oder danach in sie aufgenommen wird,

b) der beim Erlaß des Gesetzes mit einem Juden verheiratet war oder sich danach mit einem solchen verheiratet,

c) der aus einer Ehe mit einem Juden im Sinne des Absatzes 1 stammt, die nach dem Inkrafttreten des Gesetzes zum Schutze des deutschen Blutes und der deutschen Ehre vom 15. September 1935 (Reichsgesetzbl. I S.1146) geschlossen ist,

d) der aus dem außerehelichen Verkehr mit einem Juden im Sinne des Absatzes 1 stammt und nach dem 31. Juli 1936 außerehelich geboren wird.

Text 81

Todesurteile und Hinrichtungen (ohne Kriegsgerichtsurteile) 1914–1945.

	Todesurteile	Vollstreckte Todesurteile
Erster Weltkrieg	141	94
Weimarer Republik	1.132	184
„Drittes Reich"	ca.16.000	ca.12.000
Italien (1.7.1931–10.8.1944, d.h. von der Einführung bis zur Abschaffung der Todesstrafe)	156	88

2.5. Kriegsverbrechen

Krieg ist an sich ein Verbrechen. Insofern war es konsequent, die Anschuldigung „Verschwörung gegen den Frieden" an die Spitze der Anklagepunkte im Nürnberger Kriegsverbrecherprozeß zu setzen. Aber nicht nur die Vorbereitung und Entfesselung des Krieges durch das „Dritte Reich", auch die Kriegführung selbst war verbrecherisch. Denn es handelte sich keineswegs um Exzeßtaten, die bei jeder kämpfenden Armee vorkommen, sondern um ein bewußtes und planmäßiges Außerkraftsetzen aller völkerrechtlichen Bindungen. Hitler postulierte noch vor dem Überfall auf Polen, daß es nicht auf das Recht, sondern auf den Sieg ankomme. Viele seiner Generäle pflichteten ihm bei. Dieser Kampf, so Generaloberst Hoth in einem Armeebefehl im Hinblick auf den Krieg gegen die Sowjetunion, könne nur mit der Vernichtung des einen oder andern enden, einen Ausgleich gäbe es nicht.
Vernichtung war im umfassenden Sinne gemeint. Es ging seit 1939 nicht nur um den militärischen Sieg, es ging nicht nur um die Errichtung einer deutschen Vormachtstellung in Europa, sondern um die Neuordnung dieses Kontinents auf rassistischer Grundlage. Die Wehrmacht eroberte nicht nur große Gebiete, in der die deutschen Zivilstellen ihre rassistische Ordnung errichten konnten, sie beteiligte sich auch selbst an der Dezimierung der als „rassisch minderwertig" eingestuften Menschen: der Ermordung polnischer Kriegsgefangener und Zivilisten im „Polenfeldzug", dem zum Teil bewußt herbeigeführten, teils billigend in Kauf genommenen Tod von Milllionen sowjetischer Kriegsgefangener, der Ermordung unzähliger Zivilisten unter dem Vorwand der Partisanenbekämpfung. Die Erschießung von Juden und Zigeunern als „Sühne" für die Tötung deutscher Soldaten durch jugoslawische Partisanen, die Geiselerschießungen generell sowie die Vernichtung ganzer Dörfer überall im besetzten Europa, dies alles geschah in der Verantwortung der Wehrmachtführung.
Zu den Kriegsverbrechen zählen aber nicht nur die im Kampfgeschehen und von der Militärverwaltung begangenen Taten, sondern auch die in Folge des militärischen Sieges möglich gewordenen Gewalttaten: Die Vertreibung der einheimischen Bevölkerung aus den annektierten Gebieten wie in Polen, die Massenmorde der Einsatzgruppen zuerst in Polen, dann vor allem in der Sowjetunion, die Verschleppung einheimischer Bevölkerung zur Sklavenarbeit nach Deutschland.
Gegen Ende des Krieges wandte sich die verbrecherische Auffassung vom Krieg gegen das deutsche Volk selbst. In Hitlers Augen hatte das deutsche Volk versagt und damit sein Lebensrecht verspielt. Sein „Nero-Befehl" vom 19. März 1945, nach dem das Prinzip der „verbrannten Erde" nun auf Deutschland anzuwenden sei, hätte ein Weiterleben nach der unvermeidlichen Kapitulation noch schwerer gemacht. In der Konsequenz der Selbstvernichtung folgten die Deutschen ihrem Führer nicht mehr. Sie konnten nur noch darauf hoffen, daß sie nach Kriegsende nicht in derselben Art von den Siegern behandelt wurden, wie sie es selber fünfeinhalb Jahre lang getan hatten.

Text 82

Auszüge aus Hitlers „Mein Kampf", 2. Band, 1927.

Demgegenüber müssen wir Nationalsozialisten unverrückbar an unserem außenpolitischen Ziele festhalten, nämlich dem deutschen Volk den ihm gebührenden Grund und Boden auf dieser Erde zu sichern. [...] Deutschland wird entweder Weltmacht oder überhaupt nicht sein. Zur Weltmacht aber braucht es jene Größe, die ihm in der heutigen Zeit die notwendige Bedeutung und seinen Bürgern das Leben gibt. [...] Wenn wir aber heute in Europa von neuem Grund und Boden reden, können wir in erster Linie nur an Rußland und die ihm untertanen Randstaaten denken.

Text 83

Aus der geheimen Denkschrift Hitlers zum Vierjahresplan, August 1936.

Ich stelle damit folgende Aufgabe:
I. Die deutsche Armee muß in 4 Jahren einsatzfähig sein.
II. Die deutsche Wirtschaft muß in 4 Jahren kriegsfähig sein.

Text 84

Auszug aus einer Niederschrift des Oberst Hoßbach über eine Besprechung Hitlers mit dem Kriegsminister und dem Außenminister sowie den Oberbefehlshabern des Heeres, der Marine und der Luftwaffe in der Reichskanzlei, die Vorbereitung des Krieges betreffend, 5. November 1937.

Stelle man an die Spitze der nachfolgenden Ausführungen den Entschluß zur Anwendung von Gewalt unter Risiko, dann bleibt noch die Beantwortung der Fragen „wann" und „wie" Hierbei seien drei Fälle zu unterscheiden:

Fall 1: *Zeitpunkt 1943–1945*
[...]
Wie die Lage in den Jahren 1943–45 tatsächlich sein würde, wisse heute niemand. Sicher sei nur, daß wir nicht länger warten können.
Auf der einen Seite die große Wehrmacht mit der Notwendigkeit der Sicherstellung ihrer Unterhaltung, das Älterwerden der Bewegung und ihrer Führer, auf der anderen Seite die Aussicht auf Senkung des Lebensstandards und auf Geburteneinschränkung ließen keine andere Wahl als zu handeln. Sollte der Führer noch am Leben sein, so sei es sein unabänderlicher Entschluß, spätestens 1943/45 die deutsche Raumfrage zu lösen. Die Notwendigkeit zum Handeln vor 1943/45 käme im Fall 2 und 3 in Betracht.

Fall 2:
Wenn die sozialen Spannungen in Frankreich sich zu einer derartigen innenpolitischen Krise auswachsen sollten, daß durch letztere die französische Armee absorbiert und für eine Kriegsverwendung gegen Deutschland ausgeschaltet würde, sei der Zeitpunkt zum Handeln gegen die Tschechei gekommen.

Fall 3:
Wenn Frankreich durch einen Krieg mit einem anderen Staat so gefesselt ist, daß es gegen Deutschland nicht „vorgehen" kann.

Text 85

Auszug aus der Mitschrift einer Ansprache Hitlers vor Wehrmachtsbefehlshabern, die Auslösung des Krieges gegen Polen betreffend, 22. August 1939.

Vernichtung Polens im Vordergrund. Ziel ist die Beseitigung der lebendigen Kräfte, nicht Erreichung einer bestimmten Linie. Auch wenn im Westen Krieg ausbricht, bleibt Vernichtung Polens im Vordergrund. Mit Rücksicht auf Jahreszeit schnelle Entscheidung.
Ich werde propagandistischen Anlaß zur Auslösung des Krieges geben, gleichgültig, ob glaubhaft. Der Sieger wird später nicht danach gefragt, ob er die Wahrheit gesagt hat oder nicht. Bei Beginn und Führung des Krieges kommt es nicht auf das Recht an, sondern auf den Sieg.
Herz verschließen gegen Mitleid. Brutales Vorgehen. 80 Millionen Menschen müssen ihr Recht bekommen. Ihre Existenz muß gesichert werden. Der Stärkere hat das Recht.

Text 86

Bericht von Karl Schoepke, Mitarbeiter der Volksdeutschen Mittelstelle, die Zwangsevakuierung von Polen im Jahre 1940 betreffend, 1946.

An einem Abend wurde ein polnisches Dorf umstellt von einer Gruppe SA-Männer, welche die Leitung der Aktion innehatten. Außerdem waren noch einige Volksdeutsche in die Kommandos zwangsweise einbezogen worden. Das Dorf wurde umzingelt und kurz vor Mitternacht wurden die Leute aus den Betten herausgejagt. Dann kam der Befehl, binnen einer halben oder dreiviertel Stunde mit einem Gepäck von 30kg reisefertig zu sein. Es wurde dort furchtbar gehaust. Heiligenbilder, Kruzifixe wurden zerbrochen und in den Kehricht geworfen. Die Polen mußten in ihren eigenen Wagen in die Kreisstadt fahren und kamen dort hinter Stacheldraht. In der Kreisstadt warteten bereits Volksdeutsche, die man von woanders geholt hatte. Diese Volksdeutschen wurden dann auf dieselben Wagen geladen, in denen die polnischen Familien gekommen waren. Selbstverständlich waren diese Volksdeutschen sehr entsetzt von den fürchterlichen Dingen, die sie dort anfanden...

Text 87

Massenexekutionen von polnischen Zivilisten und Kriegsgefangenen vom 1. bis 4. September 1939.

Diese Aktionen wurden während des ganzen Krieges gegen Polen fortgeführt. In der Auswahl sind Verbrechen mit weniger als 25 Toten nicht aufgeführt.

Tag der Exekution	*Ort*	*Kreis/Gemeinde*	*Wojewodschaft*	*ermordet durch*	*Zahl der Opfer*	*Bemerkungen*
1.9.	*Zimnowoda*	*Kłobuck*	*Kielce*	*Wehrmacht*	*41*	*106 Gehöfte niedergebrannt*
1.9.	*Torzeniec*	*Ostrzeszów*	*Poznań*	*PiBat. SS*	*34 (jeder zweite Mann)*	*Dorf „pazifiziert"*
1./2.9.	*Wyszanów*	*Wieruszów*	*Łódź*	*Wehrmacht*	*59*	*20 Gehöfte niedergebrannt*
1./2.9.	*Parzymiechy*	*Kłobuck*	*Kielce*	*Wehrmacht*	*75*	
2.9.	*Łaziska*	*Tychy*	*Śląsk*	*Wehrmacht*	*37 (z.T. leb. verbrannt)*	*Dorf „pazifiziert"*
3.9.	*Świekatowo*	*Świecie*	*Pomorze*	*Wehrmacht*	*26*	*Opfer beim Gottesdienst ausgewählt*
3.9.	*Nierada/Zrębice*	*Częstochowa*	*Kielce*	*Wehrmacht*	*25*	
3.9.	*Kamieńsk*	*Piotrków Trib.*	*Łódź*	*Wehrmacht/ Polizei*	*30 (meist mit Kolben erschlagen)*	
3./4.9.	*Imielin*	*Tychy*	*Śląsk*	*Wehrmacht*	*28*	
3./4.9.	*Złoczew*	*Sieradz*	*Łódź*	*Wehrmacht*	*200*	*Ort zu 80% niedergebrannt (248 Gehöfte)*
4.9.	*Katowice*	*Katowice*	*Śląsk*	*Wehrmacht/ Freikorps*	*750 (vor allem ehem. Teilnehmer an den Schles. Aufständen und Pfadfinder)*	
4.9.	*Zarki*	*Mysków*	*Kielce*	*Wehrmacht*	*102 (davon 90 Juden)*	
4.9.	*Opatowiec*	*Pinczów*	*Kielce*	*2.1. Div. (XV AK, 10. A)*	*45 (poln. Kriegsgefangene)*	
4.9.	*Orzesze*	*Tychy*	*Śląsk*	*Freikorps*	*32*	
4.9.	*Częstochowa*	*Częstochowa*	*Kielce*	*Wehrmacht/ Polizei*	*300 ca.*	
4.9.	*Kruszyna*	*Radomsko*	*Łódź*	*Wehrmacht*	*38*	
4.9.	*Folwarki*	*Piotrków Trib.*	*Łódź*	*Wehrmacht/SS*	*28*	*20 Gehöfte niedergebrannt*
4.9.	*Szczawno*	*Sieradz*	*Łódź*	*Wehrmacht*	*32*	

117 Zwangsevakuierung von Polen im Wartheland, undatiert. Die Originalbeschriftung lautet: *„Polenlager am Verteilerpunkt Gelsendorf"*. Das Foto wurde aufgenommen für das SS-Hauptamt „Reichskommissar für die Festigung deutschen Volkstums". Reichskommissar war Heinrich Himmler.

Text 88

Auszug aus einer Niederschrift Martin Bormanns über ein Gespräch Hitlers mit Hans Frank, Erich Koch, Baldur v. Schirach und ihm, das Verhältnis der Deutschen zu den Polen betreffend, 2. Oktober 1940.

Noch einmal müsse der Führer betonen, daß es für die Polen nur einen Herren geben dürfe, und das sei der Deutsche; zwei Herren nebeneinander könne es nicht geben und dürfe es nicht geben, daher seien alle Vertreter der polnischen Intelligenz umzubringen. Dies klinge hart, aber es sei nun einmal das Lebensgesetz.

Text 89

Auszüge aus den wirtschaftspolitischen Richtlinien des Wirtschaftsstabes Ost, Gruppe Landwirtschaft, die Abtrennung der russischen Industriezentren von der Getreidezone betreffend, 23. Mai 1941.

Daraus folgt: Eine Abriegelung der Schwarzerdegebiete muß unter allen Umständen mehr oder weniger hohe Überschüsse in diesen Gebieten für uns greifbar machen. Die Konsequenz ist die Nichtbelieferung der gesamten Waldzone einschließlich der wesentlichen Industriezentren Moskau und Petersburg.
[...]
Aus all dem folgt, daß die deutsche Verwaltung in diesem Gebiet wohl bestrebt sein kann, die Folgen der zweifellos eintretenden Hungersnot zu mildern und den Naturalisierungsprozeß zu beschleunigen. Man kann bestrebt sein, diese Gebiete intensiver zu bewirtschaften im Sinne einer Ausdehnung der Kartoffelanbaufläche und anderer für den Konsum wichtiger, hohe Erträge gebender Früchte. Die Hungersnot ist dadurch dort nicht zu bannen. Viele 10 Millionen von Menschen werden in diesem Gebiet überflüssig und werden sterben oder nach Sibirien auswandern müssen. Versuche, die Bevölkerung dort vor dem Hungertode dadurch zu retten, daß man aus der Schwarzerdezone Überschüsse heranzieht, können nur auf Kosten der Versorgung Europas gehen. Sie unterbinden die Durchhaltemöglichkeit Deutschlands im Kriege, sie unterbinden die Blockadefestigkeit Deutschlands und Europas. Darüber muß absolute Klarheit herrschen.

Text 90

Auszüge aus dem Erlaß des Oberkommandos der Wehrmacht, die Behandlung politischer Kommissare der sowjetischen Armee betreffend („Kommissarbefehl"), 6. Juni 1941.

Im Kampf gegen den Bolschewismus ist mit einem Verhalten des Feindes nach den Grundsätzen der Menschlichkeit oder des Völkerrechts nicht zu rechnen. Insbesondere ist von den politischen Kommissaren [...] *eine haßerfüllte, grausame und unmenschliche Behandlung unserer Gefangenen zu erwarten.*
Die Truppe muß sich bewußt sein:
1.) In diesem Kampf ist Schonung und völkerrechtliche Rücksichtnahme diesen Elementen gegenüber falsch.
[...]
2.) Die Urheber barbarisch asiatischer Kampfmethoden sind die politischen Kommissare. Gegen diese muß daher sofort und ohne Weiteres mit aller Schärfe vorgegangen werden.
Sie sind daher, wenn im Kampf oder Widerstand ergriffen, grundsätzlich sofort mit der Waffe zu erledigen.
Im übrigen gelten folgende Bestimmungen:
[...]
2.) [Die Kommissare] *sind aus den Kriegsgefangenen sofort, d.h. noch auf dem Gefechtsfelde, abzusondern* [...] *Diese Kommissare werden nicht als Soldaten anerkannt; der für Kriegsgefangene völkerrechtlich geltende Schutz findet auf sie keine Anwendung. Sie sind nach durchgeführter Absonderung zu erledigen.*

Text 91

Auszug aus dem Erlaß Hitlers als Oberster Befehlshaber der Wehrmacht, die militärische Gerichtsbarkeit im Krieg gegen die Sowjetunion betreffend, 13. Mai 1941.

Für Handlungen, die Angehörige der Wehrmacht und des Gefolges gegen feindliche Zivilpersonen begehen, besteht kein Verfolgungszwang, auch dann nicht, wenn die Tat zugleich ein militärisches Verbrechen oder Vergehen ist.

Text 92

Auszüge aus dem Einsatzbefehl Nr. 8 des Chefs der Sicherheitspolizei und des SD, die Richtlinien für die in Stamm- und Durchgangslager abzustellenden Kommandos betreffend, 17. Juli 1941.

Geheime Reichssache!
Berlin, den 17. Juli 1941
Amt IV

Richtlinien
für die in die Stalags [Kriegsgefangenenlager] *abzustellenden Kommandos des Chefs der Sicherheitspolizei und des SD.*
[...]
Die Kommandos arbeiten aufgrund besonderer Ermächtigung und gemäß der ihnen erteilten allgemeinen Richtlinien im Rahmen der Lagerordnung selbständig. Es ist selbstverständlich, daß die Kommandos mit dem Lagerkommandanten und dem ihm zugeteilten Abwehroffizier engste Führung halten.
Aufgabe der Kommandos ist die politische Überprüfung aller Lagerinsassen und die Aussonderung und weitere Behandlung
a) der in politischer, krimineller oder in sonstiger Hinsicht untragbaren Elemente unter diesen,
b) jener Personen, die für den Wiederaufbau der besetzten Gebiete verwendet werden können.
[...]
Vor allem gilt es ausfindig zu machen:
alle bedeutenden Funktionäre des Staates und der Partei, insbesondere
Berufsrevolutionäre,
die Funktionäre der Komintern,
alle maßgebenden Parteifunktionäre der KPdSU, und ihrer Nebenorganisationen in den Zentralkomitees, den Gau- und Gebietskomitees,
alle Volkskommissare und ihre Stellvertreter,
alle ehemaligen Polit-Kommissare in der Roten Armee,

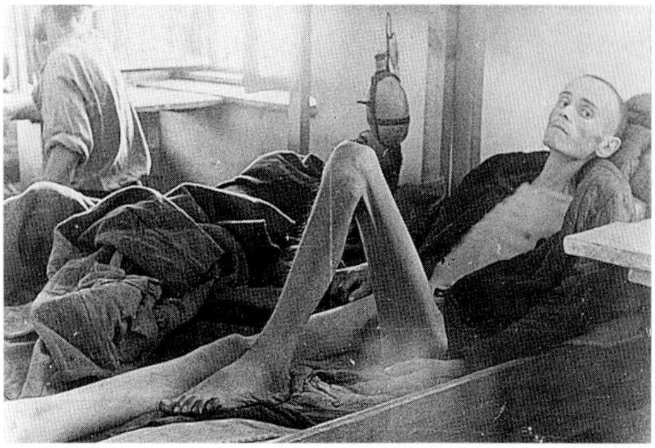

118 Obersergeant Matwej Artemowitsch Timochow, der im November 1943 in deutsche Kriegsgefangenschaft geraten war, im Bezirkslazarett für Kriegsgefangene und Zivilisten in Dorogobusch, 26. August 1944.

die leitenden Persönlichkeiten der Zentral- und Mittelinstanzen bei den staatlichen Behörden,
die führenden Persönlichkeiten des Wirtschaftslebens,
die Sowjetrussischen Intelligenzler,
alle Juden,
alle Personen, die als Aufwiegler oder fanatische Kommunisten festgestellt werden.
Nicht minder wichtig sind, wie bereits erwähnt, die Feststellungen jener Personen, die für den Neuaufbau, die Verwaltung und Bewirtschaftung der eroberten russischen Gebiete Verwendung finden können. [...]
Exekutionen dürfen nicht im Lager oder in unmittelbarer Umgebung des Lagers durchgeführt werden. Befinden sich die Lager im Generalgouvernement in unmittelbarer Nähe der Grenze, so sind die Gefangenen zur Sonderbehandlung möglichst auf ehemals sowjetrussisches Gebiet zu verbringen.
Sollten aus Gründen der Lagerdisziplin Exekutionen erforderlich sein, so hat sich dieserhalb der Leiter des EK an den Lagerkommandanten zu wenden.

Text 93

Aus dem Schreiben des Reichsführers-SS Heinrich Himmler an den Höheren SS- und Polizeiführer Ukraine Hans-Adolf Prützmann, die Zerstörung geräumter Gebiete betreffend, 7. September 1943.

Lieber Prützmann!
Der General der Infanterie Stapf hat bezüglich des Donez-Gebietes besondere Befehle. Nehmen

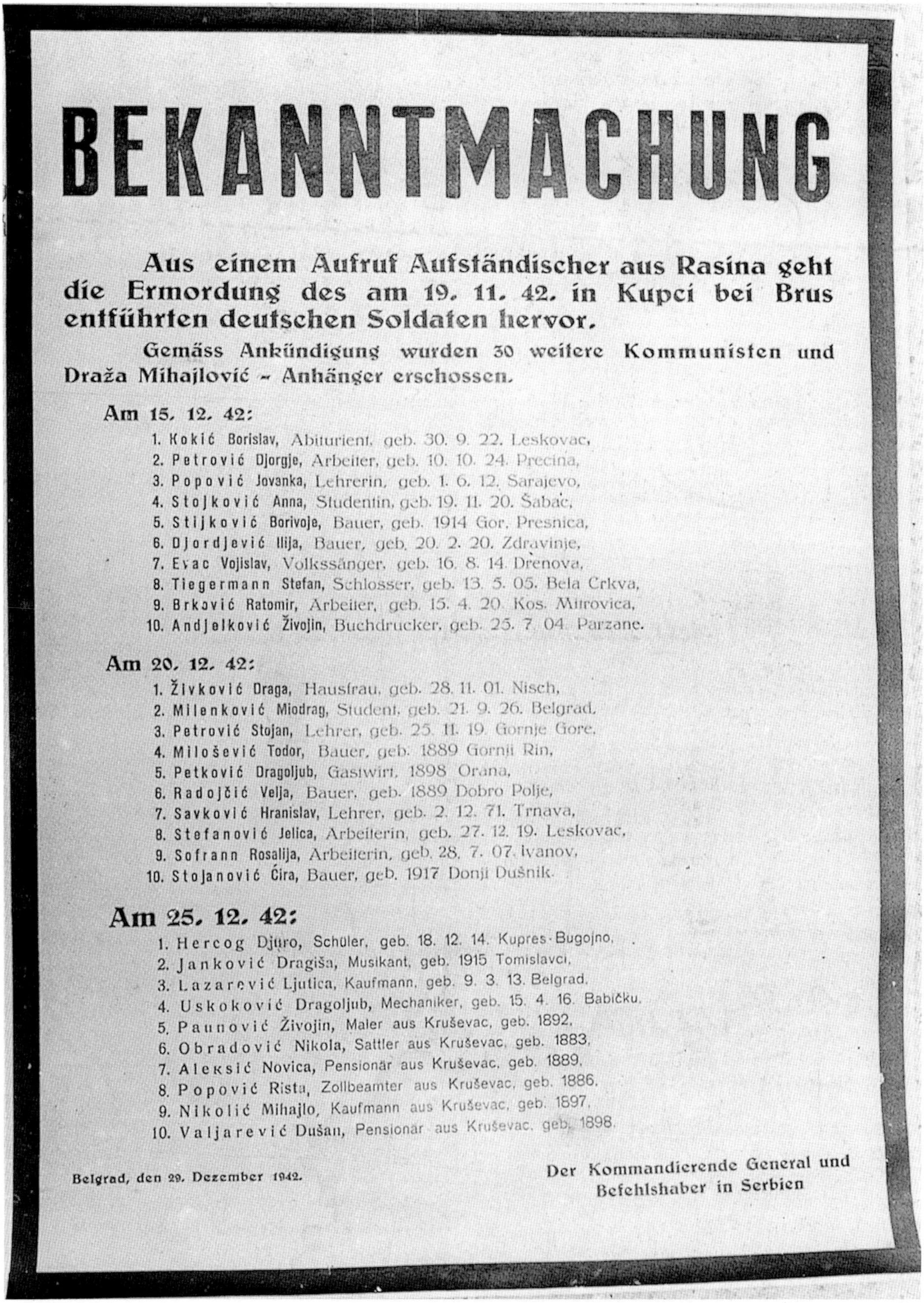

BEKANNTMACHUNG

Aus einem Aufruf Aufständischer aus Rasina geht die Ermordung des am 19. 11. 42. in Kupci bei Brus entführten deutschen Soldaten hervor.

Gemäss Ankündigung wurden 30 weitere Kommunisten und Draža Mihajlović - Anhänger erschossen.

Am 15. 12. 42:

1. Kokić Borislav, Abiturient, geb. 30. 9. 22. Leskovac,
2. Petrović Djorgje, Arbeiter, geb. 10. 10. 24. Precina,
3. Popović Jovanka, Lehrerin, geb. 1. 6. 12. Sarajevo,
4. Stojković Anna, Studentin, geb. 19. 11. 20. Šabac,
5. Stijković Borivoje, Bauer, geb. 1914 Gor. Presnica,
6. Djordjević Ilija, Bauer, geb. 20. 2. 20. Zdravinje,
7. Evac Vojislav, Volkssänger, geb. 16. 8. 14. Drenova,
8. Tiegermann Stefan, Schlosser, geb. 13. 5. 05. Bela Crkva,
9. Brković Ratomir, Arbeiter, geb. 15. 4. 20. Kos. Mitrovica,
10. Andjelković Živojin, Buchdrucker, geb. 25. 7. 04. Parzane.

Am 20. 12. 42:

1. Živković Draga, Hausfrau, geb. 28. 11. 01. Nisch,
2. Milenković Miodrag, Student, geb. 21. 9. 26. Belgrad,
3. Petrović Stojan, Lehrer, geb. 25. 11. 19. Gornje Gore,
4. Milošević Todor, Bauer, geb. 1889 Gornji Rin,
5. Petković Dragoljub, Gastwirt, 1898 Orana,
6. Radojčić Velja, Bauer, geb. 1889 Dobro Polje,
7. Savković Hranislav, Lehrer, geb. 2. 12. 71. Trnava,
8. Stefanović Jelica, Arbeiterin, geb. 27. 12. 19. Leskovac,
9. Sofrann Rosalija, Arbeiterin, geb. 28. 7. 07. Ivanov,
10. Stojanović Ćira, Bauer, geb. 1917 Donji Dušnik.

Am 25. 12. 42:

1. Hercog Djuro, Schüler, geb. 18. 12. 14. Kupres-Bugojno,
2. Janković Dragiša, Musikant, geb. 1915 Tomislavci,
3. Lazarević Ljutica, Kaufmann, geb. 9. 3. 13. Belgrad,
4. Uskoković Dragoljub, Mechaniker, geb. 15. 4. 16. Babičku,
5. Paunović Živojin, Maler aus Kruševac, geb. 1892,
6. Obradović Nikola, Sattler aus Kruševac, geb. 1883,
7. Aleksić Novica, Pensionär aus Kruševac, geb. 1889,
8. Popović Rista, Zollbeamter aus Kruševac, geb. 1886,
9. Nikolić Mihajlo, Kaufmann aus Kruševac, geb. 1897,
10. Valjarević Dušan, Pensionär aus Kruševac, geb. 1898.

Belgrad, den 29. Dezember 1942.

Der Kommandierende General und Befehlshaber in Serbien

119 Bekanntmachung des Kommandierenden Generals und Befehlshabers in Serbien (General der Artillerie Paul Bader), die Erschießung von 30 Geiseln betreffend, 29. Dezember 1942.

120 Angehörige der Ordnungspolizei posieren vor einem zerstörten Gebäude in Lidice, Juni 1942.
Am 10.6.1942 wurden in einem Racheakt für das Attentat auf den Stellvertretenden Reichsprotektor für Böhmen und Mähren Reinhard Heydrich alle Männer des Ortes erschossen. Die Sprengung des Ortes führte die Pionierkompanie Morigl (Pionier-Ersatzbataillon 14 in Weißenfels) durch.

Sie mit ihm sofort Fühlung auf. Ich beauftrage Sie mit allen Kräften mitzuwirken. Es muss erreicht werden, daß bei der Räumung von Gebietsteilen in der Ukraine kein Mensch, kein Vieh, kein Zentner Getreide, keine Eisenbahnschiene zurückbleiben, daß kein Haus stehen bleibt, kein Bergwerk vorhanden ist, das nicht für Jahre gestört ist, kein Brunnen vorhanden ist, der nicht vergiftet ist. Der Gegner muss wirklich ein total verbranntes und zerstörtes Land vorfinden. Besprechen Sie diese Dinge sofort mit Stapf und tun sie ihr Menschenmöglichstes.

Heil Hitler!
Ihr
gez. H.Himmler.

Text 94

Auszüge aus dem Bericht des Chefs der 9. Kompanie des Infanterie-Regiments 433 Oberleutnant Hans-Dietrich Walther an die 704. Infanterie-Division (Kommandeur Generalmajor Heinrich Borowski), die Erschießung von Juden und Zigeunern betreffend, 1. November 1941.

Juden und Zigeuner wurden hier als Geiseln erschossen. In einer Notiz des Referatsleiters „Judenfrage, Freimaurer, Ausbürgerungen" im Auswärtigen Amt Franz Rademacher heißt es in diesem Zusammenhang: *„Auf Anordnung des Befehlshabers sind für jeden getöteten deutschen Soldaten 100 Serben zu erschießen. Im Vollzug dieses Befehls wurden zunächst die aktiven kommunistischen Führer serbischer Nationalität – etwa 50 an der Zahl – und dann laufend Juden als kommunistische Hetzer erschossen."*

Nach Vereinbarung mit der Dienststelle der SS holte ich die ausgesuchten Juden bzw. Zigeuner vom Gefangenenlager Belgrad ab.
[...]
Nach Ankunft etwa 1½–2 km vor dem ausgesuchten Platz [nördlich von Pančevo unmittelbar an der Straße Pančevo – Jabuka] *stiegen die Gefangenen aus, erreichten im Fußmarsch diesen, während die LKW mit den Zivilfahrern sofort zurückgeschickt wurden, um ihnen möglichst wenig Anhaltspunkte zu einem Verdacht zu geben. Dann ließ ich die Straße für sämtlichen Verkehr sperren aus Sicherheits- und Geheimhaltungsgründen.*
Die Richtstätte wurde durch 3 lMG und 12 Schützen gesichert. [...]
Das Ausheben der Gruben nimmt den größten Teil der Zeit in Anspruch, während das Erschießen selbst sehr schnell geht (100 Mann in 40 Minuten).
Gepäckstücke und Wertsachen wurden vorher eingesammelt und in meinem LKW mitgenommen, um sie dann der NSV zu übergeben.
Das Erschießen der Juden ist einfacher als das der Zigeuner. Man muß zugeben, daß die Juden sehr gefaßt in den Tod gehen – sie sterben sehr ruhig –, während die Zigeuner heulen, schreien und sich dauernd bewegen, wenn sie schon auf dem Erschießungsplatz stehen. Einige sprangen sogar vor der Salve in die Grube und versuchten sich tot zu stellen.
Anfangs waren meine Soldaten nicht beeindruckt. Am 2. Tag jedoch machte sich schon bemerkbar, daß der eine oder andere nicht die Nerven besitzt, auf längere Zeit eine Erschießung durchzuführen. Mein persönlicher Eindruck ist, daß man während der Erschießung keine seelischen Hemmungen bekommt. Diese stellen sich jedoch ein, wenn man nach Tagen abends in Ruhe darüber nachdenkt.

Text 95

Die Zerstörung des Ortes Kalavrita im Spiegel der Lageberichte des Wehrmachtsführungsstabes, 3. bis 15. Dezember 1943.

3.12.1943
LXVIII. A.K.: [...] *Ein Unternehmen gegen Banden im Raum Kalavrita durch verst. A.A.116 ist angelaufen.*

10.12.1943
LXVIII. A.K.: Nach Aussage zweier entkommener Soldaten sind 78 deutsche Soldaten der am 18.10. bei Kalavrita (Peloponnes – 40 km südostw. Patras) aufgeriebenen 5./ Jg.Rgt.749 (117. Jg.Div.) im Gebirge südostw. Kalavrita durch Banditen erschossen worden. Sühnemaßnahmen sind in Durchführung.

11.12.1943
LXVIII. A.K.: Im Zuge des Unternehmens bei Kalavrita sind Teile der Nordgruppe zur Sühnevollstreckung nördl. Kalavritas eingesetzt (s. gestrige Tagesmeldung).

12.12.1943
LXVIII. A.K.: Fortsetzung des Unternehmens Kalavrita ohne Feindberührung. Als Sühnemaßnahme wurden 9 Dörfer zerstört, 142 männliche Einwohner erschossen.

13.12.1943
LXVIII. A.K.: Das Unternehmen Kalavrita ist bis auf örtliche Aufklärung 20 km südostw. Kalavrita und Fortsetzung der Sühnemaßnahmen abgeschlossen.

15.12.1943
LXVIII. A.K.: [...] In Fortführung der Sühneaktion im Raum Kalavrita sind 1 weitere Ortschaft und 2 Klöster zerstört worden. U. a. ist Kalavrita zerstört worden. Insgesamt sind über 500 Männer erschossen worden. Die Leichen von 70 erschossenen deutschen Soldaten wurden aufgefunden.

Text 96

Die von Hitler als Oberbefehlshaber der Wehrmacht herausgegebenen „Richtlinien für die Verfolgung der Straftaten gegen das Reich oder die Besatzungsmacht in den besetzten Gebieten", der sogenannte „Nacht-und-Nebel-Erlaß", 7. Dezember 1941.

2.) Der Führer und Oberste Befehlshaber der Wehrmacht

Richtlinien

für die Verfolgung von Straftaten gegen das Reich oder die Besatzungsmacht in den besetzten Gebieten.

Vom 7. Dezember 1941

In den besetzten Gebieten haben mit Beginn des russischen Feldzuges kommunistische Elemente und andere deutschfeindliche Kreise ihre Angriffe gegen das Reich und die Besatzungsmacht verstärkt. Der Umfang und die Gefährlichkeit dieser Umtriebe zwingen aus Abschreckungsgründen zu schärfsten Maßnahmen gegen die Täter. Zunächst ist nach folgenden Richtlinien zu verfahren:

I.

In den besetzten Gebieten ist bei Straftaten von nichtdeutschen Zivilpersonen, die sich gegen das Reich oder die Besatzungsmacht richten, und deren Sicherheit oder Schlagfertigkeit gefährden, grundsätzlich die Todesstrafe angebracht.

II.

Die Straftaten des Abschnitts I sind grundsätzlich nur dann in den besetzten Gebieten abzuurteilen, wenn wahrscheinlich ist, daß gegen die Täter, mindestens aber die Haupttäter, Todesurteile ergehen und wenn das Verfahren und die Vollstreckung der Todesurteile schnellstens durchgeführt werden können. Sonst sind die Täter, mindestens aber die Haupttäter nach Deutschland zu bringen.

III.

Täter, die nach Deutschland gebracht werden, sind dort dem Kriegsgerichtsverfahren nur unterworfen, wenn besondere militärische Belange es erfordern. Deutschen und ausländischen Dienststellen ist auf Fragen nach solchen Tätern zu erklären, sie seien festgenommen worden, der Stand des Verfahrens erlaube keine weiteren Mitteilungen.

IV.

Die Befehlshaber in den besetzten Gebieten und die Gerichtsherren sind im Rahmen ihrer Zuständigkeit für die Durchführung dieses Erlasse persönlich verantwortlich.

V.

Der Chef des Oberkommandos der Wehrmacht bestimmt, in welchen besetzten Gebieten dieser Erlass anzuwenden ist. Er ist zu Erläuterungen, zum Erlass von Durchführungsvorschriften und zu Ergänzungen befugt. Der Reichsminister der Justiz erlässt die Durchführungsbestimmungen für seinen Bereich.

I.A.
Der Chef des Oberkommandos
der Wehrmacht
Keitel.

2.6. Rassismus und Völkermord

Rassismus war das Kernstück der nationalsozialistischen Weltanschauung. Diese Weltanschauung stellte kein geschlossenes theoretisches Gebäude dar, sondern allenfalls eine Systematisierung der von Hitler in „Mein Kampf" geäußerten Gedanken. Diese Gedanken waren nichts anderes als eine Radikalisierung und Zuspitzung politischer Ideologeme des 19. Jahrhunderts. Rassismus diente im 19. Jahrhundert der Rechtfertigung des europäischen Imperialismus, er diente ferner der Aufrechterhaltung der Herrschaft und der Privilegien einer weißen Oberschicht in gemischtrassigen Gesellschaften. Er ging jedoch nicht so weit, den als „minderwertig" eingestuften Menschen das Lebensrecht generell abzusprechen.

Genau dies aber war die Konsequenz des Hitlerschen Rassismus, indem er den vom christlichen Antijudaismus in den rassistischen Antisemitismus umfunktionierten Haß auf die Juden zur tragenden Säule seiner weltanschaulichen Konstruktion machte. Bei Hitler standen sich nur noch zwei Pole gegenüber: die „Lichtgestalt" des „Ariers" auf der einen, „der Jude" als „der gewaltigste Gegensatz zum Arier" auf der anderen Seite. Aus dem Gegensatz „höherwertig" – „minderwertig" wurde der Gegensatz „gut" und „böse". Damit schaffte Hitler den Deutschen die „moralische" Legitimation, sich an der Verfolgung der Juden zu beteiligen. Diese Gegenüberstellung schloß weiter die Möglichkeit ein, die Verfolgung bis zur Vernichtung voranzutreiben und dabei Frauen und Kinder nicht zu verschonen, da es galt, nicht einzelne Personen, sondern die „jüdische Rasse" an sich als Verkörperung des „Bösen" auszurotten.

Den Deutschen wurde von der nationalsozialistischen Führung nicht nur der Haß auf die Juden eingeimpft, sondern zugleich die Überzeugung vermittelt, sie seien als „Arier" dazu berufen, die Welt zu beherrschen. Das Bewußtsein von Klassengegensätzen, im Ersten Weltkrieg noch lebendig, verschwand im Zweiten Weltkrieg zugunsten der Überzeugung, auch als einfacher Soldat sich im besetzten Land als „Herrenmensch" aufspielen zu können.

Die beiden Seiten des nationalsozialistischen Rassismus – Völkermord und „Herrenmenschentum" – führten nicht nur zu einem vollständigen militärischen Desaster, sondern darüber hinaus zur größten moralischen Krise des deutschen Volkes in seiner Geschichte. In anderen faschistischen Staaten – Italien, Spanien – gab es keinen Völkermord als politisches Programm und keine Bevölkerung, die einmütig hinter ihrer faschistischen Führung gestanden hätte. Die Bewältigung der faschistischen Epoche war daher primär ein innenpolitisches Problem, das Anhänger und Gegner des Systems unter sich ausmachen mußten. In Deutschland hingegen war das Ausmaß der Verbrechen derart, daß es zu einer Belastung der gesamten deutschen Geschichte wurde.

121 Die Zentrale der „Euthanasie"-Verbrechen in der Tiergartenstraße 4, 1940.
Das Gebäude steht heute nicht mehr. An seinem Standort, unmittelbar an der Philharmonie, ist eine Gedenktafel in den Boden eingelassen worden.

Die „Euthanasie"-Morde

Die rassistische Ideologie richtete sich auch gegen das eigene Volk: „Erbkranke" sollten an der Fortpflanzung gehindert, „Ballastexistenzen" „ausgemerzt" werden. Schon 1933 wurde die Zwangssterilisation eingeführt, ab 1938 wurde Behinderten das Lebensrecht selbst abgesprochen, und zwar zunächst den Kindern. Körperlich oder geistig behindert geborene Kinder mußten von den Hebammen gemeldet werden. Die Eltern wurden genötigt, sie in die Kinderfachabteilungen von Heim- und Pflegeanstalten abzugeben, wo sie ermordet wurden. Im Oktober 1939 ermächtigte Hitler *„namentlich zu bestimmende Ärzte"*, *„nach menschlichem Ermessen unheilbar Kranken"* den *„Gnadentod"* zu gewähren. Es ging hier jedoch nicht um eine Gnade, die ein Schwerkranker erfleht – dessen Lebenswille oder Todessehnsucht spielten überhaupt keine Rolle –, sondern um die Straffreiheit der Ärzte, die der nationalsozialistischen Pflicht zum Töten nachkamen.
Die fälschlich-zynisch „Euthanasie" genannte Aktion wurde von einer eigens dazu geschaffenen Organisation, die ihren Sitz in der Tiergartenstraße 4 hatte („Aktion T 4"), durchgeführt. Die Kranken wurden von den Heil- und Pflegeanstalten, in denen sie untergebracht waren, in die Tötungszentren Brandenburg, Bernburg, Grafeneck, Hadamar, Hartheim und Sonnenstein gebracht, wo sie in der Regel durch Giftgas ermordet wurden. Dieses Verfahren hatte das Kriminaltechnische Institut des Reichskriminalpolizeiamtes empfohlen.
Die Ermordung der als „lebensunwert" eingestuften Kranken mußte aufgrund öffentlichen Protestes am 24. August 1941 offiziell eingestellt werden. Bis dahin waren nach Angaben der Täter selbst 70.273 Menschen umgebracht worden. Doch auch nach diesem Termin gingen die Mordaktionen weiter, durch Verhungernlassen, Tablettenverabreichen oder tödliche Spritzen.
„Euthanasie" wurde auch in den besetzten Ländern, vor allem in Polen und in der Sowjetunion, praktiziert. Die Begründungen waren hier oft brutal-pragmatisch: Krankenhäuser oder Anstalten wurden für die Zwecke der Besatzungsmacht gebraucht, die Räumung geschah durch Tötung der Insassen.
Insgesamt sind den „Euthanasie"-Morden in Deutschland und den besetzten Gebieten mehr als 200.000 Menschen zum Opfer gefallen.

Text 97

Schreiben des Reichsstatthalters, i.A. Dr. Friemert, an Bronislawa Biniakowska, die Mitteilung des Todes von Hedwig Biniakowski [richtig: Jadwiga Biniakowska] betreffend, 9. Juli 1940.

Die im Briefkopf erwähnte Landesheilanstalt Tiegenhof, polnisch Dziekanka, lag im von Deutschland annektierten Westpolen („Warthegau").

Der Reichsstatthalter *Posen, den 7.8.1940*
– Gauselbstverwaltung –
A.Z. Landesheilanstalt-Tiegenhof
Landeshaus Wilhelmstr.29
Postschließfach 381,
Fernruf 6745-48

An
Bronislawa Biniakowaka
Nackel
Schamenstr.8

Betr. Ihr Schreiben vom 10.VI. 1940

Die angestellten Ermittlungen haben ergeben, daß die angefragte Hedwig Biniakowski, geboren am 11.10. 1921 zu Nakel im Dezember 1939 aus organisatorischen Gründen nach der Landesheilanstalt Kostem verlegt wurde.

In Kostem ist sie jedoch nach kurzer Zeit an Grippe erkrankt und da sich die Krankheit zusehends verschlimmerte, am 35.1.1940 an Lungenentzündung in der Anstalt verstorben.

Die ärztliche Todesbescheinigung füge ich anliegend bei.

I.A.
Dr. Friemert.

Text 98

Auszüge aus den „Ereignismeldungen UdSSR" des Chefs der Sicherheitspolizei und des SD Nr. 156 und 173, die Erschießung von Geisteskranken betreffend, 16. Januar 1942 und 25. Februar 1942.

Aus Ereignismeldung Nr. 156 vom 16.1.1942:

Das EK [Einsatzkommando] *6 führte in der Zeit vom 24. bis 30.11.41 274 Erschießungen durch. In dieser Zahl sind eingeschlossen 19 pol. Funktionäre, 29 Saboteure und Plünderer und 226 Juden. Bis zum 12.11.41 erschoß das EK 6 800 von insgesamt 1160 Geisteskranken in der Irrenanstalt Igrin bei Dnjepropetrowsk.*

Aus Ereignismeldung Nr.173 vom 25.2.1942:

Das Einsatzkommando 6 erschoß in den vergangenen Wochen 173 politische Flüchtlinge, 56 Saboteure und 149 Juden. [...] *In der Zeit vom 10.1. bis 6.2. 42 wurden in Dnjepropetrowsk 17 Berufsverbrecher, 103 kommunistische Funktionäre, 16 Partisanen und ca. 350 Juden standrechtlich erschossen. Außerdem wurden 400 Insassen der Irrenanstalt Igrin und ca. 320 Insassen der Irrenanstalt Wasilkowska beseitigt.*

Der Völkermord an den Zigeunern (Roma)

Es war auch vor 1933 für Zigeuner nicht leicht, in einer Gesellschaft zu leben, die kaum Verständnis für kulturelle Lebenswelten hatte, die anders waren als ihre eigenen. Nach dem Machtantritt der Nationalsozialisten stellte sich das Problem um ein Vielfaches schärfer, da die Normen der „deutschen Volksgemeinschaft" keine Abweichung duldeten. Himmlers Dekret schließlich, die „Zigeunerfrage" aus „dem Wesen dieser Rasse" heraus anzugehen, stellte die Weichen in Richtung Ausrottung, denn nun ging es nicht mehr um soziale Zwangsintegration, sondern um „Rassenmerkmale", die auf die assimilierten Zigeuner ebenso zuzutreffen hatten wie auf diejenigen, die noch einer traditionellen Lebensweise anhingen.
Die Kommentatoren der „Nürnberger Gesetze", Wilhelm Stuckart und Hans Globke, hatten den Zigeunern schon bescheinigt, ebenso wie die Juden „artfremden Blutes" zu sein. Die „Rasseforscher" ließen sich auch nicht dadurch irritieren, daß die Zigeuner auf einen „arischen" Ursprung verweisen konnten. 90 Prozent der in Deutschland lebenden Zigeuner, also hauptsächlich Sinti, wurden zu „Zigeunermischlingen" erklärt, und in diesem „Mischlingscharakter" wurde nun das die völkische Substanz des deutschen Volkes Bedrohende gesehen. Die Vernichtung der europäischen Zigeuner vollzog sich im Schatten der „Endlösung der Judenfrage": An die Deportationszüge wurden Wagen mit Zigeunern „angehängt", die Einsatzgruppen in der Sowjetunion und die Erschießungskommandos der Wehrmacht in Serbien „erledigten die Zigeuner gleich mit". Am Ende des Krieges hatten die Zigeuner Europas mehr als eine Viertelmillion Tote zu beklagen.
Obwohl Otto Ohlendorf, Chef des Amtes III im Reichssicherheitshauptamt und Leiter der Einsatzgruppe D in der Sowjetunion, im Nürnberger Kriegsverbrecherprozeß ausgesagt hatte, daß mit den Zigeunern „ebenso verfahren" worden sei wie mit den Juden, wurde der Völkermord an den Roma im Nachkriegsdeutschland entweder nicht zur Kenntnis genommen oder gar geleugnet. Erst im letzten Jahrzehnt hat es hier einen Wandel gegeben.

Text 99

Auszüge aus dem Runderlaß des Reichsführers-SS und Chefs der deutschen Polizei Heinrich Himmler, die „Regelung der Zigeunerfrage" betreffend, 8. Dezember 1938.

1.(1) Die bisher bei der Bekämpfung der Zigeunerplage gesammelten Erfahrungen und die durch die rassenbiologischen Forschungen gewonnen Erkenntnisse lassen es angezeigt erscheinen, die Regelung der Zigeunerfrage aus dem Wesen dieser Rasse heraus in Angriff zu nehmen.
[...]

122 Deportation von Zigeunern, Hohenasperg, Mai 1940.

(3) Ich ordne deshalb an, daß alle seßhaften und nicht seßhaften Zigeuner, sowie alle nach Zigeunerart herumziehenden Personen beim Reichskriminalpolizeiamt – Reichszentrale zur Bekämpfung des Zigeunerunwesens – zu erfassen sind.

[...]

2.(1) Vor Erstattung der Meldung sind alle Zigeuner, Zigeunermischlinge und nach Zigeunerart umherziehenden Personen, die das 6. Lebensjahr vollendet haben, erkennungsdienstlich zu behandeln.

[...]

3.(1) Die endgültige Feststellung, ob es sich um einen Zigeuner, Zigeunermischling oder eine sonstige nach Zigeunerart umherziehende Person handelt, trifft das Reichskriminalpolizeiamt auf Grund eines Sachverständigengutachtens.

(2) Ich ordne deshalb [...] an, daß alle Zigeuner, Zigeunermischlinge und nach Zigeunerart umherziehenden Personen verpflichtet sind, sich zu der Erstattung des Sachverständigengutachtens erforderlichen rassenbiologischen Untersuchung zu unterziehen und die notwendigen Angaben über ihre Abstammung beizubringen. Die Durchführung dieser Anordnung ist mit Mitteln polizeilichen Zwanges sicherzustellen.

Text 100

Auszüge aus dem Schnellbrief des Reichssicherheitshauptamtes an die Leiter der Kriminalpolizeistellen, die Einweisung von „Zigeunermischlingen", „Ròm-Zigeunern" und „balkanischen Zigeunern" in ein Konzentrationslager betreffend, 29. Januar 1943.

Berlin, am 29. Januar 1943

Reichssicherheitshauptamt
VA 2 Nr.59/43 g

Schnellbrief

[...]

Betrifft: Einweisung von Zigeunermischlingen, Rom-Zigeunern und balkanischen Zigeunern in ein Konzentrationslager

[...]

I. Auf Befehl des Reichsführers-SS vom 16. 12. 1942 [...] sind Zigeunermischlinge, Rom-Zigeuner und nicht deutschblütige Angehörige zigeunerischer Sippen balkanischer Herkunft nach bestimmten Richtlinien auszuwählen und in einer Aktion von wenigen Wochen in ein Konzentrationslager einzuweisen. Dieser Personenkreis wird

im Nachstehenden kurz als „zigeunerische Personen" bezeichnet.
Die Einweisung erfolgt ohne Rücksicht auf den Mischlingsgrad familienweise in das Konzentrationslager (Zigeunerlager) Auschwitz.
[...]
[III] *1. Die Einwilligung zur Unfruchtbarmachung der über 12 Jahre alten, aber noch nicht sterilen zigeunerischen Personen ist anzustreben;*
[...]
4. Im Falle der Weigerung entscheidet nach Darlegung der Gründe das Reichskriminalpolizeiamt über das zu Veranlassende.
[...]

Text 101

Chronologie der Zigeunerdeportationen nach Auschwitz, 1943/44.

1943
Februar
26.2.: Aufgrund des Erlasses des RSHA vom 29.1.1943 erfolgt der erste Transport von Zigeunern aus dem Deutschen Reich. Männer, Frauen und Kinder werden in dem noch nicht fertiggestellten Lager Abschnitt B II e in Birkenau untergebracht. Seitdem heißt es Zigeuner-Familienlager BIIe.

März
1.3.: Der zweite "Zigeunertransport", Männer Frauen und Kinder, wird im "Familienlager" in Birkenau untergebracht.
3.3.: Dritter "Zigeunertransport" von Männern, Frauen und Kindern.
5.3.: Vierter "Zigeunertransport" mit 470 Zigeunern aus dem Reichsgebiet : 219 Männer und Jungen (Z–392 – Z–610), 251 Frauen und Mädchen (Z–438 – Z–688).
Einschließlich dieses Transportes wurden bis jetzt 828 Menschen, darunter 391 Männer und Jungen, 437 Frauen und Mädchen eingeliefert.
7.3.: Sammeltransport mit Zigeunern aus dem Deutschen Reich, Jugoslawien, Polen und der Tschechoslowakei: 387 männliche Häftlinge (Z–611 – Z–997) und 510 weibliche (Z–689 – Z–1198).
8.3.: "Zigeunertransport" aus der Tschechoslowakei und dem Deutschen Reich: 590 männliche Häftlinge (Z–998 – Z–1587) und 584 weibliche (Z–1199 – Z–1782).
9.3.: 300 Zigeuner aus dem Reichsgebiet: 147 männliche Häftlinge (Z–1588 – Z–1734) und 153 weibliche (Z–1783 – Z–1935).
11.3.: "Zigeunertransport" aus der Tschechoslowakei: 351 Männer und Jungen (Z–1735 – Z–2085) und 413 Frauen und Mädchen (Z–1937 – Z–2349).
12.3.: "Zigeunertransport" aus dem Reichsgebiet: 113 Männer und Jungen (Z–2087 – Z–2199) und 130 Frauen und Mädchen (Z–2350 – Z–2479).
13.3.: "Zigeunertransport" aus dem Reichsgebiet: 640 Männer und Jungen (Z–2200 – Z–2839) und 713 Frauen und Mädchen (Z–2480 – Z–3192).
14.3.: "Zigeunertransport" aus dem Reichsgebiet: : 461 Männer und Jungen (Z–2840 – Z–3300), 505 Frauen und Mädchen (Z–3193 – Z–3697).
15.3:. "Zigeunertransport" aus dem Reichsgebiet: 215 Zigeuner (Z–3301 – Z–3515) und 244 Zigeunerinnen (Z–3698 – Z–3941).
16.3.: "Zigeunertransport" aus dem Deutschen Reich, Ungarn und Polen: 565 Zigeuner (Z–3116 – Z–3680) und 198 Zigeunerinnen (Z–3944 – Z–4141).
17.3.: "Zigeunertransport" aus der Tschechoslowakei, dem Deutschen Reich und Polen: 332 Zigeuner (Z–3681 – Z–4012) und 366 Zigeunerinnen (Z–4142 – Z–4505)
18.3.: "Zigeunertransport" aus dem Reichsgebiet: 307 Zigeuner (Z–4013 – Z–4319) und 340 Zigeunerinnen (Z–44508 – Z–4847).
19.3.: "Zigeunertransport" aus der Tschechoslowakei: 545 Zigeuner (Z–4320 – Z–4864) und 529 Zigeunerinnen (Z–4848 – Z–5376).
23.3.: 1700 nicht registrierte Männer, Frauen und Kinder werden aus Białystok eingeliefert. Sie sterben wegen Verdachts auf Flecktyphus in den Gaskammern.
24.3.: "Zigeunertransport" aus dem Reichsgebiet: 133 Zigeuner (Z–4957 – Z–5089) und 128 Zigeunerinnen (Z–5519 – Z–5646).
27.3.: "Zigeunertransport" aus dem Reichsgebiet: 251 Zigeuner (Z–5146 – Z–5396) und 263 Zigeunerinnen (Z–5700 – Z–5962).
28.3.: "Zigeunertransport" aus dem Reichsgebiet: 160 Zigeuner (Z–5397 – Z–5458 und Z–5462 – Z–5559) und 192 Zigeunerinnen (Z–5963 – Z–6154).
31.3.: "Zigeunertransport" aus Wien und dem Lager Lakkenbach: 182 Zigeuner (Z–5612 – Z–5793) und 256 Zigeunerinnen (Z–6211 – Z–6466).
Danach können 5.910 eingelieferte Männer und Jungen, 6.151 Frauen und Mädchen für diesen Monat festgestellt werden. Einschließlich der nicht registrierten polnischen Zigeuner beiderlei Geschlechts, wurden 13.763 Menschen eingeliefert.
[...]

1944
[...]

April
15.4.: Aus dem Lagerabschnitt B II e des KZ Auschwitz II werden 884 Häftlinge in das KZ Buchenwald überstellt.
16.4.: Transport aus dem Deutschen Reich und Polen: 407 Zigeuner (Z–9384 – Z–9790) und 445 Zigeunerinnen (Z–10086 – Z–10530).
935 Männer und Frauen wurden registriert.

Mai und Juni
12.5.: Aus dem Kinderheim St. Josefspflege in Mulfingen: 39 Jungen (Z–9873 – Z–9892) und 19 Mädchen (Z–10629 – Z–10647).
24.5.: Aus dem KZ Auschwitz kommen 82 Zigeuner in das KZ Flossenbürg und 144 Zigeunerinnen in das KZ Ravensbrück. 219 Zigeuner und Zigeunerinnen aus dem Reichsgebiet, Polen, Rußland und der Tschechoslowakei wurden registriert.

Juli und August
42 Menschen wurden im Juli eingeliefert.
2.8.: 1408 Zigeuner beiderlei Geschlechts werden in das KZ Buchenwald überstellt. 2.897 Männer, Frauen und Kinder werden in den Gaskammern ermordet.

Oktober
5.10.: Aus dem KZ Buchenwald werden 1.188 Häftlinge, darunter 800 Zigeuner, ehemalige Auschwitz-Häftlinge, nach Auschwitz II überstellt.
10.10.: In den Gaskammern des Krematoriums V sterben 800 Zigeuner.
18.10.: Aus dem KZ Buchenwald werden 218 Frauen überstellt.

Rund 21.300 Menschen sind bei ihrer Einlieferung in das Zigeuner-Familienlager als registriert erwähnt worden. Hinzu kommen mindestens 352 Geburten im Lager.

Die Vernichtung der europäischen Juden

Die Verfolgung der jüdischen Bevölkerung in Deutschland begann sofort nach der Übertragung der Macht an Hitler. Neben den Übergriffen der SA war es vor allem der „Boykott-Tag" am 1. April 1933, mit dem getestet wurde, inwieweit die Bevölkerung die antijüdischen Maßnahmen tolerierte oder gar billigte. Mit der 1. Durchführungsverordnung zum Reichsbürgergesetz vom 14. November 1935 wurde definiert, wer als Jude zu gelten hatte. Damit war die juristische Voraussetzung geschaffen, um den wirtschaftlichen Ausplünderungsprozeß („Arisierung") und die zivile Entrechtung systematisch voranzutreiben. Die antijüdischen Maßnahmen erreichten im Vorkriegsdeutschland einen Höhepunkt im Pogrom vom 9./10. November 1938.
Alle diese Maßnahmen sollten unter anderem bewirken, daß die jüdische Bevölkerung aus Deutschland emigrierte. Der Raub jüdischen Eigentums machte dies aber immer schwerer. Als im Oktober 1941 den deutschen Juden die Auswanderung verboten wurde, lebten von ursprünglich über 500.000 Juden (1933) noch 163.969 im sogenannten „Altreich" (Deutschland in den Grenzen von 1937). Im selben Monat begannen die Deportationen nach Osten. Es ging der deutschen Politik jetzt nicht mehr um die Abschiebung der Juden, sondern um ihre Vernichtung („Endlösung der Judenfrage"), und zwar überall im deutschen Herrschaftsgebiet und in den Ländern, die man noch zu erobern hoffte. Der Chef des Reichssicherheitshauptamtes Reinhard Heydrich bezifferte auf der sogenannten „Wannsee-Konferenz" am 20. Januar 1942 die Zahl der in Europa lebenden Juden auf 11 Millionen und gab damit die Zielgröße des Mordprogramms an. Zum Zeitpunkt der „Wannsee-Konferenz" war das Morden schon im Gange, ausgeführt von

123 Ermordung von Juden bei Winniza/Ukraine, 1942.

den Einsatzgruppen des Reichssicherheitshauptamtes in der Sowjetunion. Das Vernichtungslager Chelmno (Kulmhof) entstand im Oktober/November 1941. Im Laufe des Jahres 1942 wurden die Vernichtungslager Belzec, Sobibór und Treblinka errichtet. An diesem Aufbau waren Mitarbeiter der „T 4"-Aktion führend beteiligt. Die ursprünglich als Kriegsgefangenen- beziehungsweise Konzentrationslager geplanten Lager Majdanek und Auschwitz-Birkenau wurden ebenfalls Orte der Massenvergasung. Insgesamt wurden zwischen fünf und sechs Millionen Juden ermordet.

Text 102

Auszüge eines Vermerks von SS-Obersturmbannführer Walther Rauff, Leiter der Gruppe II D („Technische Angelegenheiten") im Reichssicherheitshauptamt, „technische Abänderungen an den im Betrieb eingesetzten und an den sich in Herstellung befindlichen Spezialwagen" betreffend, 5. Juni 1942.

D 3 a (9)	*Berlin, den 5. Juni 1942*
Nr. 214/42 g.Rs.	*Einzigste Ausfertigung.*
	Geheime Reichssache!

I. Vermerk:
Betrifft: Technische Abänderungen an den im Betrieb eingesetzten und an den sich in Herstellung befindlichen Spezialwagen.

Seit dem Dezember 1941 wurden beispielsweise mit 3 eingesetzten Wagen 97000 verarbeitet, ohne daß Mängel an den Fahrzeugen auftraten. [...]

Die sonstigen bisher gemachten Erfahrungen lassen folgende technische Abänderungen zweckmäßig erscheinen:

1.) Um ein schnelles Einströmen des CO unter Vermeidung von Überdrucken zu ermöglichen, sind an der Rückwand zwei offene Schlitze von 10 x 1cm lichter Weite anzubringen. [...]

2.) Die Beschickung der Wagen beträgt normalerweise 9 – 10 pro m². Bei den großräumigen Saurer-Spezialwagen ist eine Ausnutzung in dieser Form nicht möglich, weil dadurch zwar keine Überlastung eintritt, jedoch die Geländegängigkeit sehr herabgemindert wird. Eine Verkleinerung der Ladefläche erscheint notwendig. [...] Vorstehende Schwierigkeit ist nicht, wie bisher, dadurch abzustellen, daß man die Stückzahl bei der Beschickung vermindert. Bei einer Verminderung der Stückzahl wird nämlich eine längere Betriebsdauer notwendig, weil die freien Räume auch mit CO angefüllt werden müssen. Dagegen reicht bei einer verkleinerten Ladefläche und vollständig ausgefülltem Laderaum eine erheblich kürzere Betriebsdauer aus, weil freie Räume fehlen.

In einer Besprechung mit der Herstellerfirma wurde von dieser Seite darauf hingewiesen, daß eine Verkürzung des Kastenaufbaus eine ungünstige Gewichtsverlagerung nach sich zieht. [...] Tatsächlich findet aber ungewollt ein Ausgleich in der Gewichtsverteilung dadurch statt, daß das Ladegut beim Betrieb in dem Streben nach der hinteren Tür immer vorwiegend dort liegt. Hierdurch tritt eine zusätzliche Belastung der Vorderachse nicht ein.

[...]

6.) Die Beleuchtungskörper sind stärker als bisher gegen Zerstörungen zu sichern. [...] beim Schließen der hinteren Tür und somit bei eintretender Dunkelheit [erfolge] immer ein starkes Drängen der Ladung nach der Tür [...] Dieses sei darauf zurückzuführen, daß die Ladung bei eintretender Dunkelheit sich nach dem Licht drängt. Es erschwert das Einklinken der Tür. Ferner wurde festgestellt, daß der auftretende Lärm wohl mit Bezug auf die Unheimlichkeit des Dunkels immer dann einsetzt, wenn sich die Türen schließen. Es ist deshalb zweckmäßig, daß die Beleuchtung vor und während der ersten Minuten des Betriebes eingeschaltet wird. Auch ist die Beleuchtung bei Nachtbetrieb und beim Reinigen des Wageninnern von Vorteil.

Text 103

Auszüge aus der Autobiographie des Auschwitz-Kommandanten Rudolf Höss, die Vorbildfunktion der Ermordung sowjetischer Kriegsgefangener mit Zyklon B für den Massenmord an den europäischen Juden betreffend, 1947.

So recht zum Bewußtsein ist mir diese erste Vergasung von Menschen nicht gekommen, ich war vielleicht zu sehr von dem ganzen Vorgang überhaupt beeindruckt. Stärker erinnerlich ist mir die bald darauf erfolgte Vergasung von 900 Russen im alten Krematorium, da die Benutzung des Blocks 11 zuviel Umstände erforderlich machte.

Es wurden einfach noch während des Entladens mehrere Löcher von oben durch die Erd- und Betondecke des Leichenraumes geschlagen. Die Russen mußten sich im Vorraum entkleiden und gingen alle ganz ruhig in den Leichenraum, da ihnen gesagt wurde, sie würden da entlaust. Der ganze Transport ging gerade genau in den Leichenraum. Die Tür wurde zugeschlossen und das Gas durch die Öffnungen hineingeschüttet. Wie lange diese Tötung gedauert hat, weß ich nicht. Doch war eine geraume Weile das Gesumme noch zu vernehmen. Beim Einwerfen schrien einige "Gas", darauf ging ein mächtiges Brüllen los und ein Drängen nach den beiden Türen. Diese hielten aber den Druck aus. – Nach mehreren Stunden erst wurde geöffnet und entlüftet. Da sah ich nun zum ersten Male die Gasleichen in der Menge. [...] Doch ich muß offen sagen, auf mich wirkte diese Vergasung beruhigend, da ja in absehbarer Zeit mit der Massen-Vernichtung der Juden begonnen werden mußte, und noch war weder Eichmann noch mir die Art der Tötung dieser zu erwartenden Massen klar. [...] Nun hatten wir das Gas und auch den Vorgang entdeckt.

Text 104

Auszüge aus dem Protokoll der Besprechung in Berlin-Wannsee („Wannsee-Konferenz"), bei der die organisatorische Durchführung der „Endlösung der Judenfrage" planerisch abgestimmt wurde, 20. Januar 1942.

II.
Chef der Sicherheitspolizei und des SD, SS-Obergruppenführer Heydrich, teilte eingangs seine Bestellung zum Beauftragten für die Vorbereitung der Endlösung der europäischen Judenfrage durch den Reichsmarschall mit und wies darauf hin, daß zu dieser Besprechung geladen wurde, um Klarheit in grundsätzlichen Fragen zu schaffen. Der Wunsch des Reichsmarschalls, ihm einen Entwurf über die organisatorischen, sachlichen und materiellen Belange im Hinblick auf die Endlösung der europäischen Judenfrage zu übersenden, erfordert die vorherige gemeinsame Behandlung aller an diesen Fragen umittelbar beteiligten Zentralinstanzen im Hinblick auf die Parallelisierung der Linienführung.
Die Federführung bei der Bearbeitung der Endlösung der Judenfrage liege ohne Rücksicht auf geographische Grenzen zentral beim Reichsführer-SS und Chef der Deutschen Polizei (Chef der Sicherheitspolizei und des SD).
[...]

124 Verhaftung von Juden in Budapest, 1944.

III.
Anstelle der Auswanderung ist nunmehr als weitere Lösungsmöglichkeit nach entsprechender vorheriger Genehmigung durch den Führer die Evakuierung der Juden nach dem Osten getreten. Diese Aktionen sind jedoch lediglich als Ausweichmöglichkeiten anzusprechen, doch werden hier bereits jene praktischen Erfahrungen gesammelt, die im Hinblick auf die kommende Endlösung der Judenfrage von wichtiger Bedeutung sind. Im Zuge dieser Endlösung der europäischen Judenfrage kommen rund 11 Millionen Juden in Betracht, die sich wie folgt auf die einzelnen Länder verteilen: [...]
Unter entsprechender Leitung sollen nun im Zuge der Endlösung die Juden in geeigneter Weise im Osten zum Arbeitseinsatz kommen. In großen Arbeitskolonnen, unter Trennung der Geschlechter, werden die arbeitsfähigen Juden straßenbauend in diese Gebiete geführt, wobei zweifellos ein Großteil durch natürliche Verminderung ausfallen wird.
Der allfällig endlich verbleibende Restbestand wird, da es sich bei diesem zweifellos um den widerstandsfähigsten Teil handelt, entsprechend behandelt werden müssen, da dieser, eine natürliche Auslese darstellend, bei Freilassung als Keimzelle eines neuen jüdischen Aufbaues anzusprechen ist. (Siehe Erfahrungen aus der Geschichte.)
Im Zuge der praktischen Durchführung der Endlösung wird Europa vom Westen nach Osten durchgekämmt. Das Reichsgebiet einschließlich Protektorat Böhmen und Mähren wird, allein schon aus Gründen der Wohnungsfrage und sonstigen sozial-politischen Notwendigkeiten, vorweggenommen werden müssen.
Die evakuierten Juden werden zunächst Zug um Zug in sogenannte Durchgangsghettos verbracht, um von dort aus weiter nach dem Osten transportiert zu werden.[...]

3. Die Chance des Neuanfangs

3.1. Besatzungsherrschaft

Auf der Jalta-Konferenz im Februar 1945 hatten die „Großen Drei" – USA, Sowjetunion und Großbritannien – für die Zeit nach der bedingungslosen Kapitulation des „Dritten Reiches" die gemeinsame Verwaltung des in Besatzungszonen aufgeteilten Deutschlands beschlossen. Als Sitz des Alliierten Kontrollrats war Berlin vorgesehen, das keiner der Besatzungszonen zugehören und von den Siegermächten gemeinschaftlich verwaltet werden sollte. Die Tatsache, daß die Eroberung Berlins durch die sowjetischen Truppen erfolgte, bewirkte allerdings, daß die Stadt zweieinhalb Monate lang unter ausschließlich sowjetischer Herrschaft stand, ehe Mitte Juli die Viermächteverwaltung – unter Einbeziehung Frankreichs als vierter Siegermacht – begann.
Schon am 27. April, während der Kämpfen um Berlin, übernahm Generaloberst Nikolaij E. Bersarin als Stadtkommandant mit seinem Befehl Nr. 1 die „gesamte administrative und politische Macht" in Berlin. Nach einer ersten Phase der unkontrollierten Gewalttaten gegenüber der Zivilbevölkerung gelang es der Kommandantur relativ rasch, einigermaßen „geordnete Verhältnisse" zu schaffen und die Versorgung der Stadt mit den wichtigsten Lebensmitteln zu sichern. Bis Mitte Mai waren nicht nur Bezirksverwaltungen, sondern auch ein Berliner Magistrat geschaffen. Aufräumungsarbeiten wurden in Gang gesetzt, kulturelle Initiativen gefördert. Mit den ersten Entnazifizierungsmaßnahmen und der Zulassung politischer Parteien wurden zugleich politische Grundentscheidungen getroffen, die die weitere Entwicklung präjudizierten.
Am 5. Juni verkündeten die vier Oberbefehlshaber in Köpenick die gemeinsame Übernahme der obersten Regierungsgewalt in Deutschland. Sie bestätigten gleichzeitig die Absicht der interalliierten Verwaltung der Reichshauptstadt, doch trafen die ersten Truppen der Westalliierten erst Anfang Juli in Berlin ein. Am 12. Juli übernahmen der amerikanische und der britische Stadtkommandant offiziell ihre Sektoren (während der französische Sektor aufgrund von Unstimmigkeiten über dessen Zuschnitt erst am 12. August geschaffen wurde). In der Alliierten Kommandantur tagten die vier Stadtkommandanten, unter monatlich wechselndem Vorsitz, bis zum Jahresende zweiundzwanzigmal; sie erließen über 300 Befehle und Anordnungen.
Die praktische Politik war von den Bemühungen um die Versorgung der Bevölkerung, von Entnazifizierungsmaßnahmen und Wiederaufbauarbeiten, von Demontagen und Umerziehungsprogrammen, von sozial- und kulturpolitischen Initiativen bestimmt. Die Alliierte Kommandantur übernahm alle bis zum 11. Juli geltenden Regelungen und legte für künftige Entscheidungen das Prinzip der Einstimmigkeit fest. In strittigen Fragen, nicht zuletzt der Personalpolitik, führten die einzelnen Stadtkommandanten die gewünschten Regelungen einseitig in ihren Sektoren durch.
Der Alliierte Kontrollrat für Deutschland hielt seine erste Sitzung am 30. Juli ab und etablierte sich in der Folgezeit im Kammergerichtsgebäude am Kleistpark. Für seine Tätigkeit waren die Beschlüsse der vom 17. Juli bis 2. August in Potsdam tagenden „Berliner

Konferenz" der Siegermächte grundlegend. Auch in der zweiten Jahreshälfte 1945 überwog der Wille zur gemeinsamen Gestaltung der Berliner Nachkriegsordnung, doch waren die unterschiedlichen Interessen nicht mehr zu übersehen, so daß die Sektorengrenzen schon bald mehr als nur formale Bedeutung gewannen.

125 Der erste Stadtkommandant von Berlin, Generaloberst Nikolaij E. Bersarin, verläßt seine Kommandantur in der Luisenstraße (später: Hermann-Matern-Straße) im Bezirk Mitte, Mai 1945.
Die von Nikolaij E. Bersarin (1903–45) befehligten Truppen erreichten als erste das Stadtgebiet von Berlin. Bersarin wurde deshalb am 27. April 1945, noch vor dem Ende der Kämpfe in Berlin, zum Stadtkommandanten von Berlin ernannt. Er setzte sich mit großem persönlichen Engagement vor allem für eine ausreichende Versorgung der Berliner Bevölkerung mit Lebensmitteln ein und genoß deshalb in Berlin großes Ansehen. Am 16. Juni 1945 war er mit seinem Motorrad auf Inspektionsfahrt. Auf der Kreuzung Alt-Friedrichsfelde, Schloßstraße stieß er mit einem sowjetischen Militärlastwagen zusammen und war sofort tot.

BEFEHL

des Chefs der Besatzung der Stadt Berlin

_____*April 1945* *Nr. 1.* *Stadt BERLIN*

Heute bin ich zum Chef der Besatzung und zum Stadtkommandanten von Berlin ernannt worden.

Die gesamte administrative und politische Macht geht laut Bevöllmächtigung des Kommandos der Roten Armee in meine Hände über.

In jedem Stadtbezirk werden gemäß der früher existierenden administrativen Einteilung militärische Bezirks- und Revierkommandanturen eingesetzt.

Ich befehle:

1. Die Bevölkerung der Stadt hat volle Ordnung zu bewahren und an ihren Wohnsitzen zu verbleiben.

2. Die Nationalsozialistische Deutsche Arbeiterpartei und alle ihr unterstellten Organisationen (Hitlerjugend, N. S. Frauenschaft, N. S. Studentenbund usw.) sind aufzulösen. Ihre Tätigkeit wird hiermit verboten.

Das gesamte führende Personal aller Dienststellen der N. S. D. A. P., Gestapo, Gendarmerie, des Sicherheitsdienstes, der Gefängnisse und aller übrigen staatlichen Dienststellen hat sich binnen 48 Stunden nach Veröffentlichung dieses Befehls in den militärischen Bezirks- und Revierkommandanturen zwecks Registrierung zu melden.

Binnen 72 Stunden haben sich ebenfalls alle in der Stadt Berlin verbliebenen Angehörigen der deutschen Wehrmacht, der SS und der SA zwecks Registrierung zu melden.

Wer sich zu der festgesetzten Frist nicht meldet oder wer sich der Verbergung solcher Personen schuldig macht, wird gemäß den Gesetzen der Kriegszeit zu strenger Verantwortung gezogen.

3. Die Beamten und Angestellten der Bezirksdienststellen haben sich zu mir zwecks Bericht über den Zustand ihrer Dienststellen und Entgegennahme von Anweisungen über die weitere Tätigkeit dieser Dienststellen zu melden.

4. Alle kommunalen Betriebe wie Kraft- und Wasserwerke, Kanalisation, städtische Verkehrsmittel (Untergrund- und Hochbahn, Straßenbahn und Trolleybus);

alle Heilanstalten;

alle Lebensmittelgeschäfte und Bäckereien haben ihre Arbeit zur Versorgung der Bevölkerung wieder aufzunehmen.

Arbeiter und Angestellte der obengenannten Betriebe haben an ihren Arbeitsstätten zu bleiben und ihre Pflichten weiterzuerfüllen.

5. Angestellte der staatlichen Verpflegungslager sowie Privateigentümer von Lebensmittellagern haben binnen 24 Stunden nach Veröffentlichung dieses Befehls alle vorhandenen Lebensmittelvorräte bei den militärischen Bezirkskommandanten zwecks Registrierung anzugeben und sie nur mit Erlaubnis der militärischen Bezirkskommandanten herauszugeben.

Bis Sonderanweisungen ergehen, erfolgt die Verabfolgung von Lebensmitteln in den Lebensmittelgeschäften gemäß den früher existierenden Normen und Lebensmittelkarten. Lebensmittel sind nicht mehr als für 5—7 Tage auszugeben. Für Ausgabe von Lebensmitteln über die existierenden Normen oder für Ausgabe von Lebensmitteln auf Karten von Personen, die in der Stadt nicht mehr anwesend sind, werden die daran schuldigen dienstlichen Personen zu strenger Verantwortung herangezogen.

6. Inhaber von Bankhäusern und Bankdirektoren haben alle Finanzgeschäfte zeitweilig einzustellen. Alle Safes sind sofort zu versiegeln. Man hat sich bei den militärischen Kommandanturen sofort mit einem Bericht über den Zustand des Bankwesens zu melden.

Allen Bankbeamten ist kategorisch verboten, jegliche Werte zu entnehmen. Wer sich der Übertretung dieses Gebotes schuldig macht, wird nach den Gesetzen der Kriegszeit strengstens bestraft.

Neben den in Umlauf befindlichen Reichszahlungsmitteln werden obligatorisch die Okkupationsmarken der Alliierten Militärbehörde in Umlauf gesetzt.

7. Alle Personen, die Feuerwaffen und blanke Waffen, Munition, Sprengstoff, Radioempfänger oder Radiosender, Fotoapparate, Kraftfahrzeuge, Krafträder, Treib- und Schmierstoff besitzen, haben oben Erwähntes binnen 72 Stunden nach Veröffentlichung dieses Befehls auf den militärischen Bezirkskommandanturen abzuliefern.

Für Nichtablieferung aller oben erwähnten Gegenstände in der festgesetzten Zeit werden die Schuldigen gemäß den Gesetzen der Kriegszeit streng bestraft.

Die Inhaber von Druckereien, von Schreibmaschinen und anderen Vervielfältigungsapparaten sind verpflichtet, sich bei den militärischen Bezirks- und Revierkommandanten zwecks Registrierung zu melden. Es ist kategorisch verboten, jegliche Dokumente ohne Erlaubnis der militärischen Kommandanten zu drucken, zu vervielfältigen, auszuhängen oder in der Stadt in Umlauf zu setzen.

Alle Druckereien werden versiegelt. Einlaß erfolgt nur auf Erlaubnis des militärischen Kommandanten.

8. Der Bevölkerung der Stadt ist verboten:

a) zwischen 22.00 und 08.00 morgens Berliner Zeit die Häuser zu verlassen, auf den Straßen und Höfen zu erscheinen, sich in unbewohnten Räumen aufzuhalten und dort irgendwelche Arbeit zu verrichten.

b) nichtverdunkelte Räumlichkeiten zu erleuchten.

c) ohne Erlaubnis der militärischen Kommandanten irgendwelche Personen, darunter auch Angehörige der Roten Armee und der Alliierten Truppen, in den Bestand der Familie zu Wohnungs- und Übernachtungszwecken aufzunehmen.

d) Eigenmächtiges Wegnehmen der von Dienststellen und Privatpersonen zurückgelassenen Habe und Lebensmitteln.

Einwohner, die die erwähnten Verbote verletzen, werden gemäß den Gesetzen der Kriegszeit zu strenger Verantwortung herangezogen.

9. a) Der Betrieb von Vergnügungsstätten (Kino, Theater, Zirkus, Stadion),

b) Gottesdienste in den Kirchen,

c) der Betrieb von Restaurants und Gaststätten ist bis 21.00 Uhr Berliner Zeit erlaubt.

Für die Ausnutzung öffentlicher Betriebe zu der Roten Armee feindseligen Zwecken, für die Störung der Ordnung und Ruhe in der Stadt —, wird die Verwaltung dieser Betriebe zu strenger Verantwortung gemäß den Gesetzen der Kriegszeit herangezogen.

10. Die Bevölkerung der Stadt wird gewarnt, daß sie für feindseliges Verhalten gegenüber Angehörigen der Roten Armee und Alliierter Truppen die Verantwortung gemäß den Gesetzen der Kriegszeit trägt.

Im Falle von Attentaten auf Angehörige der Roten Armee oder der Alliierten Truppen oder für Verübung anderer Diversionsakte gegenüber dem Personalbestand, dem Kriegsmaterial oder Kriegsgut von Verbänden der Roten Armee und der Alliierten Truppen werden die Schuldigen dem militärischen Standgericht überliefert.

11. Verbände der Roten Armee und einzelne Militärangehörige, die in Berlin eintreffen, sind verpflichtet, nur in denen von den militärischen Bezirks- und Revierkommandanten angewiesenen Unterkünften Quartier zu nehmen.

Angehörigen der Roten Armee ist ohne Erlaubnis der militärischen Kommandanten die eigenmächtige Aussiedlung oder Umsiedlung der Einwohner, Entnahme von Gütern und Werten und Haussuchungen bei den Stadteinwohnern verboten.

CHEF DER BESATZUNG UND STADTKOMMANDANT VON BERLIN
OBERBEFEHLSHABER DER N-ten ARMEE
GENERALOBERST **N. BERSARIN**

STABSCHEF DER BESATZUNG
GENERALMAJOR **KUSCHTSCHOW**

126 Befehl Nr. 1 des Berliner Stadtkommandanten Generaloberst Bersarin, 27. April 1945.

Mit dem Befehl Nr. 1 übernahm Bersarin, die „gesamte administrative und politische Macht" im besetzten Berlin.

127 Auf einem Lagerplatz in Friedenau werden mit Kartoffeln beladene Lastwagen der Roten Armee entladen, Mai 1945.

128 Generalmajor Lyne nimmt anläßlich des Einmarsches britischer Truppen in Berlin eine Parade ab, 4. Juli 1945.

Text 105

Tagebuchaufzeichnung einer Berlinerin, die Lieferung von Mehl durch die Rote Armee betreffend, 14. Mai 1945.

Rotarmisten transportierten mit Armeelastwagen Mehl (und auch Kohle) in die Bäckereien. Es bildeten sich lange Schlangen, um das erste frischgebackene Brot zu erstehen.

Motorlärm riß mich gestern abend aus dem ersten Schlaf. Draußen Rufe, Gehupe. Ich stolperte ans Fenster. Da stand unten wahrhaftig ein russischer Lastwagen voll Mehl. Kohle hat der Bäckermeister schon, also kann er backen, kann die Karten und Nummern beliefern. Ich hörte ihn jauchzen und sah, wie er dem russischen Fahrer um den Hals fiel. Der strahlte ebenfalls. Sie spielen gern den Weihnachtsmann.

129 Straßenschilder an der Müllerstraße im Wedding, 1945.

Text 106

Tagebuchaufzeichnungen Karla Höckers, die Beschlagnahme von Häusern durch die britischen Besatzungstruppen betreffend, 4. Juli und 1. August 1945.

4.Juli
[...]
Es ist Wahrheit geworden. Als wir gestern abend von einer Kundgebung des Kulturbundes zur demokratischen Erneuerung aus dem Funkhaus kamen, standen zwei MP-Leute vor der Haustür. Gut, daß ich schon prophylaktisch mit Arnold gesprochen hatte – für einen solchen Fall. Traumhaft geht der Wirbel des Packens, Schleppens, Organisierens vorüber. Innerlich ist man ganz leer, ganz gefühllos. An Schlaf nicht zu denken.
[...]
Britischer Offizier, intelligent, souverän, sehr gut deutsch sprechend, leitet die Versammlung. Neben ihm ein blutjunger Colonel, stur, blond, ernst, mit der typisch angelsächsischen Oberlippe. Beide haben Listen vor sich, lesen daraus die Bedingungen ab, unter denen wir räumen müssen. Daß keine Möbel mitgenommen werden dürfen, keine Bettstellen, Radioapparate, Lampen, Teppiche, Bücher, Noten; Termin: morgen früh um 10 Uhr Schlüsselabgabe. Und daß wir künftig nicht mehr ins Haus dürfen, auch nicht ausnahmsweise. Die Engländer sind höflich, bestimmt und vollkommen unpersönlich. Ausführende Organe, wie der Offizier sagt. Und er fügt hinzu: „Die Offiziere der britischen Armee sind keine Rowdies. Sie werden Ihre Wohnung in tadellosem Zustand wiedererhalten, wenn wir ausziehen." Wenn. Immerhin.
[...]
1. August
In Charlottenburg gehen die Beschlagnahmen ganzer Häuserblocks und Straßenzüge weiter. Kaiserdamm, Fritschestraße, Leistikowstraße. Hunderte, vielleicht Tausende von Menschen sind plötzlich ohne Möbel, Betten, Herde. Keiner fragt, wohin sie gehen, wer sie aufnimmt, wie sie weiterexistieren. Aber rätselhafterweise „geht" es irgendwie. Man hört von keinem, der nachts im Freien geblieben wäre. Und doch sind diese schlagartigen Erfassungen beunruhigend und schaffen eine neue Art von Unsicherheit; die andere, die russische, kannte man schon etwas. Diese ist präziser, bürokratischer, aber auch nicht gerade angenehm.

Text 107

Tagebuchaufzeichnung einer Berlinerin, das Nähen von Fahnen der vier Alliierten betreffend, 2. Juni 1945.

Am 5. Juni 1945 kamen die Oberbefehlshaber der alliierten Besatzungstruppen, Eisenhower, Montgomery, de Lattre de Tassigny und Schukow

130 Der Sitz des Alliierten Kontrollrats im ehemaligen Kammergericht am Kleistpark in Schöneberg, 1945.
Berlin wurde im Juli 1945 Sitz des Alliierten Kontrollrats für Deutschland. Er war zuständig für die Viermächte-Verwaltung aller vier Besatzungszonen. Er beaufsichtigte zugleich auch die Viermächte-Verwaltung Berlins, die der Alliierten Kommandantur übertragen war. Diese bestand aus den vier Stadtkommandanten Berlins, die jeweils in ihren Sektoren allein zuständig waren und dort Militärregierungen einrichteten. Daneben unterhielten die vier Alliierten noch einige gemeinsame Einrichtungen, so zum Beispiel das alliierte Kriegsverbrechergefängnis in Spandau und die alliierte Luftsicherheitszentrale in Tempelhof.

131 Dreisprachiges Schild an der Nürnberger Straße im amerikanischen Sektor, 1945.
Die Aufteilung Berlins in vier Sektoren hatte auch erste Anzeichen von Grenzziehungen in der Stadt zur Folge. Sichtbares Zeichen dafür waren die mehrsprachigen Sektorenschilder. Noch konnten die Berliner fast ungehindert die sonst kaum wahrnehmbaren Sektorengrenzen überqueren. Die Regeln aber bestimmte die Besatzungsmacht des jeweiligen Sektors.

in Berlin zusammen, um in einer feierlichen Zeremonie die Deklaration über die Niederlage Deutschlands und die Übernahme der höchsten Regierungsgewalt zu unterzeichnen. Aus diesem Anlaß erging der Befehl, Berlin mit den Fahnen aller vier Alliierten zu schmücken.

Über Mittag lag ich auf dem Balkon der Dachwohnung in der Sonne. Dabei schaute ich gradenwegs in das Fenster gegenüber. Eine Frau trat dort die Nähmaschine und steppte rote und blaue Streifen aneinander. Schnitt dann aus einem weißen Lappen Kreise heraus, zackte die Ränder zu Sternen. Stars and Stripes. Das soll eine amerikanische Flagge werden. Auf der Treppe hat mich die Grindige schon gefragt, wieviel Sterne die amerikanische Flagge haben müßte. Ich wußte nicht genau, ob 48 oder 49, verwies die Grindige auf das Lexikon der Witwe. Eine mühselige Flagge für deutsche Handnäherinnen, mühselig schon in den Farben; noch mühseliger im Muster. Wie einfach dagegen die russische Flagge: man braucht nur von den alten Hakenkreuzfahnen, die sich in jedem unverbombten Haushalt finden, das weiß-schwarze Hakenkreuzmotiv abzutrennen; auf das Rot gilt es dann in Gelb Hammer und Sichel und Stern aufzunähen. Ich sah rührend krumme Hämmerlein und verbogene Sicheln. Am besten gelingt die Trikolore;

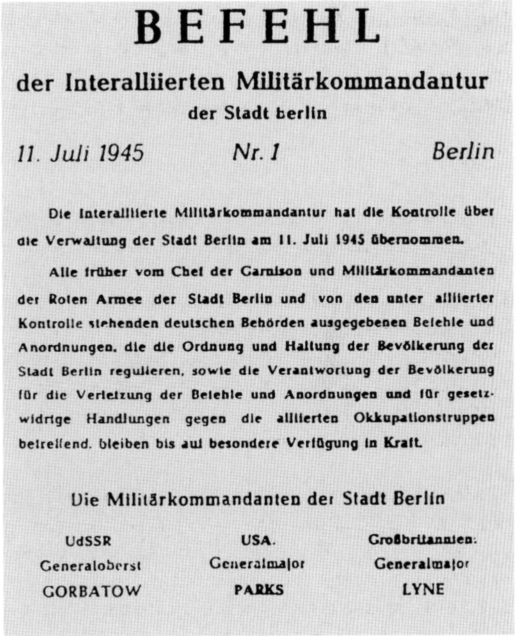

BEFEHL

der Interalliierten Militärkommandantur der Stadt Berlin

11. Juli 1945 *Nr. 1* *Berlin*

Die Interalliierte Militärkommandantur hat die Kontrolle über die Verwaltung der Stadt Berlin am 11. Juli 1945 übernommen.

Alle früher vom Chef der Garnison und Militärkommandanten der Roten Armee der Stadt Berlin und von den unter alliierter Kontrolle stehenden deutschen Behörden ausgegebenen Befehle und Anordnungen, die die Ordnung und Haltung der Bevölkerung der Stadt Berlin regulieren, sowie die Verantwortung der Bevölkerung für die Verletzung der Befehle und Anordnungen und für gesetzwidrige Handlungen gegen die alliierten Okkupationstruppen betreffend, bleiben bis auf besondere Verfügung in Kraft.

Die Militärkommandanten der Stadt Berlin

UdSSR	USA	Großbritannien:
Generaloberst	Generalmajor	Generalmajor
GORBATOW	PARKS	LYNE

132 Befehl Nr. 1 der Interalliierten Militärkommandantur Berlin, 11. Juli 1945.
Seit dem 11. Juli war die sowjetische Besatzungsmacht nicht mehr allein für die Verwaltung Berlins zuständig. Sie mußte die Macht mit den Amerikanern und Briten – und ab 12. August auch mit den Franzosen – teilen. Mit ihrem ersten Befehl verfügten die Militärkommandanten, daß alle bisher von der sowjetischen Besatzungsmacht und von den deutschen Behörden erlassenen Befehle und Anordnungen in Kraft blieben. Neue Befehle für ganz Berlin konnten nur einstimmig beschlossen werden. Mögliche gegenseitige Blockaden der von allen gewollten gemeinsamen Verwaltung Berlins waren dadurch programmiert.

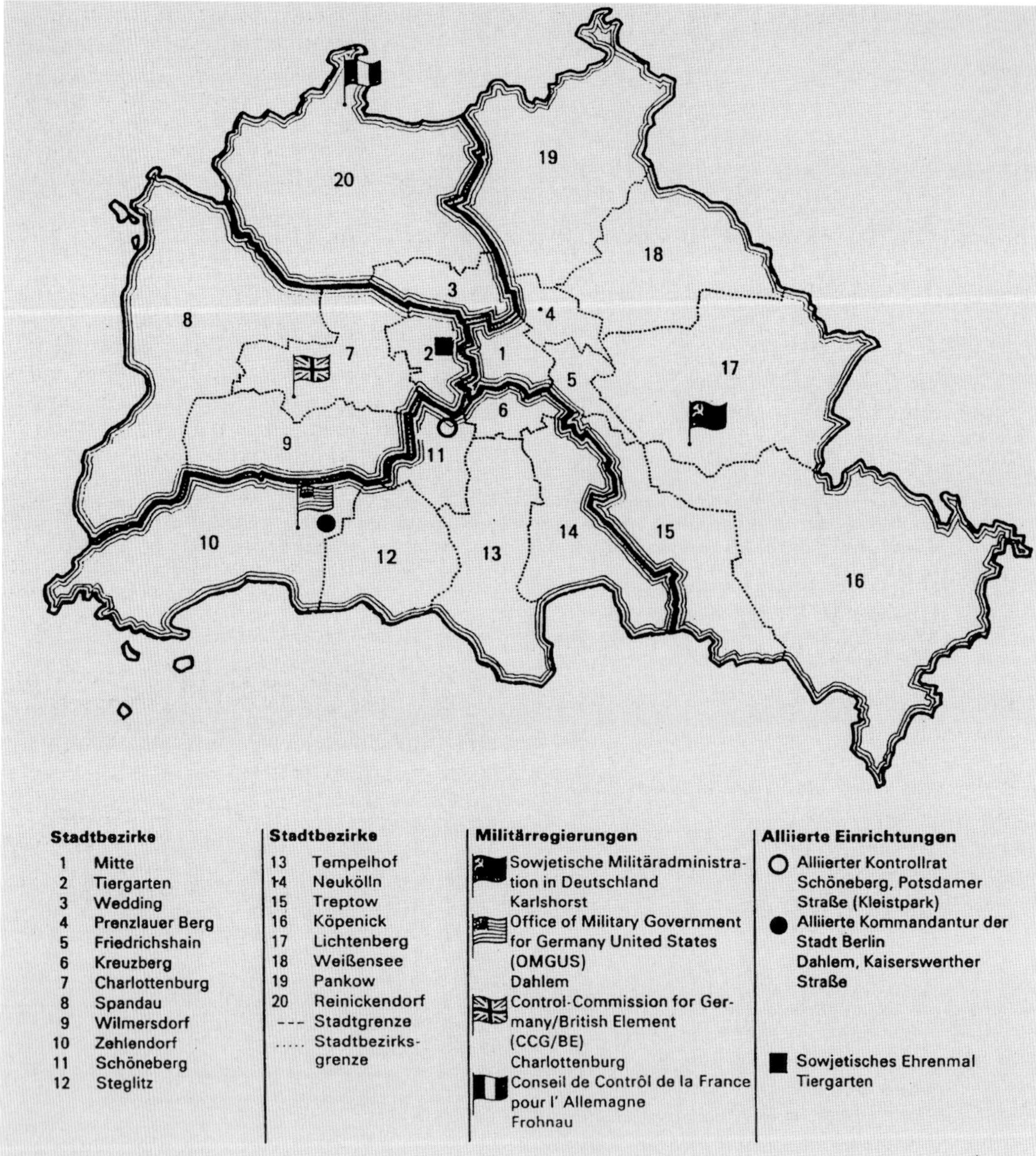

133 Überblick über die vier Sektoren von Berlin.
Die Karte zeigt die Sektoreneinteilung von Berlin, den Sitz der alliierten Militärregierungen und den Ort von alliierten Militäreinrichtungen in den jeweiligen Sektoren.

denn auch die Franzosen sind Sieger: Einfach blau und weiß und rot, drei Streifen senkrecht aneinander gesteppt, und fertig. Für das Rot nehmen die meisten Näherinnen Inletts oder Nazifahnenreste. Lakenreste für Weiß finden sich leicht. Problem ist auch hier das Blau. Ich sah, wie man Kinderkleider und Tischdecken dafür zerschnitt. Die Witwe hat für Hammer, Sichel, Sowjetstern eine alte gelbe Bluse geopfert. Nach ihrem Lexikon ist auch der britische Union Jack zusammengefummelt worden; nur, daß er nicht flattert, sondern wie ein Brett von der Fahnenstange absteht – steif durch etliche Meter Wäschelitze, die auf den Untergrund aus blauem Schürzenstoff aufgesteppt sind, um die roten Diagonal- und Kreuzstreifen festzuhalten. Sowas ist auch nur in diesem Lande möglich. Ein Befehl erging – ich weiß nicht, woher –, daß mit den Fahnen der vier Sieger zu flaggen sei. Und siehe da, die deutsche Hausfrau zauberte aus dem Beinah-Nichts diese Fahnen.

Text 108

Verordnung der französischen Militärregierung über die Bildung des französischen Sektors, 12. August 1945.

Die Bezirke Reinickendorf und Wedding wurden als französischer Sektor Mitte August aus dem britischen Sektor ausgegliedert. Der französische Stadtkommandant de Beauchêsne übernahm alle Anordnungen der sowjetischen und britischen Stadtkommandanten.

Französische Militärregierung
Groß-Berlin

Verordnung

Im Einvernehmen mit den Alliierten übernehme ich ab 12. August 1945 die Aufgaben des Militärbefehlshabers der Bezirke Reinickendorf und Wedding.

Im vollen Bewußtsein meiner Pflichten werde ich die notwendige Stärke sowie das nötige Verständnis anwenden.

Ich werde die folgenden drei Ziele verfolgen:
die Aufrechterhaltung der strengsten Ordnung;
die Ausübung der vollsten Gerechtigkeit;
die Gewährung der weitmöglichsten und unentbehrlichsten Hilfe an die Bevölkerung.

Ich bin überzeugt, daß die Bevölkerung mir die Erfüllung meiner Pflichten erleichtern wird. Sie weiß, daß Frankreich großmütig ist. Jedoch muß sie sich an Frankreichs Leiden erinnern.

Frankreich kann weder seine durch die Deutschen auf seinem Boden erschossenen 175 000 Geiseln, weder seine in Brand gesteckten Dörfer, weder seine niedergemetzelten oder lebendigen Leibes verbrannten Bürger, noch seine 200 000 Deportierten, die nach den schrecklichsten Folterqualen in den Konzentrationslagern als Opfer verstorben sind, vergessen. Seiner Größe und Großmütigkeitstraditionen treu hegt Frankreich nach dem Siege keine Rache. Frankreichs Recht aber ist, von der deutschen Bevölkerung zu verlangen, daß sie durch eine strenge Disziplin und Zusammenwirkung beweist, daß sie sich endgültig von den Naziverbrechen und -methoden getrennt hat, deren Mithelferin sie während so vieler Jahre, wenigstens durch ihr Stillschweigen, gewesen ist.

Alle Verordnungen und Bekanntmachungen des Russischen und Britischen Befehlshabers bleiben in Gültigkeit.

Berlin, den 12. August 1945.

Der befehlende General
der Französischen Militärregierung
Groß-Berlin
gez.: de BEAUCHESNE

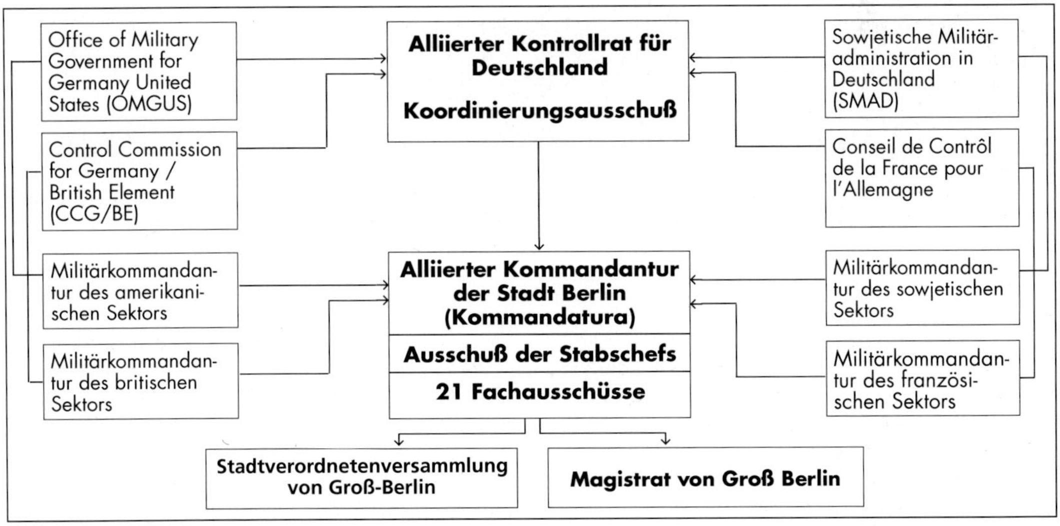

134 Überblick über die alliierten Verwaltungen in Berlin und ihre Beziehungen untereinander.

135 Britische Soldatinnen und Soldaten am Eingang der Reichskanzlei, die sie unter Führung von sowjetischen Soldaten besichtigen wollen, Juli 1945.

136 Blick in den Konferenzraum während der „Berliner Konferenz" im Cäcilienhof in Potsdam, 17. Juli 1945.
Die Konferenz mit den drei Staatschefs aus den USA, der Sowjetunion und aus Großbritannien – Truman, Stalin und Churchill (am Schluß: Attlee) begann am 17. Juli 1945. Sie endete am 2. August 1945 mit der Verabschiedung von „Politischen und wirtschaftlichen Grundsätzen, deren man sich bei der Behandlung Deutschlands in der Anfangsperiode der Kontrolle bedienen muß", dem sogenannten Potsdamer Abkommen.

137 Alliierte Offiziere nehmen anläßlich der Einweihung des sowjetischen Ehrenmals im Tiergarten gemeinsam eine Parade ab, 11. November 1945.

138 Britische und amerikanische Soldaten tanzen nach Aufhebung des „Fraternisierungsverbots" in einem Ausflugscafé, 18. Juli 1945.

3.2. Befreite und Gestrandete

Bei der Eroberung Berlins durch die Rote Armee befand sich in der Stadt eine große Zahl von Männern und Frauen, die man als „Zwangs-Berliner" bezeichnen kann, da sie gegen ihren Willen nach Berlin gekommen und dort festgehalten worden waren. Das waren die ausländischen Kriegsgefangenen vieler Nationen, die in der letzten Kriegsphase vor allem in der Industrie eingesetzt waren. Es waren die Zwangsarbeiterinnen und Zwangsarbeiter, vor allem aus Polen und der Sowjetunion, die dazu beitragen sollten, die Rüstungs- und andere kriegswichtige Produktionen in Gang zu halten. Für Berlin sind die Adressen von 666 Zwangsarbeiterlagern konkret ermittelt worden. Und es waren schließlich die – zu rund 90% ausländischen – KZ-Häftlinge, die in Berliner Außenstellen Zwangsarbeit leisteten – bis hin zur Entschärfung von Blindgängern. Für sie alle bedeutete der Sieg der sowjetischen Truppen, das Ende der Kämpfe am 2. Mai, zweifellos eine Befreiung. Das galt auch für die sowjetischen Kriegsgefangenen und Zwangsarbeiter, obwohl sie sich in der Sowjetunion schon bald dem sachlich unbegründeten Vorwurf der Kollaboration mit dem „Dritten Reich" ausgesetzt sahen.

Für die infolge des Krieges und der deutschen Herrschaft in Europa aus ihrer Heimat Vertriebenen und Verschleppten wurde 1945 der Begriff der „Displaced Persons" (DP's) geprägt. Um ihre Versorgung und ihren Rücktransport in die Heimatländer bemühten sich nicht nur die Besatzungsmächte, sondern auch internationale Hilfsorganisationen, allen voran die UNRRA (United Nations Relief and Rehabilitation Administration), die im Auftrag der gerade gegründeten Vereinten Nationen tätig war. Wo die Rückführung in die Heimatländer unproblematisch war, erfolgte sie unverzüglich, so daß der Aufenthalt in den entsprechenden Lagern nur der Vorbereitung und Organisation des Transports diente. Schwieriger war die Situation vor allem für die Osteuropäer, die nicht nach Polen oder in die Sowjetunion zurückkehren wollten, für die andere Aufnahmeländer aber nicht in ausreichender Zahl zur Verfügung standen. Sie füllten im Laufe des Jahres 1945 (und auch später) in wachsender Zahl die DP-Lager, die vor allem im amerikanischen und britischen Sektor der Stadt eingerichtet wurden. Besonders schwierig war es für jüdische Menschen, die die nationalsozialistischen Lager überlebt hatten, aber nicht an ihre Heimatorte zurückkehren konnten oder wollten. Dazu kamen schon 1945 auch Juden aus Polen, die wegen antijüdischer Einstellungen und Ausschreitungen nach Westen flohen. Auch sie wurden in DP-Lager aufgenommen, die zum Teil von der Berliner Jüdischen Gemeinde verwaltet wurden.

Eine ganz andere Gruppe von unfreiwilligen Berlinern auf Zeit bildeten die Menschen, die vor der vorrückenden Roten Armee geflohen waren oder aufgrund der Vertreibung der Deutschen aus den Gebieten östlich von Oder und Neiße ihre Heimat verlassen mußten. Grundsätzlich bestand in Berlin ein Zuzugsverbot, das im Laufe des Jahres mehrfach erneuert, aber auch massiv umgangen wurde. Man sprach von monatlich 500.000 Flüchtlingen, die nach Berlin kamen. Zwar war ihr Aufenthalt in einem der 59 Durchgangslager in der Regel nur kurz, doch bedeutete selbst das Durchschleusen von Millionen von Menschen, daß ständig etwa 50.000 zu betreuen und zu ernähren waren.

139 Französische Kriegsgefangene und politische Gefangene verschiedener Nationen nach der Befreiung durch sowjetische Soldaten, westlich von Berlin, vermutlich 8. Mai 1945.

140 Französische Kriegsgefangene und weibliche politische Gefangene in ihren Häftlingsanzügen nach der Befreiung, westlich von Berlin, vermutlich 8. Mai 1945.

141 Von der Roten Armee aus deutscher Kriegsgefangenschaft befreite britische Militärangehörige, bei Berlin, 1945.

142 Russische Frauen nach ihrer Befreiung aus einem in der Nähe Berlins gelegenen Lager und sowjetische Soldaten, 20. April 1945.

Text 109

Ein- und Ausgänge von DP's im Lager Zehlendorf, November 1945.

Bericht über Displaced Persons und Führungsmaßnahmen

November 1945

Displaced Persons

a.) Im Monat November wurden im DP-Lager Zehlendorf 5251 Displaced Persons aufgenommen, 5143 verließen das Lager. Zum 30. November befanden sich 519 Personen im Lager, davon 109 aus den Baltischen Staaten. Dieser Gruppe von 109 Personen ist die Zulassung zum britischen Lager in Hesslingen verweigert worden; daher wurde mit der USFET vereinbart, sie aufzunehmen; sie werden mit dem Zug nach Frankfurt transportiert werden.

b.) Außerdem wurde vereinbart, einhundert US-Bürger, die derzeit im Zehlendorfer DP-Lager leben, mit dem Zug nach Frankfurt zu schicken, sobald das US-Konsulat in Berlin über die US-Staatsbürgerschaft dieser Personen befunden hat.

c.) Für Kinder bis zu 14 Jahren ist im DP-Lager eine Milchbar eingerichtet worden, die morgens und nachmittags geöffnet hat.

d.) Aufstellung der Displaced Persons, die im November repatriiert wurden:

Nationalität	*Eingänge*	*Ausgänge*
Belgier	*196*	*166*
Chinesen	*18*	*18*
Dänen	*15*	*16*
Niederländer	*415*	*516*
Franzosen	*699*	*605*
Luxemburger	*13*	*11*
Norweger	*4*	*10*
Polen	*–*	*9*
Südamerikaner	*28*	*33*
Spanier	*2*	*1*
Schweden	*–*	*5*
Schweizer	*491*	*587*
Staatenlose und Verfolgte	*3296*	*3140*
USA	*25*	*–*
Summe	*5252*	*5143*

Im Lager verblieben: 519
Gesamtzahl der Abgänge von August bis Oktober: 10.224

143 Aus dem KZ befreite Mutter mit Kindern in Berlin, Sommer 1945.

Text 110

DP-Lager in Berlin, 1945.

– Potsdamer Chaussee, „Wiesengrund" (Bezirk Zehlendorf). Das Lager wurde am 8. Juli eingerichtet, faßte 2.000 Menschen, wurde aber bereits am 19. Juli in ein Transitlager für Alliierte und ehemalige Kriegsgefangene umgewandelt.

– Potsdamer Chaussee 87, „Düppel Center" (Bezirk Zehlendorf). In diesem Lager, das ungefähr 3.400 Personen betreute, wurden ab November verstärkt polnische Juden aufgenommen; es wurde im Januar 1946 von der US-Armee an die Hilfsorganisation UNNRA abgegeben.

– Teltower Damm 87/92 (Bezirk Zehlendorf, heute Areal der Kennedy-Schule), am 5. August eröffnet. Das von der US-Armee eingerichtete Lager beherbergte 650 Personen, darunter 12% Juden.

– Eichborndamm 140–148 (Bezirk Reinickendorf). Ursprünglich von der Jüdischen Gemeinde zu Berlin am 1. Dezember eingerichtet, ging der

Betrieb 1946 in die Hände der Hilfsorganisation UNNRA, Verwalterin blieb aber die Jüdische Gemeinde.

– Iranische Straße 3 (Bezirk Wedding). Ebenfalls von der Jüdischen Gemeinde eingerichtet und 1946 in die Verantwortung der Hilfsorganisation UNNRA übergegangen.

– Oranienburger Straße 31 (Bezirk Mitte). Von der Jüdischen Gemeinde eingerichtet und verwaltet.

– Rykestraße 53 (Bezirk Prenzlauer Berg). Eingerichtet und verwaltet ebenfalls von der Jüdischen Gemeinde.
Ferner werden ein Lager in Ruhleben und in Tempelhof erwähnt, aber nicht näher lokalisiert.

Text 111

Meldung der Schutzpolizei über die Belegungsquote der Flüchtlingslager im Amerikanischen Sektor (hier als „Zone" bezeichnet), 20. November 1945.

Im Juli 1945 gab es in Berlin 48 Flüchtlingslager. Auf Befehl des sowjetischen Ernährungskommandanten Oberst Kroll erhielten die Flüchtlinge eine Suppe und 100 Gramm Brot. Nach 24 Stunden hatten sie Berlin wieder zu verlassen. Da aber viele schon aus gesundheitlichen Gründen gar nicht weiterziehen konnten, hieß das für die Alliierten und den Magistrat, zusätzliche Kapazitäten für die Gesundheits- und Lebensmittelversorgung zu schaffen.

Berlin, den 20. November 1945

Das Kommando der Schutzpolizei meldet auf fernmündliche Rückfrage um 19 Uhr Flüchtlingslager in der amerikanischen Zone.

		Belegung	
1.) Kreuzberg	*Fichtestr. 4–12*		
	Bunker	*1100*	*Pers.*
2.) Zehlendorf	*Leuchtenburgbaracke i.d.*		
	Leuchtenburgstr.	*ca 400*	*"*
3.) Schöneberg	*Priesterweg/*		
	Sachsendamm	*500*	*"*
	Friedenau:		
	Fregestr. 13/14	*35*	*"*
4.) Steglitz	*Unter d. Eichen 93*	*170*	*"*
	Albrechtstr. 14a	*100*	*"*
	Paulsenschule i.d.		
	Flemmingstr.	*100*	*"*
	Lankwitz/ Bunker	*1000*	*"*
5.) Tempelhof	*Lichtenrader Baracke*		
	Steinstr.	*600*	*"*
	Roonstr.	*400*	*"*
	Bayerischestr.	*500*	*"*
	Baracken Marienfelde		
	Buckower Chaussee 9	*1000*	*"*
	Baracken Mariendorf		
	Askania Baracke	*500*	*"*
6.) Neukölln	*Rudow/Köpenickerstr.*	*700*	*"*
	Buckow-Ost		
	Johannistaler Chaussee	*1000*	*"*

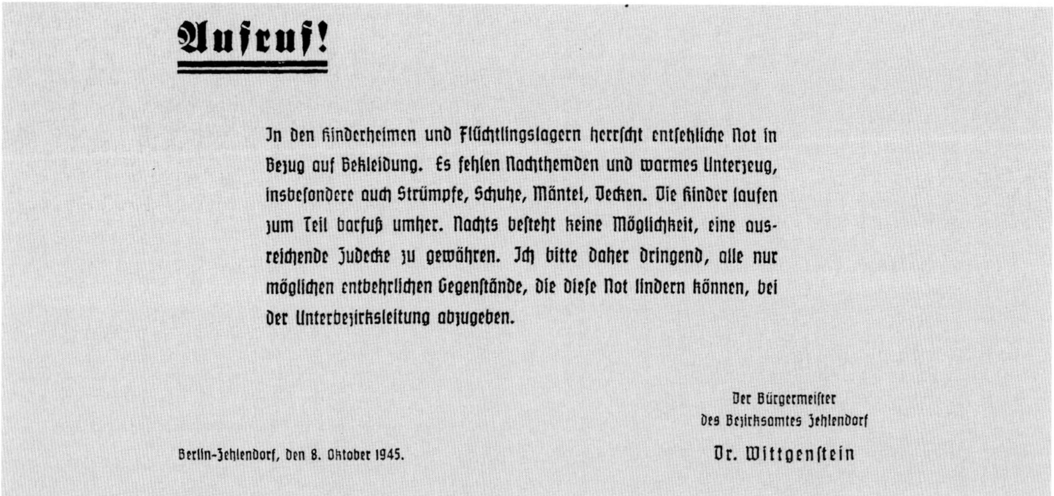
Aufruf!

In den Kinderheimen und Flüchtlingslagern herrscht entsetzliche Not in Bezug auf Bekleidung. Es fehlen Nachthemden und warmes Unterzeug, insbesondere auch Strümpfe, Schuhe, Mäntel, Decken. Die Kinder laufen zum Teil barfuß umher. Nachts besteht keine Möglichkeit, eine ausreichende Zudecke zu gewähren. Ich bitte daher dringend, alle nur möglichen entbehrlichen Gegenstände, die diese Not lindern können, bei der Unterbezirksleitung abzugeben.

Der Bürgermeister
des Bezirksamtes Zehlendorf
Dr. Wittgenstein

Berlin-Zehlendorf, den 8. Oktober 1945.

144 Aufruf des Zehlendorfer Bürgermeisters zur Spende von Kleidung für Kinderheime und Flüchtlingslager, 8. Oktober 1945.

145 Flüchtlingszug in Berlin, 1945.

146 Eingang des ehemaligen Luftschutzbunkers in der Fichtestraße (Bezirk Kreuzberg), undatiert.
Hier waren zwischen 1945 und 1948 ein US-Militärgefängnis (für verurteilte amerikanische Soldaten) und ein Flüchtlingslager untergebracht.

3.3. Alltag in Trümmern

Am Anfang der Nachkriegsgeschichte stand für die große Mehrheit der Berlinerinnen und Berliner das Ende mit Schrecken, die Erfahrung der Katastrophe. Die letzten Wochen des Krieges und die ersten Tage der Besatzungsherrschaft ließen die Vorstellung, daß man schon bald zu so etwas wie einer „Normalität" des Lebens zurückkehren könne, absurd erscheinen. Mit dem Verlassen der Keller, dem vorsichtigen Erkunden der Nachbarschaft, den ersten Schritten in einer fremd gewordenen Welt kehrten jedoch die Lebensgeister zurück, begann der Kampf ums Überleben unter Nachkriegsbedingungen.

Das war – in Berlin noch stärker als an anderen Orten – die Stunde der Frauen. Sie taten das, was sie schon einige Zeit vor Kriegsende getan hatten und noch lange Zeit nach Kriegsende tun mußten: Sie versuchten, mit bemerkenswertem Erfolg, die Existenz ihrer Familien zu sichern. Das galt besonders für die männer- und vaterlosen Familien, nicht selten aber auch für die Familien, in denen die Männer zu Hause waren, ihrer überlieferten Rolle als Schützer und Ernährer aber nicht mehr gerecht werden konnten. Wenn auch kaum eine Frau an die Spitze der neuen Verwaltungen und Parteien gelangte – der Alltag in der Stadt wurde in hohem Maße von den Frauen bestimmt. Es waren vor allem die Frauen, die die Wohnungen provisorisch herrichteten, die das Wasser von den öffentlichen Pumpen holten, die Holz und andere Brennstoffe sammelten, die Kleider aus Uniformen und Fahnenstoffen nähten, die die zahllosen Hand- und Kinderwagen als die wichtigsten Transportmittel durch die Trümmerlandschaften zogen oder schoben. Sie leisteten als „Trümmerfrauen" einen entscheidenden Beitrag zu den Aufräumungsarbeiten und zum Wiederaufbau der Stadt. Auch unter extremen Bedingungen bewahrten sie einen Lebenswillen, der die unabdingbare Grundlage des individuellen und gesellschaftlichen Neuanfangs bildete.

Zwar wurden Mitte Mai die ersten Lebensmittelkarten ausgegeben, doch waren die Rationen alles andere als ausreichend. Es entwickelte sich ein Schwarzmarkt, der von den Behörden bekämpft, aber nicht wirklich unter Kontrolle gebracht wurde, zumal auch Frauen und Kinder in großer Zahl an Schwarzmarktgeschäften beteiligt waren. Durch die seit September offiziell eingerichteten „Tauschzentralen" wurde mit einem gewissen Erfolg – fast eine dreiviertel Million Menschen besuchte bis zum Ende des Jahres solche Zentralen – versucht, dem ständig wachsenden, aus der Not geborenen Tauschbedürfnis Rechnung zu tragen. Hamsterfahrten in die Umgebung der Stadt wurden zu einem alltäglichen Vorgang, ebenso wie die vielfältigen legalen und illegalen Versuche, Brennholz zu erwerben. Die Notkriminalität wuchs rapide an: Holz- und Kohlendiebstahl, Feld- und Lebensmitteldiebstahl waren neben Schwarzmarktdelikten die häufigsten Vergehen. Die soziale Not war so groß, daß im Herbst 1945 über 650.000 Unterstützungsempfänger gezählt wurden. Das Geld verlor an Wert, die Zigarette wurde zur neuen Leitwährung.

Der Alltag in Trümmern bestand aber nicht nur aus Not und Elend. Auch kleine Freuden des Alltags und des Festtags kamen allmählich wieder zu ihrem Recht, vom Spazierengehen und Baden zum Kinobesuch und Tanzvergnügen, von den ersten Sportveranstaltungen und kleinen Ausflügen zu den Konzerten und Theateraufführungen. Bei allen Belastungen, die auch weiterhin zu ertragen waren, war doch klar: Es lohnte sich, überlebt zu haben.

Text 112

Tagebucheintrag einer unbekannten Berlinerin, 14. Mai 1945.

Auf dem Weg zum Hydranten kam ich an vielen Gräbern vorbei. Fast jeder Vorgarten hat die stille Einquartierung. Mal liegt ein deutscher Stahlhelm darauf, mal leuchten grellrot die russischen Einheits-Holzsäulen mit den weißen Sowjetsternen. Sie müssen ganze Wagenladungen von diesen Mälern hergeschleppt haben.

Text 113

Tagebucheintrag von Karla Höcker, 2. Mai 1945.

Wir ziehen wieder nach oben. Ich vernagle Fenster, die beim Einschlag der Stalinorgel draufgingen. Plötzlich heißt es, bei Rollenhagen würden Lebensmittel verteilt! Geri und ich hin, finden die Ladentür offen, einen russischen Soldaten davor, neben ihm ein Zivilist mit blau-rot-weißem Abzeichen. Lebensmittel? Nitschewo! Aber dasselbe

147 Kriegsgräber am Nollendorfplatz in Schöneberg, undatiert.

148 Wohnungen mit Gemüseanbau auf dem Notbalkon in einer Ruine, 1946.

149 Notwohnung in Berlin, 1945.

150 Zwei Berliner Frauen transportieren einen Sarg mit dem Leiterwagen, 1945.

soll jetzt bei Scholz steigen. Durch zerbrochene Ladenfenster drängen Leute hinein; kein Russe verteilt hier etwas. Während wir noch unentschlossen dabeistehn, geschieht Widerliches. Der Pöbel – aber es ist der Pöbel unserer Gegend – stürzt sich auf das Mehl, den Grieß, auf Margarine und Nährmittel, Schubladen werden aufgerissen und umgestürzt; Hände wühlen darin herum, raffen gierig Zucker zusammen, um ihn in mitgebrachte Behälter zu stopfen. Pfundweise geht er verloren, fällt auf den Boden, schmutzige Stiefel trampeln darüber. Andere Leute drängen zum Keller; dort werden Kisten mit Tomatenmark und anderen guten Dingen entdeckt. Ein Rausch der Besitzgier erfaßt die Leute, der Spießer wird hemmungslos.

In der Lindenallee russische Soldaten. Einige haben Fahrräder requiriert, sie machen erste Versuche, tapsig wie Urwaldmenschen. Aber es macht ihnen anscheinend großen Spaß. In der Nußbaumallee ein Riesentrichter im Garten, Einschlag einer Granate; die Garage erbrochen. Viele Häuser in dieser Gegend haben neue Beschädigungen und Einschüsse; abgebrochene Äste liegen über dem Fahrdamm, der mit Granatsplittern, Patronen, Uniformteilen besät ist. An der Ecke Nußbaum- und Kastanienallee ein toter Rotarmist. Das Gesicht, blutbeschmiert, wirkt wie geschminkt. Merkwürdig, vieles ist zu dick aufgetragen in der Wirklichkeit.

Text 114

Tagebucheintragungen der siebzehnjährigen Lieselotte G., 30. April bis 10. Mai 1945.

30.4. War bei Bombeneinschlag mit Frau Behrendt oben an der Treppe zum Keller. Die Russen sind da. Sie sind total besoffen. Nachts Vergewaltigungen. Ich nicht. Mutti ja. Manche 5–20 mal.

1.5. Russen gehen ein und aus. Alle Uhren sind weg. Die Pferde liegen auf dem Hof auf unseren Betten. Die Keller sind aufgebrochen. Sind in die Stubenrauchstr. 33 geflohen.

2.5. Erste Nacht Ruhe. Sind von der Hölle in den Himmel gekommen. Haben geweint, als wir den blühenden Flieder auf dem Hof entdeckt haben. Alle Radios müssen abgegeben werden.

3.5. Noch in der Stubenrauchstr. Darf nicht ans Fenster, damit mich kein Russe sieht. Überall sollen Vergewaltigungen sein.

4.5. In der Derfflinger Str. keine Nachricht von Papa erhalten.

151 Berliner mit Hand- und Kinderwagen als Transportmittel, 1945.

5.5. Wieder zur Kaiserallee zurück. Unordnung!
6.5. Unser Haus hat 21 Treffer! Den ganzen Tag geräumt und gepackt. Nachts Sturm. Bin vor Angst, dass die Russen kommen, unters Bett gekrochen. Aber das Haus hatte nur durch den Beschuss so geklappert.
7.5. Strasse frei geschippt. Nummern für Brot geholt, aufgeräumt, saubergemacht.
8.5. Straße geschippt. Nach Brot angestanden. Nachricht, dass Papa lebt.
9.5. Waffenstillstand. Für Margit gibt es Milch.
10.5. Aufgeräumt.

Text 115

Tagebucheintrag Margret Boveris, 13. Mai 1945.

Es ist erstaunlich, wie schnell alles in Gang kommt. Das Abtragen der Schutthaufen von den Straßen, von den Bürgern selbst besorgt, viele derselben auch in den Dienst größerer Räumungsarbeiten gezwungen; die Versorgungsbetriebe von den Angestellten und Arbeitern in Angriff genommen, die ja bei den Luftangriffen Übung im Reparieren bekamen. In Friedenau gibt es in manchen Straßen schon wieder Wasser und Licht; vier Straßenbahnen sollen auf Teilstrecken wieder gehen; wir hören auf unsrer Ringbahn nachts Dampflokomotiven pfeifen; in unserm Keller gab es schon zweimal stundenweise Wasser. In Friedenau bekommen die Leute übrigens Sonderrationen, weil Friedenau sich kampflos ergeben hat.

Text 116

Auszug aus einer Untersuchung von Hilde Thurnwald, jugendliche „Schwarzhändler" und „Schieber" betreffend, 1948.

In diesem Zusammenhang sei erneut auf den nicht nur Schulkinder, sondern öfter auch Lehrer fesselnden Schwarzhandel hingewiesen. Gelegentlich führt er Lehrer und Schüler zusammen und untergräbt die Achtung der Klasse vor der Persönlichkeit des Lehrers. Daß der Schwarzhandel auch innerhalb des Schullebens unter den Kindern aller Altersstufen eine bedeutende Rolle spielt, in erster Linie in den Knabenschulen, ist bekannt.
[...]
Die jeder regelmäßigen Arbeit und soliden Leistungen abgeneigten Jugendlichen finden wir in

152 Warteschlange an einer Bus-Haltestelle am Kaiserdamm, 1945.

153 Fährbetrieb mit einem Kahn über den Landwehrkanal an der zerstörten Möckernbrücke, 1945.

154 Berliner Trümmerfrauen schieben eine Lore mit Schutt, 1945.

erster Linie als die bekannten ‚jugendlichen Schieber', überwiegend 18- bis 20jährige, die in bestimmten Gegenden Berlins und in bestimmten Lokalen meistens mit ihren Mädchen zusammen herumsitzen und vom Morgen bis zum Abend Zigaretten, Alkohol und andere Genußmittel verhandeln. Viele dieser Jugendlichen betreiben solche Geschäfte in Übereinstimmung mit ihren Familien oder in Arbeitsgemeinschaft mit Vätern, Müttern und Geschwistern.

Text 117

Tagebucheintrag Karla Höckers, 6. September 1945.

Der Gemüse- und Kartoffelanbau war eine Möglichkeit, die kärgliche Versorgung mit Lebensmitteln etwas aufzubessern. Nicht alle freilich gaben sich selbst mit der Mühe des Anbaus ab. „Felddiebstahl" war 1945 ein häufig gemeldetes Vergehen.

Abends zum Gießen in den Garten, todmüde. Aber wir wollen doch Gemüse ernten, Tomaten, Kartoffeln. Ich kam von der Lindenallee aus in den Garten, wie jetzt immer, und hatte sofort das Gefühl: Etwas stimmt nicht. Ich lehnte mein Fahrrad an den Kastanienbaum – da begriff ich. Unser kleiner Kartoffelacker, der so schön stand, war durchwühlt und mit unbeschreiblicher Roheit ausgeraubt worden. Winzige Knollen, Puppenkartoffeln, lagen noch umher, kaum eine Staude stand aufrecht; es hatte etwas von einem Kindermord. Ich war wie vor den Kopf geschlagen. Was hatte es für Mühe gekostet, Saatkartoffeln zu bekommen! Zwei Zentner hätte es ergeben – Rettung für den Winter.
Ich sammle die murmelgroßen Kartoffeln ein. Schwärme von Mücken summen um mich herum, sonst überall Totenstille. Im Dunklen durch die Lindenallee, an der alten Wohnung vorüber. Und dort brennt meine Schreibtischlampe, mein Radio spielt – in meinem Zimmer! Ich heulte hemmungslos. Es war töricht, natürlich, ich sah es sofort ein. Aber die Sache mit den Kartoffeln war ein zu schwerer Schlag.

155 Berliner Trümmerfrau beim Säubern von Ziegelsteinen, 1946.
Die Berliner „Trümmerfrau" wurde zum Symbol für die Aufräumungsarbeiten in den ersten Wochen und Monaten nach Kriegsende. Über 50.000 „Trümmerfrauen" arbeiteten in Berlin, um den Schutt der zerstörten Häuser wegzuräumen, die Straßen wieder für den Verkehr frei zu machen und um alte Ziegelsteine als Baumaterial für den Wiederaufbau zu sichern. Die „Trümmerfrauen" leisteten dabei oft schwerste Arbeit, die nur schlecht entlohnt wurde. Sie erhielten aber immerhin eine bessere Lebensmittelkarte und waren nicht auf die „Hungerkarte" angewiesen.

156 Berlinerin bei einem erfolgreichen Handel mit einem britischen Soldaten, 1945. Sie zählt die im Austausch erhaltenen Zigaretten sorgfältig nach.

157 Britische Miltärpolizei führt nach einer Razzia Schwarzmarkthändler ab, unter ihnen auch sowjetische Soldaten, 1945.

158 Frauen stehen Schlange, um mit Lebensmittelkarten einzukaufen, 1945.

159 Blick auf den abgeholzten Tiergarten nach der großen „Holzaktion“, undatiert.

160 Heimkehrer im Gespräch mit Berliner Frauen, 1945.
Im Sommer und Herbst 1945 kehrten die ersten Berliner Männer aus der Kriegsgefangenschaft zurück. Sie fanden sich im Nachkriegs-Berlin nur mühsam zurecht.

161 Kinder kehren mit Hamstersäcken und Brennholz nach Hause zurück, 1945.

3.4. Entnazifizierung und Antifaschismus

Daß das Ende des „Dritten Reiches" eine Bestrafung der Schuldigen an den innerhalb und außerhalb Deutschlands verübten Verbrechen und eine gründliche „Entnazifizierung" der Gesellschaft zur Folge haben müsse, war unter den Alliierten unstrittig und wurde auch von den Deutschen nicht anders erwartet. Gleich Anfang Mai begannen die Festnahmen und Entlassungen, und Anfang Juli legte der Magistrat eine erste Bilanz seiner Entnazifizierungsbemühungen im Personalbereich vor: Bis zu diesem Zeitpunkt waren in der städtischen Verwaltung 11.677, im Post- und Fernmeldewesen 7.631, bei der Oberfinanzdirektion 1.102 und bei der BEWAG 903 Personen entlassen. Funktionäre und Mitglieder der NSDAP wurden zu Sonderarbeitseinsätzen herangezogen. „Nazi-Vermögen" mußte angemeldet werden und wurde beschlagnahmt. Auch in der Privatwirtschaft wurden bis Anfang Juli 1.400 Betriebe „aktiver Nazis" geschlossen. Mit der Einführung standardisierter Fragebögen und spezieller Entnazifizierungsausschüsse wurden später die Verfahren engmaschiger, aber auch stärker formalisiert, so daß die Kategorie „Mitläufer" eine zunehmend größere Bedeutung erlangte.
Eine wichtige Rolle spielte, nicht nur in den ersten Wochen, auch die Internierung nationalsozialistischer Funktionsträger, unter denen es in den Internierungslagern (später „Speziallagern") der sowjetischen Zone eine sehr hohe Todesrate gab. Der Entnazifizierung bedurfte auch der öffentliche Raum – von den Hakenkreuzen im Stadtbild über die Straßennamen bis zu den Briefmarken oder den Amtssiegeln. Im Sommer 1945 wurde mit einer „Generalreinigung" im Berliner Straßenregister begonnen, und bis Dezember waren 677 „politisch unzeitgemäße" Straßennamen durch neue ersetzt, häufig im Rückgriff auf die alten Benennungen.
Am 18. November 1945 fand im Gebäude des Alliierten Kontrollrats die erste Sitzung des „Internationalen Militärgerichtshofes zur Aburteilung der Hauptkriegsverbrecher" statt. Der „Nürnberger Prozeß" wurde mit der Vorlage der Anklageschrift in Berlin eröffnet, um dann einen Monat später in Nürnberg fortgesetzt zu werden.
Am 3. Juni 1945 wurde im Magistrat der Hauptausschuß „Opfer des Faschismus" (OdF) eingerichtet, der vor allem für die soziale Betreuung der vom NS-Regime Verfolgten zuständig war. Da der Hauptausschuß zwischen „Opfern" und „Kämpfern gegen den Faschismus" unterschied und sich nur für die „Kämpfer" zuständig fühlte (da die Zahl der Opfer ohnehin zu groß sei), kam es rasch zu Auseinandersetzungen darüber, wer als „OdF" anerkannt werden könne. Es dauerte einige Zeit, ehe beispielsweise auch verfolgte Juden, die keiner Widerstandsorganisation angehörten, betreut wurden. Bis März 1946 erhielten nur gut 6.000 Personen eine „OdF-Karte". Den öffentlichen Höhepunkt des Wirkens des Hauptausschusses stellte die „Gedächtnis-Kundgebung für die Opfer des faschistischen Terrors" dar, die unter Beteiligung von rund 70.000 Menschen am 9. September in Neukölln stattfand.
Einen zentralen Bereich aller Maßnahmen zur Entnazifizierung der Berliner Gesellschaft stellte die Schule dar. Alle Nationalsozialisten wurden entlassen und an ihrer Stelle Schulhelfer und Neulehrer (darunter viele Frauen) eingestellt. Im September gab es bereits über 4.000 Aushilfslehrer und auszubildende Neulehrer. Zugleich wurden

alte Bücher eingezogen, neue hergestellt und neue Richtlinien für den Unterricht erarbeitet, um eine demokratische Erziehung der Jugend zu sichern.

162 Sergeant R. S. Baker von der britischen Armee am Eingang der ehemaligen Reichskanzlei, undatiert.

Text 118

Alliiertes Gesetz Nr. 5, die Auflösung der NSDAP und anderer nationalsozialistischer Organisationen betreffend, 12. Juli 1945.

Kontroll-Gebiet des Obersten Befehlshabers, AEP
Groß Berlin

Gesetz Nr. 5

Auflösung der Nationalsozalistischen Deutschen Arbeiterpartei (NSDAP)

Um der von der NSDAP errichteten Herrschaft von Gesetzlosigkeit, Terror und Unmenschlichkeit innerhalb des besetzten Gebietes ein Ende zu bereiten, wird hiermit bestimmt:

1. Die Nationalsozialistische Deutsche Arbeiterpartei und die nachstehend verzeichneten Aemter, Organisationen und Institute werden in dem vollen Umfange, in dem diese ihre Tätigkeit in dem besetzten Gebiet ausgeübt haben, aufgelöst und für gesetzwidrig erklärt. Jegliche Tätigkeit seitens der Partei, der folgenden Aemter, Organisationen und Institute, vorbehaltlich der in Paragraph 5 getroffenen Ausnahmen, ist untersagt:

1. *Partei-Kanzlei,*
2. *Kanzlei des Führers der NSDAP,*
3. *Auslandsorganisation der NSDAP,*
4. *Volksbund für das Deutschtum im Ausland,*
5. *Volksdeutsche Mittelstelle,*
6. *Parteiamtliche Prüfungskommission zum Schutze des NS-Schrifttums,*
7. *Der Reichsorganisationsleiter der NSDAP,*
8. *Reichsschatzmeister der NSDAP,*
9. *Der Beauftragte des Führers für die Ueberwachung der gesamten geistigen und weltanschaulichen Schulung und Erziehung der NSDAP,*
10. *Der Reichspropagandaleiter der NSDAP,*
11. *Reichsleiter für die Presse und Zentralverlag der NSDAP (Eher-Verlag),*
12. *Reichspressechef der NSDAP,*
13. *Reichsamt für das Landvolk,*
14. *Hauptamt für Volksgesundheit,*
15. *Hauptamt für Erzieher,*
16. *Hauptamt für Kommunalpolitik,*
17. *Hauptamt für Beamte,*
18. *Hauptamt für Technik,*
19. *Hauptamt für Kriegsopfer,*
20. *Der Beauftragte der NSDAP für alle Volkstumsfragen,*
21. *Rassenpolitisches Amt der NSDAP,*
22. *Amt für Sippenforschung,*
23. *Kolonialpolitisches Amt der NSDAP,*
24. *Außenpolitisches Amt der NSDAP,*
25. *Reichstagsfraktion der NSDAP,*
26. *NS-Frauenschaft,*
27. *Deutsches Frauenwerk,*
28. *Reichsfrauenführung,*
29. *NSD-Aerztebund,*
30. *NS-Bund Deutscher Technik,*
31. *NS-Lehrerbund,*
32. *Reichsbund der Deutschen Beamten,*
33. *Reichskolonialbund,*
34. *NS-Schwesternschaft,*
35. *Die Reichsstudentenführung,*
36. *NSD-Studentenbund,*
37. *Deutsche Studentenschaft,*
38. *NS-Altherrenbund der Deutschen Studenten,*
39. *NSD-Dozentenbund,*

40. NS-Rechtswahrerbund,
41. Reichsbund Deutsche Familie,
42. Deutsche Arbeitsfront,
43. NS-Reichsbund für Leibesübungen,
44. Reichskriegerbund,
45. NS-Kriegsopferversorgung (NSKOV),
46. Winterhilfswerk des Deutschen Volkes,
47. Reichskulturkammer,
48. Deutscher Gemeindetag,
49. Geheime Staatspolizei,
50. Deutsche Jägerschaft,
51. Sachverständigenbeirat für Bevölkerungs- und Rassenpolitik,
52. Reichsausschuß zum Schutze des Deutschen Blutes.

2. Die nachstehend verzeichneten militärähnlichen Organisationen, ihre Werbestellen, Ausbildungsanstalten und die zugehörigen Lagerhäuser werden alsbald aufgelöst werden. Anordnungen betreffend Personal und Ausrüstung werden von der Militärregierung erlassen werden. Bis zum Empfang dieser Anordnungen haben alle hauptamtlich beschäftigten Offiziere und Mannschaften auf ihren Posten in ihrer Organisation zu verbleiben. Weitere Anwerbung ist verboten.
1. SA (Sturmabteilungen), einschließlich der SA-Wehrmannschaften,
2. SS (Schutzstaffeln), einschließlich der Waffen-SS, des Sicherheitsdienstes und aller Ämter, die gleichzeitig Befehlsgewalt über die Polizei und die SS ausüben,
3. NSKK (NS-Kraftfahr-Korps),
4. NSFK (NS-Fliegerkorps),
5. HJ (Hitler-Jugend), einschließlich ihrer verschiedenen Unterorganisationen,
6. RAD (Reichsarbeitsdienst),
7. OT (Organisation Todt),
8. TN (Technische Nothilfe).

3. Alle Amtsstellen der NS-Volkswohlfahrt in dem besetzten Gebiet werden geschlossen. Deren Wohlfahrtstätigkeit wird, vorbehaltlich weiterer Anweisungen durch die Militärregierung, von dem Oberbürgermeister übernommen.

4. Jegliche Tätigkeit seitens von der Militärregierung aufgelöster oder geschlossener Organisationen, deren Offiziere oder Mitglieder, und irgendwelche Handlungen, die in irgendeiner Weise die Fortsetzung oder Wiederaufnahme solcher Tätigkeiten vorbereiten oder zur Folge haben könnten, sind verboten.

5. Alle Gelder und Guthaben, alles Eigentum, alle Ausrüstung, Geschäftsbücher und Unterlagen irgendeiner in diesem Gesetz genannten Organisation sind in unversehrtem Zustande zu erhalten und gemäß den Anordnungen der Militärregierung abzuliefern oder zu übertragen. Bis zu Ablieferung oder Uebertragung stehen alles Eigentum, alle Geschäftsbücher und Unterlagen zwecks Prüfung zur Verfügung. Offiziere und andere Personen, denen solche Gegenstände anvertraut sind, sowie Verwaltungsbeamte haben auf ihren Posten zu verbleiben, bis anderweitige Anordnungen ergehen; sie sind der Militärregierung dafür verantwotlich, daß alle Maßnahmen getroffen werden, um die Gelder und Guthaben, das Eigentum, die Ausrüstung, Geschäftsbücher und Unterlagen unversehrt und unbeschädigt zu erhalten und um allen Anordnungen der Militärregierung betreffend Sperre und Beaufsichtigung von Vermögen zu entsprechen.

6. Jeder Verstoß gegen die Bestimmungen dieses Gesetzes wird nach Schuldigsprechung des Täters durch ein Gericht der Militärregierung nach dessen Ermessen mit jeder gesetzlich zulässigen Strafe, einschließlich der Todesstrafe, bestraft.

7. Dieses Gesetz tritt am Tage seiner ersten Verkündung in Kraft.

Im Auftrage der MILITÄRREGIERUNG

Text 119

Mitteilung des Magistrats, Abteilung Handel, die „Bereinigung des Handels von faschistischen Elementen" betreffend, Juli 1945.

Bereinigung des Handels von faschistischen Elementen.

[...] *Den Bezirksbürgermeistereien wird empfohlen:*

1. geschlossene Geschäfte, deren Inhaber geflüchtet sind, zu beschlagnahmen und zuverlässige Kaufleute einzuweisen;
2. Geschäfte, deren Inhaber aktive Mitglieder der NSDAP, der SA oder der SS waren, nicht mehr mit bewirtschafteten Bedarfsgütern zu beliefern;
3. Geschäftsinhaber, die nicht der NSDAP angehörten, aber faschistische oder militaristische Ideen propagieren, zu verwarnen und nötigenfalls ihre Geschäfte zu schließen;
4. Wird die Bedürfnisfrage zur Fortführung der unter Absatz 1 und 3 genannten Geschäfte

bejaht, ist von Amtswegen ein neuer Geschäftsinhaber zu ernennen. In diesem Falle ist unbedingte Eignung und Zuverlässigkeit erforderlich.

Dem Magistrat – Abteilung Handel – ist listenmäßig mitzuteilen, wem das Gewerbe entzogen wurde.

Berlin, den 22.Mai 1945.

Der Magistrat der Stadt Berlin
Abteilung für Handel und Handwerk
Orlopp

Text 120

Auszug aus einer Aktennotiz, die Entlassungen ehemaliger Mitglieder der NSDAP und anderer nationalsozialistischer Organisationen aus der Berliner Verwaltung betreffend, 6. Juli 1945.

Die Zahl der entlassenen Verwaltungsangehörigen lag Ende Juli bei 25.000. Beim Arbeitsamt registriert, erhielten die Entlassenen als „Aufbau- und Einsatzarbeiter" einen Stundenlohn von 72 Pfennigen sowie die niedrigste Lebensmittelkarte V.
Bei dieser Aktennotiz handelt es sich um eine Abschrift der Forschungsgruppe für Berliner Nachkriegsgeschichte im Auftrag des Senators für Volksbildung, 1953.

Aktennotiz

über die Zusammenkunft der Personaldezernenten der Berliner Bezirksbürgermeistereien am 6. Juli 1945 im Berliner Stadthaus. Beginn der Sitzung: 16 Uhr – Ende etwa 17.45 Uhr
Vorsitzer: Herr Stadtrat Arthur Pieck.

Thema: Die Durchführung der beiden Befehle von Marschall Shukow.
Befehl Nr. 1: Entlassung der Nazis.

Herr Pieck eröffnete die Sitzung mit der Verlesung der vorliegenden Meldungen aus den einzelnen Bezirken über die Entlassungen der Pgs. So wurden seit dem 1.5.45, dem Bestehen der Stadtverwaltung, bei dieser entlassen 11 677 Pgs, im Post- und Fernmeldewesen 7 631, beim Oberfinanzpräsidium 1 102 und bei der Bewag 903 Pgs, jedoch sind auch diese Zahlen nicht erschöpfend, sie sollen lediglich ein ungefähres Bild abwerfen.

Einwandfrei fest steht, dass dem Befehl des Marschalls strengstens Folge zu leisten ist und die Entlassungen unnachgiebig durchgeführt werden müssen. Dies ist jedoch besonders schwierig im Gesundheits- und Bauwesen. Alle nur irgendwie verfügbaren Spezialisten auf diesen Gebieten müssen unbedingt organisiert werden. Um nun die durch die sofortigen Entlassungen auftretenden und im Augenblick im Hinblick auf einen für die Stadt entstehenden grösseren Schäden nicht zu verantwortenden Lücken (vornehmlich Gesundheitswesen) zu vermeiden, ist es zulässig, einen Antrag auf Rehabilitierung zu stellen. Derartige Anträge müssen allerdings dem Marschall selbst vorgelegt werden. Es kann demzufolge also vorkommen, dass ein Pg als provisorischer Pflichtarbeiter mit einem Stundenlohn von RM 0,72 zurückgeholt wird. Der Pg bleibt solange auf dem ihm zugewiesenen Posten, bis sich ein Antifaschist entsprechend eingearbeitet hat. Sollten sich jedoch Pgs darauf stützen, nur einige Monate Mitglied der Partei gewesen zu sein, so ist das längst kein Grund zur Rehabilitierung, sie werden wie alle anderen entlassen. Diese Wiedereinstellungen haben genau wie die Entlassungen über das Arbeitsamt zu laufen.

Aus dem Schulwesen müssen alle Pgs ohne Ausnahme entfernt werden.

Text 121

Schreiben der Abteilung Finanz- und Steuerwesen im Oberfinanzpräsidium Berlin, die Schwierigkeiten bei der Entlassung aller NSDAP-Mitglieder dieser Abteilung betreffend, 7. Juli 1945.

Bei der Entlassung ehemaliger Pg's galten Ausnahmen, wenn die betroffenen Personen für die Verwaltung als „unentbehrlich" eingestuft wurden. Bei der zitierten Aktennotiz handelt es sich um eine Abschrift der Forschungsgruppe für Berliner Nachkriegsgeschichte im Auftrag des Senators für Volksbildung, 1953.

Abschrift

Abteilung für Finanz- und Steuerwesen
Oberfinanzpräsidium
Berlin, den 7. Juli 1945,
Kurfürstendamm 193–194

An die Abteilung für Personalfragen und Verwaltung, hier

Die Entlassung aller Parteimitglieder stellt die Ver-

MG / PS / G / 9a
(Rev. 15 May 45)

MILITARY GOVERNMENT OF GERMANY

Fragebogen

WARNING: Read the entire Fragebogen carefully before you start to fill it out. The English language will prevail if discrepancies exist between it and the German translation. Answers must be typewritten or printed clearly in block letters. Every question must be answered precisely and conscientiously and no space is to be left blank. If a question is to be answered by either "yes" or "no", print the word „yes" or "no" in the appropriate space. If the question is inapplicable, so indicate by some appropriate word or phrase such as "none" or "not applicable". Add supplementary sheets if there is not enough space in the questionaire. Omissions or false or incomplete statements are offenses against Military Government and will result in prosecution and punishment.

WARNUNG: Vor Beantwortung ist der gesamte Fragebogen sorgfältig durchzulesen. In Zweifelsfällen ist die englische Fassung maßgebend. Die Antworten müssen mit der Schreibmaschine oder in klaren Blockbuchstaben geschrieben werden. Jede Frage ist genau und gewissenhaft zu beantworten und keine Frage darf unbeantwortet gelassen werden. Das Wort „ja" oder „nein" ist an der jeweilig vorgesehenen Stelle unbedingt einzusetzen. Falls die Frage durch „Ja" oder „Nein" nicht zu beantworten ist, so ist eine entsprechende Antwort, wie z. B. „keine" oder „nicht betreffend" zu geben. In Ermangelung von ausreichendem Platz in dem Fragebogen können Bogen angeheftet werden. **Auslassungen sowie falsche oder unvollständige Angaben stellen Vergehen gegen die Verordnungen der Militärregierung dar und werden dementsprechend geahndet.**

A. PERSONAL / A. Persönliche Angaben

1. List position for which you are under consideration (include agence or firm). — 2. Name (Surname). (Fore Names). — 3. Other names which you have used or by which you have been known. — 4. Date of birth. — 5. Place of birth. — 6. Height. — 7. Weight. — 8. Color of hair. — 9. Color of eyes. — 10. Scars, marks or deformities. — 11. Present address (City, street and house number). — 12. Permanent residence (City, street and house number). — 13. Identity card type and number. — 14. Wehrpass No. — 15. Passport No. — 16. Citizenship. — 17. If a naturalized citizen, give date and place of naturalization. — 18. List any titles of nobility ever held by you or your wife or by the parents or grandparents of either of you. — 19. Religion. — 20. With what church are you affiliated? — 21. Have you ever severed your connection with any church, officially or unofficially? — 22. If so, give particulars and reason. — 23. What religious preference did you give in the census of 1939? — 24. List any crimes of which you have been convicted, giving dates, locations and nature of the crimes. —

1. Für Sie in Frage kommende Stellung: ....

2. Name .... 3. Andere von Ihnen benutzte Namen
Zu-(Familien-)name Vor-(Tauf-)name
oder solche, unter welchen Sie bekannt sind. ....

4. Geburtsdatum .... 5. Geburtsort ....

6. Größe .... 7. Gewicht .... 8. Haarfarbe .... 9. Farbe der Augen ....

10. Narben, Geburtsmale oder Entstellungen ....

11. Gegenwärtige Anschrift ....
(Stadt, Straße und Hausnummer)

12. Ständiger Wohnsitz ....
(Stadt, Straße und Hausnummer)

13. Art der Ausweiskarte .... Nr. .... 14. Wehrpaß-Nr. .... 15. Reisepaß-Nr. ....

16. Staatsangehörigkeit .... 17. Falls naturalisierter Bürger, geben Sie Datum und Einbürgerungsort an.

18. Aufzählung aller Ihrerseits oder seitens Ihrer Ehefrau oder Ihrer beiden Großeltern innegehabten Adelstitel. ....

19. Religion .... 20. Welcher Kirche gehören Sie an? .... 21. Haben Sie je offiziell oder inoffiziell Ihre Verbindung mit einer Kirche aufgelöst? .... 22. Falls ja, geben Sie Einzelheiten und Gründe an. .... 23. Welche Religionsangehörigkeit haben Sie bei der Volkszählung 1939 angegeben? .... 24. Führen Sie alle Vergehen, Uebertretungen oder Verbrechen an, für welche Sie je verurteilt worden sind, mit Angaben des Daturms, des Orts und der Art. ....

B. SECONDARY AND HIGHER EDUCATION / B. Grundschul- und höhere Bildung

Name & Type of School (If a special Nazi school or military academy, so specify) Name und Art der Schule (Im Fall einer besonderen NS oder Militärakademie geben Sie dies an)	*Location* Ort	*Dates of Attendance* Wann besucht?	*Certificate Diploma or Degree* Zeugnis, Diplom o. akademischer Grad	*Did Abitur permit University matriculation?* Berechtigt Abitur oder Reifezeugnis z. Universitätsimmatrikulation?	*Date* Datum

25. List any German University Student Corps to which you have ever belonged. — 26. List (giving location and dates) any Napola, Adolph Hitler School, Nazi Leaders College or military academy in which you have ever been a teacher. — 27. Have your children ever attended any of such schools? Which ones, where and when? — 28. List (giving location and dates) any school in which you have ever been a Vertrauenslehrer (formerly Jugendwalter).

25. Welchen deutschen Universitäts-Studentenburschenschaften haben Sie je angehört? ....
26. In welchen Napola, Adolf-Hitler-, NS-Führerschulen oder Militärakademien waren Sie Lehrer? Anzugeben mit genauer Orts- und Zeitbestimmung. ....
27. Haben Ihre Kinder eine der obengenannten Schulen besucht? .... Welche, wo und wann? ....
28. Führen Sie (mit Orts- und Zeitbestimmung) alle Schulen an, in welchen Sie je Vertrauenslehrer (vormalig Jugendwalter) waren. ....

C. PROFESSIONAL OR TRADE EXAMINATIONS / C. Berufs- oder Handwerksprüfungen

Name of Examination Name der Prüfung	*Place Taken* Ort	*Result* Resultat	*Date* Datum

163 Titelblatt eines Fragebogens der US-Militärregierung in Deutschland zur Überprüfung von NS-Mitgliedschaften, Mai 1945 (in Berlin ausgegeben ab Sommer 1945).

40. Indicate on the following chart whether or not you were a member of and any offices have held in the organizations listed below. Use lines 96 to 98 to specify any other associations, society, fraternity, union, sydicate, chamber, institute, group, corporation, club or other organization of any kind, whether social, political, professional, educational, cultural, industrial, commercial or honorary, with which you have ever been connected or associated. — Column 1: Insert either "yes" or "no" on each line to indicate whether or not you have ever been a member of the organization listed. If you were a candidate, disregard the columns and write in the word "candidate" followed by the date of your application for membership. — Column 2: Insert date on which you joined. — Column 3: Insert date your membership ceased if you are no longer a member. Insert the word "Date" if you are still a member. — Column 4: Insert your membership number in the organization. — Column 5: Insert the highest office, rank or other post of authority which you have held at any time. If you have never held an office, rank or post of authority, insert the word "none" in Columns 5 and 6. — Column 6: Insert date of your appointment to the office, rank or post of authority listed in Column 5.

40. In der folgenden Liste ist anzuführen, ob Sie Mitglied einer der angeführten Organisationen waren und welche Aemter Sie darin bekleideten. Andere Gesellschaften, Handelsgesellschaften, Burschenschaften, Verbindungen, Gewerkschaften, Genossenschaften, Kammern, Instituten, Gruppen, Körperschaften, Vereine, Verbände, Klubs, Logen oder andere Organisationen beliebiger Art, seien sie gesellschaftlicher, politischer, beruflicher, sportlicher, bildender, kultureller, industrieller, kommerzieller oder ehrenamtlicher Art, mit welchen Sie je in Verbindung standen oder welchen Sie angeschlossen waren, sind auf Zeile 96–98 anzugeben.

1. Spalte: „Ja" oder „nein" sind hier einzusetzen zwecks Angabe Ihrer jemaligen Mitgliedschaft in der angeführten Organisation. Falls Sie Anwärter auf Mitgliedschaft oder unterstützendes Mitglied oder im „Opferring" waren, ist, unter Nichtberücksichtigung der Spalten, das Wort „Anwärter" oder „unterstützendes Mitglied" oder „Opferring" sowie das Datum Ihrer Anmeldung oder die Dauer Ihrer Mitgliedschaft als unterstützendes Mitglied oder im Opferring einzusetzen.
2. Spalte: Eintrittsdatum.
3. Spalte: Austrittsdatum, falls nicht mehr Mitglied, anderenfalls ist das Wort „gegenwärtig" einzusetzen.
4. Spalte: Mitgliedsnummer.
5. Spalte: Höchstes Amt, höchster Rang oder eine anderweitig einflußreiche, von Ihnen bekleidete Stellung. Nichtzutreffendenfalls ist das Wort „keine" in Spalte 5 und 6 einzusetzen.
6. Spalte: Antrittsdatum für Amt, Rang oder einflußreiche Stellung laut Spalte 5.

	1 *Yes or No* ja oder nein	2 *From* von	3 *To* bis	4 *Number* Nummer	5 *Highest Office or rank held* Höchstes Amt oder höchster Rang	6 *Date Appointed* Antrittsdatum
41. NSDAP						
42. Allgemeine ᛋᛋ						
43. Waffen-ᛋᛋ						
44. Sicherheitsdienst der ᛋᛋ						
45. SA						
46. HJ einschl. BdM						
47. NSDStB						
48. NSDoB						
49. NSFrauenschaft						
50. NSKK						
51. NSFK						
52. Reichsb. der deutschen Beamten						
53. DAF						
54. KdF						
55. NSV						
56. NS-Reichsb. deutsch. Schwestern						
57. NSKOV						
58. NS-Bund Deutscher Technik						
59. NS-Aerztebund						
60. NS-Lehrerbund						
61. NS-Rechtswahrerbund						
62. Deutsches Frauenwerk						
63. Reichsbund deutscher Familie						
64. NS-Reichsb. für Leibesübungen						
65. NS-Altherrenbund						
66. Deutsche Studentenschaft						
67. Deutscher Gemeindetag						
68. NS-Reichskriegerbund						
69. Reichsdozentenschaft						
70. Reichskulturkammer						
71. Reichsschrifttumskammer						
72. Reichspressekammer						
73. Reichsrundfunkkammer						
74. Reichstheaterkammer						
75. Reichsmusikkammer						
76. Reichskammer d. bildend. Künste						
77. Reichsfilmkammer						
78. Amerika-Institut						
79. Deutsche Akademie München						
80. Deutsches Auslandsinstitut						
81. Deutsche Christen-Bewegung						
82. Deutsche Glaubensbewegung						
83. Deutscher Fichte-Bund						

164 Abschnitt eines Fragebogens der US-Militärregierung in Deutschland, die Mitgliedschaft in Organisationen des „Dritten Reiches" betreffend, Mai 1945.

165 Mitglieder eines Berliner Entnazifizierungsausschusses während einer Besprechung, 1946.

der Verwaltung sind die Beamten des gehobenen Dienstes, die als Betriebsprüfer, Veranlagungs- und leitende Kassenbeamte in einem mehrjährigen Vorbereitungsdienst für ihren Beruf vorgebildet sind und sich meist in langjähriger Praxis umfassende Kenntnisse des Steuerrechts, der Buchführung und des Bilanzwesens sowie die unerläßliche Branchenkunde erworben haben. Diese Kräfte können in absehbarer Zeit auch durch Angehörige kaufmännischer Berufe, Bankbeamte usw. nicht ersetzt werden. In ihren Reihen ist der Prozentsatz an ehemaligen Parteigenossen besonders hoch, wie nachstehende Zusammenstellung ergibt:

Ehemalige Beamte des	*Mitglieder der NSDAP*
höheren Dienstes	*60%*
gehobenen Dienstes	*65%*
mittleren Dienstes	*46%*
einfachen Dienstes	*37%*
Ehemalige Angestellte	*34%*
Arbeiter	*13%*

Text 122

Sogenannter „Persilschein", 10. Juli 1945.

Die von der „Bereinigung des Handels von faschistischen Elementen" Betroffenen konnten ab Juni bei der vom Magistrat dafür eingerichteten Spruchkammer Einspruch erheben. Als Entlastungsbeweise legten Antragsteller von Familienangehörigen, Nachbarn oder Kollegen gefertigte Leumundszeugnisse, sogenannte „Persilscheine" vor. Die mit Vertretern aus Parteien und Frauenausschüssen besetzten Kammern waren der Masse der Verfahren kaum gewachsen: Bis Ende 1945 fällte die Spruchkammer 1.500 Urteile, 2.000 Fälle galt es noch zu bearbeiten.

Emma v. Wedel
Berlin-Wilmersdorf
Markobrunnerstrasse 18 I

Sehr geehrter Herr Oberbürgermeister,

Herr Rudolf Lutze, Fasanenstrasse 48. Gth, ehem. Pg, hat beim Bürgermeisteramt Wilmersdorf, Albrecht-Achillesstr. ein Gesuch eingereicht, in dem er bittet, wieder in seinem gastronomischen Berufe tätig sein zu können. Ich höre, dass dieses Gesuch an den Herrn Oberbürgermeister weitergegeben worden ist. Es liegt mir am Herzen auch eine Erklärung über Herrn Lutze abzugeben:

Ich kenne Herrn Lutze seit nahezu 25 Jahren, auch kenne ich die Ursache seines Parteieintrittes: Er war Geschäftsführer eines von jüdischen Herren gegründeten Lokals in der Rankestr. Die Kundschaft bestand überwiegend aus jüdischen Gästen, diese veranlassten ihn in die Partei einzutreten. Da Herr Lutze einen grossen jüdischen Freundeskreis besass, glaubte er durch seinen Parteieintritt fest daran, sich schützend vor diese Menschen stellen zu können. Dass alles anders kam, konnte er nicht ahnen. Wie aber beiliegende eidesstattliche Versicherungen (Abschriften) beweisen, ist er seiner Einstellung treu geblieben und hat sich immer tadellos benommen. Bis zu meiner Einlieferung in das Konzentrationslager 1942 habe ich seinen Lebensweg immer verfolgt, ich kann ihm nur das beste Zeugnis ausstellen.

Wenn ich heute darum bitte, ihn von den Nachteilen, die sich für die ehemaligen Pgs. ergeben, zu befreien, so tue ich es, weil ich weiss, dass es um das Schicksal eines anständigen Menschen geht, der sich nie politisch hervorgetan hat und die Brutalitäten des Naziregimes auf das schärfste abgelehnt hat.

Emma von Wedel
Wilmersdorf
Markobrunnerstr. 18 I

Text 123

Schreiben der US-Militärregierung an die Alliierte Kommandantur, die Entlassung von Prof. Ferdinand Sauerbruch als Leiter der Abteilung Gesundheit beim Berliner Magistrat betreffend, 29. September 1945.

Direktor der Chirurgischen Abteilung der Charité konnte der renommierte Arzt, der nie Mitglied irgendeiner NS-Organisation war, bleiben.

U.S. Hauptquartier Berlin [...]
und
Hauptquartier der ersten Luftarmee
Berlin, Deutschland

APO 755, U.S. Armee
29. September 1945

Betrifft: Entlassung von Dr. Ernst F. Sauerbruch

An: Alliierte Kommandantura, Berlin

1. Hiermit wird die Zustimmung der Kommandantura zur Entlassung von Dr. Ernst F. Sauerbruch aus seiner gegenwärtigen Stellung als Leiter des Hauptgesundheitsamtes Berlin beantragt.

2. Dieser Mann fällt bei den US-Streitkräften auf dem europäischen Kriegsschauplatz unter die Kategorie der automatisch zu Verhaftenden. Während der Nazi-Herrschaft ging es ihm gut und er war in herausragender Stellung tätig, wodurch sein Ruf und Hintergrund direkt und indirekt zum Prestige der Nazi-Partei beitrugen. Unter anderem liegen uns die folgenden Fakten vor:

a. Direktor des Krankenhauses Charité.
b. Generalsrang (Generalarzt) und Oberster Armeechirurg.
c. Inhaber des Ehrentitels „Staatsrat", der ihm 1934 unter der Nazi-Herrschaft verliehen wurde.
d. Einkommen während der Nazi-Herrschaft von jährlich 200–300.000 Mark.

3. Wir vertreten zur Zeit die Ansicht, daß dieser Arzt für die Sicherheit der Truppen keine Bedrohung darstellt, halten es jedoch gemäß der Politik der U.S.-Armee und angesichts der hervorragenden Arbeit vor allem der Russischen Armee bei der Entfernung von Nazis und anderen Personen, die mit den Nazis in Verbindung standen, für notwendig, diesen Arzt nicht in einer herausragenden Stellung zu belassen.

James M. Gavin
Generalmajor, USA
Kommandierender General

Text 124

Persönliche Stellungnahme von Ferdinand Sauerbruch an die US-Militärregierung in Berlin, seine Entlassung als Leiter der Abteilung Gesundheit beim Berliner Magistrat betreffend, 1. November 1945.

1.November 1945

Hochverehrte Herrn!

Am 12.Oktober teilte die Allgemeine Zeitung die Entlassung des Professor Sauerbruch als Leiter des Gesundheitswesens mit. Fünf Tage später erhielt er vom Magistrat die offizielle Bestätigung und zugleich die Begründung dieser Anordnung. Mit der Tatsache könnte man sich selbstverständlich leicht abfinden, nicht aber mit ihrer Begründung. [...]

In Wort und Schrift habe ich mich stets gegen die nationalsozialistische Auffassung von Arzt und Menschentum gewehrt und der heranwachsenden akademischen Jugend höhere Be-

Einzelnummer 10 Pf.

Berliner Zeitung

Nr. 135 — Freitag, 19. Oktober 1945 — 1. Jahrgang

Die Anklage gegen die faschistischen Hauptkriegsverbrecher

Internationaler Militärgerichtshof eröffnet

Beginn des Gerichtsverfahrens in Nürnberg nach 30 Tagen

Gerichtstag

Autos, Uniformen, Posten, Film- und Pressevertreter. Ein Auf und Ab, ein Hin und Her in den Fluren des ehemaligen Kammergerichtes am Kleistpark. Vor Jahresfrist mag dort ein ähnliches Treiben geherrscht haben, als im Plenarsaal die Angeklagten des 20. Juli [illegible] den Schranken des Nazigerichtshofes [illegible]nden, und als Freisler brüllend, het[z]end, schimpfend, bramarbasierend wie ein schlechter Schmierenkomödiant die Welt darüber zu täuschen versuchte, daß die wahren Schuldigen, die Verbrecher, in Wirklichkeit auf dem Richterstuhl und in den Sesseln der Regierung saßen. Noch einmal triumphierte das Hitlerregime, und doch waren es damals dunkle Tage

Berlin, 18. Oktober.

Eigenbericht der „Berliner Zeitung"

Am 18. Oktober 1945, um 10.30 Uhr vormittags, begann in Berlin die erste Sitzung des Internationalen Militärgerichtshofes zur Aburteilung der Hauptkriegsverbrecher der Achsenstaaten im Plenarsaal des ehemaligen Kammergerichts. Der Vorsitzende des Internationalen Gerichtshofes, Generalmajor Nikitschenko, eröffnete die Sitzung mit folgenden Worten:

„In Wahrnehmung des Abkommens, welches zwischen der Regierung der Union der Sozialistischen Sowjetrepubliken, der Vorläufigen Regierung der Französischen Republik, der Regierung der Vereinigten Staaten von Amerika und der Regierung des Vereinigten Königreichs von Großbritannien und Nordirland zum Zwecke der Verfolgung und Bestrafung der Hauptkriegsverbrecher der Achsenstaaten am 8. August 1945 in London abgeschlossen wurde, und auf Grund des Artikels 22 der Urkunde, durch die dieses Internationale Militärgericht geschaffen wurde, erfolgt dieses Zusammentreffen in Berlin zur Entgegennahme der Anklageschrift gemäß Abkommen und Urkunde."

Einzelheiten über die Prozeßführung

Nachdem der Hauptanklagevertreter die Anklagepunkte dem Gericht übergeben hatte, erklärte der Vorsitzende des Internationalen Militärgerichtshofes: [illegible]

[illegible] eines Rechtsanwaltes zu empfehlen, wird der Gerichtshof einen Rechtsanwalt zu seiner Verteidigung ernennen.

Der Gerichtshof hat zur baldigen Veröffentlichung [illegible]

[illegible] innerhalb von 30 Tagen nach Uebergabe der Anklageschrift für das Gerichtsverfahren bereithalten müssen.

Sofort danach wird der Gerichtshof das Datum des Gerichtsverfahrens in Nürnberg [illegible]

[illegible] eine schnelle Durchführung der durch die Anschuldigungen eingeleiteten Verhandlungen zu sichern, keine Verzögerung weder in den Vorbereitungen zur Verteidigung noch zur gerichtlichen Untersuchung erlauben wird.

Lord Justice Lawrence wird den Vorsitz der Gerichtsverhandlung in Nürnberg führen.

In Artikel 9 der Urkunde wird ferner bekanntgegeben, daß die Anklage beabsichtigt, vom Gerichtshof die Erklärung zu fordern, daß folgende Organisationen oder Gruppen, denen die Angeklagten oder einige von ihnen angehörten, verbrecherische Organisationen darstellen. Jedes Mitglied einer solchen Gruppe oder Organisation wird berechtigt sein, dem Gerichtshof um die Erlaubnis anzugeben, hinsichtlich der Frage des verbrecherischen Charakters einer solchen Gruppe oder Organisation verhört zu werden.

Das bezieht sich auf folgende Organisationen:

166 Titelblatt der „Berliner Zeitung", die erste Sitzung des Internationalen Militärgerichtshofes betreffend, 19. Oktober 1945.

Der Internationale Militärgerichtshof wurde, bevor er in Nürnberg tagte, am 18. Oktober 1945 im ehemaligen Kammergerichtsgebäude, Potsdamer Straße (Bezirk Schöneberg), eröffnet.

griffe unserer Verpflichtung gegenüber Kranken und Hilfsbedürftigen, beizubringen versucht. [...]

Da es keine Orden gab, bot man mir den Titel eines Staatsrats an. Diese Auszeichnung nahm ich als Anerkennung ärztlicher Arbeit und Leistung an unter Ablehnung des Eintritts in die Partei und unter Betonung, daß ich meine persönliche und vor allen Dingen auch akademische Freiheit behalten müsse. [...]

Das Zweite, was mir zur Last gelegt wird, ist die Stellung als sogenannter Armee-Arzt. Zunächst sei erklärt, daß ich nicht Armee-Arzt war, sondern Beratender Chirurg des Heeres im III. Wehrkreis mit dem Rang eines Generalarztes. [...]

Erwähnt sei auch, daß mein ganzer Freundeskreis antinationalsozialistisch war. Ich nenne in diesem Zusammenhang Generaloberst Beck, Minister Popitz, General Olbricht, den früheren Generalkonsul in Amerika Kiep, den Botschafter v. Hassel, den früheren Staatssekretär Planck, den Hauptmann Jessen, den Grafen Stauffenberg, den großen Chemiker Willstätter und Professor Bonhoeffer, Leute, von denen die meisten ein Opfer des 20. Juli wurden. [...]

gez. Sauerbruch

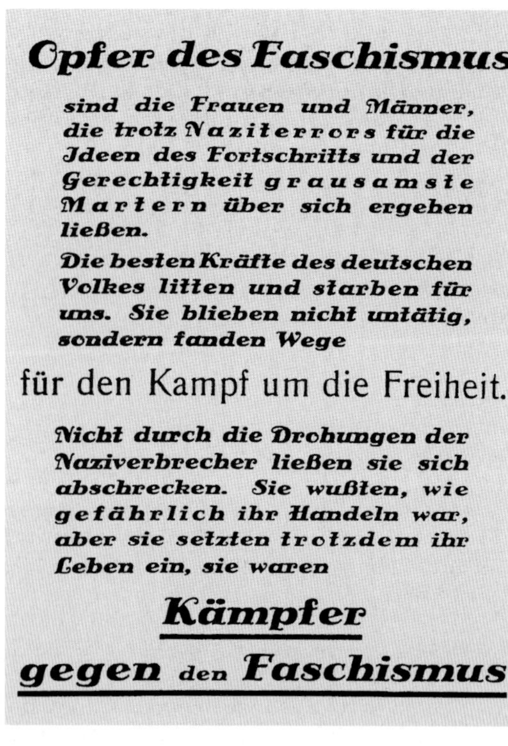

Opfer des Faschismus

sind die Frauen und Männer, die trotz Naziterrors für die Ideen des Fortschritts und der Gerechtigkeit grausamste Martern über sich ergehen ließen.

Die besten Kräfte des deutschen Volkes litten und starben für uns. Sie blieben nicht untätig, sondern fanden Wege

für den Kampf um die Freiheit.

Nicht durch die Drohungen der Naziverbrecher ließen sie sich abschrecken. Sie wußten, wie gefährlich ihr Handeln war, aber sie setzten trotzdem ihr Leben ein, sie waren

Kämpfer gegen den Faschismus

167 Handzettel, die Opfer des Faschismus betreffend, 15. Juli 1945.

168 Ehrendekoration für die Opfer des Faschismus anläßlich der großen Berliner Gedenkkundgebung, 9. September 1945.

Text 125

Auszug aus dem in der „Berliner Zeitung" abgedruckten Rundschreiben des Hauptausschusses „Opfer des Faschismus" vom 28. Juni 1945 an alle Bezirksunterausschüsse, Hilfsmaßnahmen betreffend, 30. Juni 1945.

Opfer des Faschismus sind Millionen Menschen, sind alle diejenigen, die ihr Heim, ihre Wohnung, ihren Besitz verloren haben. Opfer des Faschismus sind Männer, die Soldat werden mußten und in die Bataillone Hitlers eingereiht wurden, sind alle, die für Hitlers verbrecherischen Krieg ihr Leben lassen mußten. Opfer des Faschismus sind die Juden, die als Opfer des faschistischen Rassenwahns verfolgt und ermordet wurden, sind die Bibelforscher und die „Arbeitsvertragssünder". Aber soweit können wir den Begriff „Opfer des Faschismus" nicht ziehen. Sie haben alle geduldet und Schweres erlitten, aber sie haben nicht gekämpft! Ihnen wird und muß im Rahmen der allgemeinen Fürsorge geholfen werden.

In die Sondermaßnahmen des Berliner Magistrats können nur jene Männer und Frauen, unbeachtet ihrer religiösen und politischen Einstellung einbezogen werden, die unter der Hitlerdiktatur heldenmütig für die Freiheit des deutschen Volkes

169 Teilnehmer der Gedenkveranstaltung für die Opfer des Faschismus in KZ-Häftlingskleidung, Werner-Seelenbinder-Stadion (Bezirk Neukölln), 9. September 1945.

170 Demonstrationszug zur Gedächtnisfeier für die Opfer des Faschismus, 9. September 1945.

171 Suchplakat des Weddinger Bezirksausschusses „Opfer des Faschismus", 1945.

kämpften und darum schweren Verfolgungen und Mißhandlungen ausgesetzt waren, aus dem Lande vertrieben wurden, größte Opfer an Gesundheit und Gut brachten und lange Jahre in Zuchthäusern, Gefängnissen und Konzentrationslagern schmachteten.

Text 126

Anordnung der Alliierten Kommandantur an den Oberbürgermeister von Berlin, die bevorzugte Behandlung von Opfern des Faschismus betreffend, 17. Oktober 1945.

Abschrift

KOMMANDANTURA INTERALLIED DE BERLIN
ETAT-MAJOR

17. Oktober 1945 *BX/0(45)167*

Anordnung an den Oberbürgermeister

Betrifft: Bevorzugte Behandlung der Opfer des Faschismus

DIE ALLIIERTE KOMMANDANTURA BERLIN ordnet an wie folgt:

1) Sie werden alle nötigen Verwaltungs-Massnahmen ergreifen, um zu sichern, daß
a) allen Bitten und Ersuchen, die seitens anerkannter Opfer des Faschismus in Ihre Hände gelangen, die wohlwollendste Behandlung zuteil wird,
b) alle Bitten und Ersuchen um bevorzugte Behandlung betreffend Wohnung, Kleidung, ärztliche Fürsorge, Lebensmittel, Arbeit und, im allgemeinen, alle Ersuchen um Beistand auf das sorgfältigste geprüft und behandelt werden. Die Entscheidungen über diese Bitten müssen gerecht sein und ohne Verzögerung erfolgen.
2) Diese Anordnung tritt sofort in Kraft.
3) Bestätigen Sie den Empfang dieses Briefes unter Datum und Nummernangabe.

Im Auftrag der ALLIIERTEN KOMMANDANTURA BERLIN

P. DUSSERIS
Chef d'Escadron
Chef d'Etat-Major
(Stempel) (Unterschrift)

Text 127

„Laufende Bekanntmachungen" der Organisation „Opfer des Faschismus", Bezirksausschuß Wedding, 1945.

Laufende Bekanntmachungen:

Betr.: SS-Scharführer Bouchsein, Oranienburg
Alle ehemaligen politischen Häftlinge aus dem KZ Oranienburg, welche in der Lage sind, belastende Aussagen gegen den Obengenannten, der sich in Haft befindet, zu machen, werden hiermit gebeten, ihre Angaben sofort an den Bezirksausschuß zu geben.

Betr.: Christian Lutrop, geb. 15.7.96
Der Obengenannte ist nach seinen eigenen Angaben Lagerführer der Organisation Todt in Graz gewesen und hat dort auch Häftlinge aus dem KZ Nettenheim (Nebenlager von Dachau) in seiner Belegschaft gehabt.

Es wird angenommen, daß er zu den Kriegsverbrechern gehört.

Alle ehemaligen Häftlinge des obengenannten Lagers werden gebeten, sofern sie belastende

Aussagen gegen L. machen können, dieses ihrem Bezirksausschuß zu melden.

Betr.: Alle ehemaligen Sachsenhausener Häftlinge Albert Bauer, geb. 19.5.00 in Plauen. Der Obengenannte war Blockältester des Isolierungsblocks 58 und Leiter der Häftlingspolizei.

Er hat sich zahlreiche Mißhandlungen zuschulden kommen lassen und nahm außerdem besonders Stellung gegen die ausländischen Häftlinge. Bauer befindet sich augenblicklich in Haft.

Alle ehemaligen Häflinge werden gebeten, dem Bezirksausschuß ihre Angaben über Bauer zu melden.

[...]

Betr.: Gedenkmappe
Wir haben schon im vorigen Rundschreiben 2/46, darauf hingewiesen, daß wir Bilder von Hingerichteten und Ermordeten, nebst einer Biographie benötigen. Bitte, laßt uns nicht mehr allzu lange warten. Von den Bildern werden sofort Negative hergestellt, so daß die Angehörigen die Bilder schnellstens zurückbekommen.

Betr.: Bibliothek für die „Opfer des Faschismus"
Unsere erste Aufforderung, Bücher für eine von uns einzurichtende Bibliothek zu spenden, hat schon einen gewissen Erfolg zu verzeichnen.
Wir haben schon einen Bestand von ca. 60 Büchern bekommen.
Wir richten deshalb nochmals an jeden einzelnen Kameraden die Bitte, für eine gute Zusammenstellung der Bibliothek weiter mitzuhelfen.
[...]

172 Pankower Schulhelfer besuchen, wenn sie keinen Unterricht erteilen, selber die Schule, undatiert.

173 Zurückgekehrter jüdischer Lehrer mit seiner Tochter vor der Schule, 1945.

Text 128

Aus einem Bericht der Zeitung „Berlin am Abend", die Wiedereröffnung der Schulen in Schöneberg betreffend, 17. Juli 1945.

Die Zeitung „Berlin am Abend" ist nur in wenigen Nummern erschienen.

Wiedereröffnung der Schulen
Der Bezirk Schöneberg zählt 12 Volksschulen. Die erste von ihnen konnte bereits am 26. Mai wieder eröffnet werden. Die restlichen 11 befinden sich seit dem 19. Mai wieder in Betrieb. Insgesamt sind 4600 Volksschüler eingeschult, die von 167 Lehrkräften in zusammen 155 Klassen unterrichtet werden. Der in den Volksschulen bestehende Lehrermangel wurde durch die Einstellung von Schulhelfern und Schulhelferinnen überbrückt, eine Maßnahme, die bisher weder nach der persönlichen, noch nach der unterrichtlichen Seite zu Schwierigkeiten geführt hat.
Wiedereröffnet sind im Bezirk Schöneberg außerdem noch 2 Mittelschulen, 3 höhere Schulen, 1 Hilfsschule, 4 Berufsschulen und ferner noch das Pestalozzi-Fröbelhaus, das Lette-Haus, die Bauschule und die Staatliche Kunstschule. In den Höheren Schulen unterrichten 36 Lehrkräfte in 22 Klassen 600 Schüler. Der Unterricht in der Bau-

schule (Kurfürstenstr.) und in der Staatlichen Kunstschule (Grunewaldstr.) ist am 2. Juli aufgenommen worden.

Text 129

Befehl Marschall Schukows, die Ablieferung von NS- und Kriegsliteratur betreffend, 16. September 1945.

Ausschaltung der Naziliteratur

Erlaß des Obersten Chefs der Sowjetischen Militärverwaltung

Zum Zwecke der schnelleren Ausmerzung der nazistischen Idee und des Militarismus, die ihre weite Verbreitung in der Veröffentlichung verschiedener Arten von Literatur in den Jahren des faschistischen Regimes gefunden haben, hat der Oberste Chef der Sowjetischen Militärverwaltung in Deutschland, Marschall der Sowjetunion G. Shukow,

befohlen:

1. Alle Besitzer von privaten Bibliotheken, Buchhandlungen und Verlagen, auch alle Privatpersonen haben zum 1. Oktober 1945 in die Bezirks-Kommandanturen abzuliefern:

a) alle Bücher, Broschüren, Zeitschriften, Alben und andere Literatur, enthaltend faschistische Propaganda, Rassentheorie, Literatur über gewaltsame Aneignung fremder Länder, ferner alle Art Literatur gegen die Sowjetunion und andere Vereinte Nationen gerichtet,

b) alle Kriegsliteratur, einbegriffen Lehrbücher und Lehrmittel für Kriegschulen, ferner wissenschaftliche und technische Literatur, die mit dem Kriegswesen zusammenhängt.

2. Allen ehemals staatlichen und städtischen Bibliotheken, Universitätsdirektoren und Direktoren anderer Hochschulen, wissenschaftlicher Forschungsanstalten, Präsidenten der Akademien, sowie Gesellschafter der wissenschaftlichen und technischen Vereinigungen [haben] aus den ihnen unterstellten Bibliotheken alle in § 1 erwähnte faschistische Kriegsliteratur mit den dazugehörenden Karteien durch Spezialkommissionen unter dem Vorsitz der Anstaltsleiter auszumerzen und dem Vertreter der Militär-Kommandantur zu übergeben.

174 Rückgabe von Nazi-Büchern in der Schule, undatiert.

3.5. Verwaltung und Politik

Soweit sich bei der Eroberung der Stadt spontan kleine Gruppen gebildet hatten, um zum Aufbau einer antifaschistischen Ordnung „von unten" beizutragen, fehlte ihnen die Unterstützung durch die Besatzungsmacht, so daß sie binnen weniger Tage wieder verschwunden waren. Der Aufbau einer Verwaltung fand „von oben", im Auftrag und unter der Verantwortung des sowjetischen Stadtkommandanten statt.

Schon Mitte Mai wurde der Öffentlichkeit ein Berliner Magistrat präsentiert, an dessen Spitze der politisch bis dahin nicht hervorgetretene Architekt und Ingenieur Dr. Arthur Werner stand. Neben bürgerlichen Fachleuten – darunter einige Prominente wie die Professoren Sauerbruch und Scharoun – gehörten dem Magistrat vor allem zahlreiche Kommunisten an. Er war eingesetzt und an die Befehle und Weisungen des Stadtkommandanten und später der Alliierten Kommandantur gebunden. Die Bezirksämter wurden als ausführende Organe des Magistrats eingerichtet; im September wurde dem Magistrat das Recht bestätigt, Bezirksbürgermeister und -stadträte einzusetzen und zu entlassen. Auch die Justiz, mit deren Neuaufbau in Form von Amts- oder Bezirksgerichten am 18. Mai begonnen wurde, wurde vorläufig der städtischen Verwaltung eingegliedert.

Es war offensichtlich, daß auf die Verwaltung große, fast unlösbare Aufgaben warteten. Dabei fehlten die eingespielten Apparate, mußten die früheren NSDAP-Mitglieder entlassen werden. Am 31. Mai löste der Magistrat auf Weisung des Stadtkommandanten alle Beamtenverhältnisse auf, so daß es im öffentlichen Dienst nur noch Angestellte und Arbeiter gab. Dennoch wurden die praktischen Aufgaben mit großem Elan und auch bemerkenswertem Erfolg angegangen. Das galt für die Enttrümmerungs- und Sicherungsarbeiten, für den Wiederaufbau der Wasser-, Strom- und Gasversorgung, für die Wiederaufnahme des Bahn- und Busverkehrs, für die Sicherung und Verteilung von Lebensmitteln. Auch der Neuaufbau einer städtischen Polizei, die unter den gegebenen Verhältnissen unverzichtbar war, schritt rasch voran.

Überraschenderweise genehmigte die Sowjetische Militäradministration für Deutschland (SMAD) schon am 10. Juni, nur einen Monat nach dem Ende des „Dritten Reiches", die Bildung und Tätigkeit „antifaschistischer" politischer Parteien. So entstanden in kürzester Zeit KPD, SPD, Liberal-demokratische Partei (LDPD) und CDU. Die KPD war, weil vorab informiert, am schnellsten, bei den bürgerlichen Parteien zogen sich die Genehmigungen einige Wochen lang hin. Die starken Tendenzen zugunsten einer einheitlichen sozialistischen Partei wurden von der KPD blockiert, ehe sie im Herbst ihren Kurs änderte und – unterstützt von der SMAD – auf eine rasche Vereinigung von SPD und KPD drängte. Bei der SPD nahm dagegen die Stimmung zugunsten einer Einheitspartei seit dem Herbst stark ab. Dennoch war das Jahr 1945 trotz wachsender politischer Spannungen durch eine praxisorientierte Zusammenarbeit der Parteien bestimmt.

Am 13. Juni konstituierte sich ein „Vorbereitender Gewerkschaftsausschuß für Groß-Berlin", der einen Gründungsaufruf für eine organisatorisch und weltanschaulich einheitliche Gewerkschaft veröffentlichte. Der Gewerkschaftsaufbau schritt zügig voran, wurde jedoch bald durch den Versuch, kommunistische Interessen einseitig zur Geltung zu bringen, beeinträchtigt. Sozialdemokratische Gewerkschafter gerieten schon im Spätjahr 1945 zunehmend unter Druck.

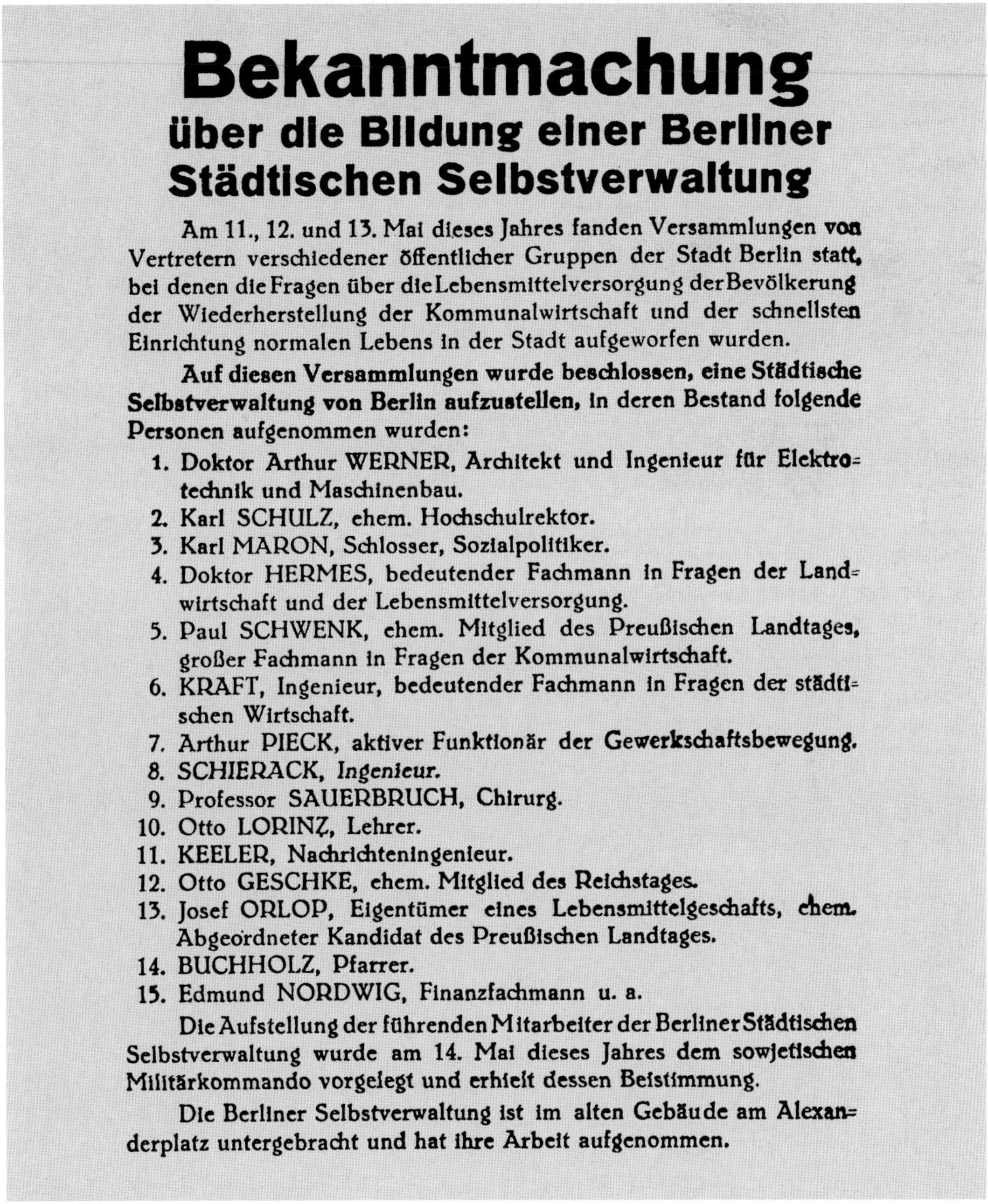

Bekanntmachung
über die Bildung einer Berliner Städtischen Selbstverwaltung

Am 11., 12. und 13. Mai dieses Jahres fanden Versammlungen von Vertretern verschiedener öffentlicher Gruppen der Stadt Berlin statt, bei denen die Fragen über die Lebensmittelversorgung der Bevölkerung der Wiederherstellung der Kommunalwirtschaft und der schnellsten Einrichtung normalen Lebens in der Stadt aufgeworfen wurden.

Auf diesen Versammlungen wurde beschlossen, eine Städtische Selbstverwaltung von Berlin aufzustellen, in deren Bestand folgende Personen aufgenommen wurden:

1. Doktor Arthur WERNER, Architekt und Ingenieur für Elektrotechnik und Maschinenbau.
2. Karl SCHULZ, ehem. Hochschulrektor.
3. Karl MARON, Schlosser, Sozialpolitiker.
4. Doktor HERMES, bedeutender Fachmann in Fragen der Landwirtschaft und der Lebensmittelversorgung.
5. Paul SCHWENK, ehem. Mitglied des Preußischen Landtages, großer Fachmann in Fragen der Kommunalwirtschaft.
6. KRAFT, Ingenieur, bedeutender Fachmann in Fragen der städtischen Wirtschaft.
7. Arthur PIECK, aktiver Funktionär der Gewerkschaftsbewegung.
8. SCHIERACK, Ingenieur.
9. Professor SAUERBRUCH, Chirurg.
10. Otto LORINZ, Lehrer.
11. KEELER, Nachrichteningenieur.
12. Otto GESCHKE, ehem. Mitglied des Reichstages.
13. Josef ORLOP, Eigentümer eines Lebensmittelgeschäfts, chem. Abgeordneter Kandidat des Preußischen Landtages.
14. BUCHHOLZ, Pfarrer.
15. Edmund NORDWIG, Finanzfachmann u. a.

Die Aufstellung der führenden Mitarbeiter der Berliner Städtischen Selbstverwaltung wurde am 14. Mai dieses Jahres dem sowjetischen Militärkommando vorgelegt und erhielt dessen Beistimmung.

Die Berliner Selbstverwaltung ist im alten Gebäude am Alexanderplatz untergebracht und hat ihre Arbeit aufgenommen.

175 Bekanntmachung über die Bildung des Magistrats am 14. Mai, veröffentlicht in der Zeitung „Tägliche Rundschau", 17. Mai 1945.
Weitere Magistratsmitglieder wurden am 19. Mai eingesetzt: Hans Jendretzky (Stadtrat für Arbeit), Walter Jirak (Stadtrat für Städtische Betriebe), Hermann Landwehr (Stadtrat für Wirtschaft), Prof. Hans Scharoun (Stadtrat für Bau- und Wohnungswesen) und Otto Winzer (Stadtrat für Volksbildung).

176 Oberbürgermeister Dr. Arthur Werner (stehend), der sowjetische Stadtkommandant Generaloberst Nikolaij Bersarin (links), Stadtrat für Arbeit Hans Jendretzky (im Hintergrund) und Bürgermeister Karl Maron (rechts) bei der konstituierenden Sitzung des ersten Berliner Magistrats, 20. Mai 1945.

177 Sitzung des Magistrats, 1945.

Text 130

Erinnerungen Wolfgang Leonhards an die Auflösung der Antifa-Ausschüsse, 1961.

Leonhard war im April 1945 mit der „Gruppe Ulbricht" nach Berlin gekommen.

„In den letzten Tagen sind verschiedene Büros, Komitees und Organisationen entstanden, die sich Antifaschistische Komitees, Anti-Nazi-Gruppen, Sozialistische Büros, Nationalkomitees oder sonstwie bezeichnen", erklärte Ulbricht auf einer der üblichen Besprechungen.
Diese Büros hatte auch ich auf meiner Fahrt durch Berlin wiederholt gesehen. Ich war davon überzeugt, daß wir von Ulbricht den Auftrag bekommen würden, mit ihnen in Verbindung zu treten, um ihre Arbeit zu unterstützen. „Es wurde in Erfahrung gebracht" – Ulbricht sagte nicht durch wen und wie –, „daß diese Büros von Nazis aufgezogen worden sind. Es sind also Tarnorganisationen, deren Ziel es ist, die demokratische Entwicklung zu stören. Wir müssen alles daransetzen, sie aufzulösen."
[...]
Wenige Tage später war das „Werk" vollbracht. Das Komitee war aufgelöst. Die Mehrzahl seiner Mitglieder zog sich enttäuscht ins Privatleben zurück. Einige traf ich später wieder. Sie waren in der Verwaltung tätig und taten pflichtgemäß ihre Arbeit, aber das Feuer, die Begeisterung, die Initiative waren bei ihnen nicht mehr zu spüren. Das Schicksal des Charlottenburger Komitees war nur ein Beispiel. Zur gleichen Zeit wurden damals in Berlin Dutzende ähnlicher, von unten entstandener Ausschüsse, Initiativgruppen, Komitees aufgelöst.

Text 131

Erinnerungen Arthur Werners an die Umstände seiner Berufung 1945 in das Amt des Oberbürgermeisters.

An einem Tage kurz nach dem Einmarsch der Roten Armee [...] sah ich in der Nähe des Gartenzaunes einen Herren stehen, der mir zurief: „Ich suche Dr. Werner!"
Als ich sagte: „Da sind Sie richtig, der ist hier", vergewisserte er sich zunächst, ob ich es sei.

178 Das provisorische Rathaus Schöneberg, Hauptstraße 19, Mai/Juni 1945.

Dann nannte er mir den Namen eines meiner früheren Schüler und richtete mir von diesem Grüße aus. Wir nahmen im Garten Platz, und mein Gast unterhielt sich mit mir über meine Vergangenheit und lud mich ein, zu einem ehemaligen Reichstagsabgeordneten zu fahren. [...] Auch mit ihm hatte ich zunächst ein Gespräch über meine Vergangenheit, an dessen Schluß der Abgeordnete sagte:
„Nun möchte ich Sie dem Stadtkommandanten von Berlin, Herrn Generaloberst Bersarin, vorstellen". [...] Nach der Vorstellung und nachdem ich viele Fragen beantwortet hatte, sagte Herr Generaloberst: „Ich habe die Absicht, Ihnen das Amt des Oberbürgermeisters von Berlin zu übertragen."
[...]"Kommen Sie morgen mittag 12 Uhr hier her. Ich werde dann Sie und den ganzen Berliner Magistrat bestätigen."

Text 132

Beschluß des Berliner Magistrats, die Aufwandsentschädigungen für höhere Stadtbedienstete betreffend, 16. Juli 1945.

Beschluß: Die Aufwandsentschädigung beträgt monatlich für

den Oberbürgermeister	*1.000 RM,*
die Bürgermeister	*750 RM,*
die Stadträte	*500 RM.*

Sie wird für die Monate Mai, Juni, Juli gezahlt. Die Vertreter der Stadträte erhalten monatlich 250 RM Aufwandsentschädigung, und zwar vom Tage ihrer Bestätigung ab.

Text 133

Befehl des Generaloberst Bersarin, die Organisation von Polizei und Justiz betreffend, 25. Mai 1945.

Befehl
des Militärkommandanten der Stadt Berlin,
Bersarin, vom 25. 5. 1945.

Im Interesse der schnellen Wiederherstellung des normalen Lebens der Bevölkerung der Stadt Berlin, im Interesse des Kampfes gegen Verbrechen und öffentliche Ruhestörung, der Regulierung des Straßenverkehrs und des Schutzes der Selbstverwaltungsgebäude der Stadt Berlin ist der Selbstverwaltung der Stadt Berlin vom Kommando der Roten Armee erlaubt, die Stadtpolizei, das Gericht und die Staatsanwaltschaft zu organisieren; diese Organe sind bereits am 20. Mai ds. Jhrs. gebildet und haben ihre normale Arbeit begonnen.

Ich befehle:

1. *Dem Polizeipräsidenten des Präsidiums der Stadt Berlin, Oberst Markgraf, vom 25. Mai bis zum 1. Juni d. J. den Schutzpolizeiapparat in die Uniform einzukleiden, die bis zum Jahre 1933 im Dienstgebrauch war und eine notwendige Zahl von Polizeiposten in der Stadt aufzustellen.*
2. *Der Zivilbevölkerung der Stadt Berlin, den Aufforderungen der Polizei, des Gerichts und der Staatsanwaltschaft als Vertreter der städtischen Macht Folge zu leisten und ihnen jegliche Hilfe zu erweisen.*
3. *Den Angehörigen der Roten Armee des Standorts Berlin, der Polizei, dem Gericht und der Staatsanwaltschaft während der Durchführung der ihnen auferlegten Dienstpflichten keine Schwierigkeiten zu bereiten.*

Standortchef und Kommandant der Stadt Berlin
Generaloberst BERSARIN
Chef des Standortstabes der Stadt Berlin
Generalmajor KUSCHTSCHOW

Text 134

Mitteilung des Gebietsobmanns des Amtsbezirks Charlottenburg-Mitte an alle Hausobleute, 30. August 1945.

Haus-, Straßen- und Blockobleute waren Teil der Verwaltung. Sie verteilten Lebensmittelkarten, stellten Arbeitseinsätze auf, spürten Nazis auf und räumten deren Wohnungen beispielsweise für heimkehrende KZ-Häftlinge. Bestätigt (aber nicht nominiert) wurden die Obleute durch Zustimmung der Hausbewohner. Diese Art von Dienstleistung machten die Obleute zunächst für die bezirklichen Stadtkommandanten und dann für die Bezirksämter. Kritik äußerte sich gegenüber ihrer oft als rigoros empfundenen Art der Entnazifizierung. Parallelen zum NS-Blockwart wurden gezogen.

An alle Hausobleute!

1. *Die Pg. unseres Gebietes haben sich am Sonntag, dem 2.9.45. um 7.30 Uhr in der Fritsche-Strasse 74 Ecke Wall-Strasse zu versammeln und werden um 8 Uhr zum Arbeits-*

179 Einer der ersten Berliner Polizisten in Zivil mit einer russisch-deutschen Armbinde, Mai/Juni 1945.

180 Einer der ersten Berliner Polizisten in alter Uniform mit einer russisch-deutschen Armbinde, Mai/Juni 1945.

amt geführt. Diejenigen mit Bescheinigungen und Attesten werden dort registriert und befreit.

2. *Der Amtsbezirk Mitte benötigt Angaben von den Hausobleuten, ob sie Mitglieder der SPD., KPD., Christ-Dem., Lib.Dem. Partei oder parteilos sind.*
3. *Das Arbeitsamt bittet um Angabe aller männlichen Jugendlichen im Alter von 14 bis 21 Jahren, getrennt nach Namen, Adresse und Alter.*

Die erbetenen Angaben bitte ich in der Geschäftsstelle Fritsche-Strasse 74 – Ecke Wallstr. abzugeben.

Gebietsobmann

gez. Gösche

Text 135

Merkblatt für Hausobleute, 29. August 1945.

Charlottenburg-Mitte, Amtsgericht.

1) Der Hausobmann muß im unparteilichen und antifaschistischen Sinne wirken.
2) Dem Hausobmann ist ein direkter Verkehr mit der Behörde untersagt, und in jedem Fall sind alle Angelegenheiten über den Gebietsobmann zu leiten.
3) Der Hausobmann muß eine Liste sämtlicher Hausbewohner, getrennt nach Pg und Mg [?] besitzen, in der gleichzeitig das Arbeitsverhältnis der betreffenden Person vermerkt ist. Die Liste muß stets mit den laufenden Änderungen übereinstimmen.
4) Sämtliche Einweisungen von neuen Mietern müssen die Genehmigung des Haus- und Straßen- und Gebietsobmannes tragen.
5) Sämtliche Streitigkeiten zwischen Mietern sind vom Hausobmann zu schlichten. In schweren Fäl-

Der Magistrat der Stadt Berlin — Berlin W 15, den 14. Juli 1945
Abt. für Finanz- und Steuerwesen — Kurfürstendamm 193/194
Oberfinanzpräsidium — Zimmer 280

16. Juli 1945

S 1230 - St IV Bt/Breker und Andere

1. FA Zehlendorf

Betrifft: Meldung der Steuerrückstände von führenden Personen und von Nutznießern des Nazi-Systems auf Grund der Rdvfg. vom 6. Juni 1945 - O 2150 - 5/45 - St IV Bt -

Wir bitten Sie, uns über den Stand der Beitreibung der Rückstände auf dem Laufenden zu halten, die nach Ihrer Sammelmeldung bei der nachstehend genannten Steuerpflichtigen bestehen.

Lfd.Nr.	Name	Steuernummer	Gesamtrückstand
2	Breker	1/641	252.797.-- RM
3	v. Treuenfeld	2/167	7.215,-- RM
4	Muhs	2/193	854,50 RM
6	v. Renteln	2/407	14.348,20 RM
11	Liebeneiner	2/869	14.148,98 RM
14	Piepenburg	3/728	751.426,-- RM
18	v. Behr	4/64	68.039,15 RM
20	Kleinmann	4/226	2.068,50 RM
21	Göring	4/142	51.616,25 RM
22	Jodl	4/463	1.530,-- RM
23	Dönitz	4/534	2.068,-- RM
25	Daluege	5/586	2.659,75 RM
26	Mueller	5/424	1.821,-- RM
27	Börger	5/593	3.626,-- RM
42	Götz	12/70	12.331,55 RM
43	Poll	13/161	10.008,-- RM
48	Kupfer	14/921	2.540,-- RM
53	Bürkner	15/39	33.057,25 RM
55	Durstmann	17a/365	294.397,20 RM
58	Bohle	17b/469	3.709,55 RM
61	Dr. Lutz	18/522	3.943,35 RM
62	Schwarz van Berk	18/589	2.314,-- RM
63	Meltzer	18/658	22.227,15 RM
66	Pfundtner	19/328	4.195,-- RM
73	v. Siemens	21/244	21.288,-- RM
78	Schickedanz	23/40	4.896,-- RM
79	Sagebiel	23/119	2.231,50 RM
83	Stuckart	23/555	2.443,-- RM
86	Esser	24/241	984.-- RM
87	Sündermann	25/658	777,-- RM
89	v. Siemens	25/40	57.289,-- RM
90	Horcher	25/638	251.491,-- RM
93	Görlitzer	101/119	822,50 RM
97	Scherping	102/286	1.881,75 RM
98	Küper	104/730	2.358,-- RM
111	Schneller	115/145	2.220,-- RM
113	Stolle	115/317	1.600,-- RM
115	Meinberg	108/259	19.370,-- RM

Es

181 Schreiben des Oberfinanzpräsidiums an das Finanzamt Zehlendorf, Steuerrückstände betreffend, 14. Juli 1945.

182 Bezirksamt Tempelhof und US-Militärgerichtshof, September 1945.

len ist der Gebietsobmann hinzuzuziehen. Bei Uneinigkeiten zwischen Hausobmann und Mietern ist sofort der Gebietsobmann zu benachrichtigen.

6) Der Hausobmann ist für die Haustafel (schwarzes Brett) voll verantwortlich, d.h. für die Anbringung von neuen Verfügungen und Entfernung der überholten Bekanntmachungen.

7) Die Anordnungen der Gebietsobleute sind nach Datum sortiert sorgfältig aufzubewahren, sodaß jederzeit eine Nachschlagemöglichkeit besteht.

8) Grundlage für eine erfolgreiche Zusammenarbeit zwischen Hausobmann und der Hausgemeinschaft ist das gegenseitige Vertrauen und ein kameradschaftlicher Ton.

9) Der Hausobmann ist voll dafür verantwortlich, daß sich das Haus, der Hof und die Straße stets in einem reinlichen Zustand befinden.

10) Sämtliche leeren und freigewordenen sowie unterbelegten Wohnungen sind sofort dem Gebietsobmann zu melden.

11) Der Hausobmann ist dafür verantwortlich, daß nach den erteilten Richtlinien der Kartenstelle die Lebensmittelkartenverteilung in seinem Haus genauestens erfolgt.

Text 136

Aufruf des „Vorbereitenden Gewerkschaftsausschusses für Groß-Berlin", 15. Juni 1945.

Der Aufruf forderte zur Bildung freier und demokratischer Gewerkschaften auf. Der neue Gewerkschaftsbund sollte die weltanschauliche Spaltung der Gewerkschaften während der Weimarer Republik überwinden. Jakob Kaiser als Vertreter der früheren Christlichen Gewerkschaften unterzeichnete ebenso wie Ernst Lemmer von den früheren liberalen Hirsch-Dunckerschen Gewerkschaften. Die Sozialdemokraten (Bernhard Göring, Hermann Schlimme und Otto Brass) und Kommunisten (Hans Jendretzky, Roman Chwalek und Paul Walter) sollten im Ausschuß paritätisch vertreten sein. Die Parität war freilich von Anfang an nicht gegeben, da Otto Brass bereits Mitglied der KPD war.

Zugleich sollte durch den Aufbau der Gewerkschaften nach dem Industrieverbandsprinzip auch die Vielzahl der früheren Berufsgewerkschaften überflüssig werden.

Neue Richter werden vereidigt

Bei der feierlichen Eröffnung des Bezirksverwaltungsgerichts im britischen Sektor von Berlin wurden die Richter von Major Rae vereidigt

GENERAL NARES ERÖFFNETE VERWALTUNGSGERICHT

Gegen Missbrauch von Amtsbefugnissen

Am Mittwoch erfolgte im Hause des früheren Reichsverwaltungsgerichts, Hardenbergstr. 31, in Anwesenheit von Generalmajor Nares, Kommandant des britischen Sektors von Berlin, die Eröffnung des neuen Bezirksverwaltungsgerichts.

Nach der Vereidigung des Präsidenten Dr. Franz Scholz und der fünf ihm beigegebenen Richter hielt Generalmajor Nares die Eröffnungsansprache. Er wies darauf hin, dass es immer wieder Beamte geben werde, die ihre Befugnis missbrauchten. In diesen Fällen sei es Aufgabe der Verwaltungsgerichte, den Bürger Gerechtigkeit finden zu lassen. Die Militärregierung habe die besten Männer, die zu finden waren, hier zu Richtern bestellt.

Vertrauen wiederherstellen

Präsident Dr. Scholz dankte dem General im Namen der ernannten Richter für das in sie gesetzte Vertrauen. Sie alle würden sich bemühen, das Vertrauen in die deutsche Rechtspflege wiederherstellen zu helfen.

Fanatismus muss verschwinden

Der Fanatismus, der das deutsche Recht in den letzten zwölf Jahren so schwer erschüttert habe, müsse für alle Zeiten verschwinden.

Es werde in Zukunft wieder Recht gesprochen werden ohne Ansehen der Person, der Rasse oder der Religion, getreu dem vor der Militärregierung abgelegten Eid.

Unter den geladenen Gästen befanden sich Oberbürgermeister Dr. Werner, der Präsident des Kammergerichtes, Prof. Dr. Kanger, und seine beiden Vertreter. Ferner waren die Amtsgerichtsdirektoren und Bezirksbürgermeister des britischen Sektors von Berlin erschienen.

Strassenjagd durch Düsseldorf

Jugendliche Einbrecher festgenommen

Bei der Verfolgung einer Bande jugendlicher Einbrecher in Düsseldorf kam es zu einer Strassenjagd durch das Zentrum der Stadt.

Stadtviertel abgeriegelt

150 deutsche Polizeibeamte und 30 britische Militärpolizisten hatten das Hellweg-Viertel abgeriegelt, wo sie 18 Jugendliche festnahmen. In einem Haus fanden sie noch vier bewaffnete Jugendliche, die flüchteten.

Jagd über drei Kilometer

Bei der Verfolgung feuerten die britischen Militärpolizisten auf die Flüchtenden und verletzten einen von ihnen am Bein. Dieser und ein anderer konnten schnell, ein dritter erst nach einer Jagd über drei Kilometer gestellt werden. Der Vierte entkam, obwohl man annimmt, dass er verwundet ist.

Kriminalpolizisten angeschossen

183 Bericht der Zeitung „Der Berliner", die Vereidigung deutscher Richter des Bezirksverwaltungsgerichts, Hardenbergstraße 31, im britischen Sektor durch Major Rae im November 1945 betreffend, 20. Dezember 1945.
Die Vereidigung fand in Anwesenheit des Kommandanten des britischen Sektors, Generalmajor Nares, des Oberbürgermeisters Dr. Werner und des Kammergerichtspräsidenten Prof. Dr. Kanger im Gebäude des früheren Reichsverwaltungsgerichts statt.

184 Otto Grotewohl und Wilhelm Pieck, 12. August 1945.
Der Händedruck von Otto Grotewohl und Wilhelm Pieck im August 1945 sollte die schon im Juni vereinbarte enge Zusammenarbeit der beiden wiedergegründeten Arbeiterparteien SPD und KPD dokumentieren.

AUFRUF
des vorbereitenden Gewerkschaftsausschusses
für Groß-Berlin

Die notwendigen Maßnahmen zur Sicherung der Versorgung der Bevölkerung und zur Wiederherstellung des normalen Lebens sind in Angriff genommen. Der Befehl des obersten Chefs der Sowjetischen Militärischen Administration gibt den Arbeitern und Angestellten das Recht zur Vereinigung in freien Gewerkschaften.

Damit ist der von den Arbeitern und Angestellten langersehnte Zeitpunkt gekommen, sich wieder gewerkschaftlich zu organisieren.

Die Unterzeichneten haben einen Ausschuß zum Wiederaufbau freier, demokratischer Gewerkschaften für Groß-Berlin gebildet. Wir sind

Kommunistische Partei Deutschlands

Mitgliedskarte

1

Name Pieck Vorname Wilhelm

geb. am 3. 1. 1876 in Guben

Beruf Parteiarbeiter

Mitglied der KPD seit Dezember 1918

Wohnung Berlin-Niederschönhausen Viktoriastr.

Unterschrift des Inhabers

Die Karte wurde ausgestellt am: 1. 9. 45.

Stempel und Unterschrift der Bezirksleitung

185 KPD-Mitgliedskarte von Wilhelm Pieck, September 1945.
Die im September 1945 ausgestellte Mitgliedskarte mit der Mitgliedsnummer 1 gibt einen Hinweis auf die neue Haltung gegenüber der wiedergegründeten SPD: Sie vermerkt seinen Eintritt in die SPD im Juli 1895. Als Beruf ist „Parteiarbeiter" angegeben.
Pieck war seit der Gründung der KPD im Dezember 1918 Mitglied der Zentrale beziehungsweise des Zentralkomitees. Er emigrierte 1933 über Paris nach Moskau und kehrte am 1. Juli 1945 nach Berlin zurück. Er war Vorsitzender des Zentralkomitees der wiedergegründeten KPD.

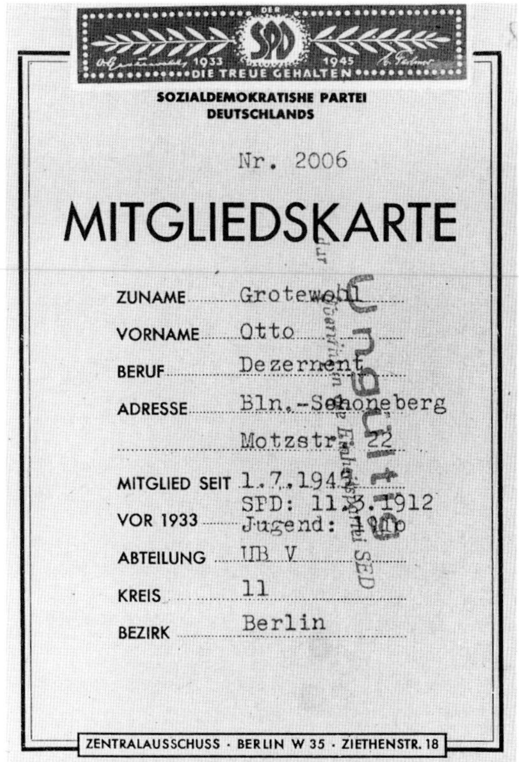

1933 SPD 1945 DIE TREUE GEHALTEN

SOZIALDEMOKRATISHE PARTEI DEUTSCHLANDS

Nr. 2006

MITGLIEDSKARTE

ZUNAME Grotewohl

VORNAME Otto

BERUF Dezernent

ADRESSE Bln.-Schöneberg Motzstr. 22

MITGLIED SEIT 1.7.1945

VOR 1933 SPD: 11.3.1912 Jugend:

ABTEILUNG IIB V

KREIS 11

BEZIRK Berlin

Ungültig

ZENTRALAUSSCHUSS · BERLIN W 35 · ZIETHENSTR. 18

186 SPD-Mitgliedskarte von Otto Grotewohl, Juli 1945.
Seine Mitgliedskarte mit der Mitgliedsnummer 2.006 bestätigt mit einem Aufkleber, daß Grotewohl zwischen 1933 und 1945 der SPD „die Treue gehalten" hat. Als Beruf ist Dezernent (bis Herbst 1945 im Bezirksamt Schöneberg) angegeben.
Der frühere SPD-Reichstagsabgeordnete aus Braunschweig Otto Grotewohl war nach 1933 kurze Zeit verhaftet und überlebte die Zeit bis 1945 in Berlin. Er war seit Juni 1945 einer der anerkannten Sprecher des in Berlin entstandenen „Zentralausschusses" der SPD.

überzeugt, dem Willen der Berliner Arbeiterschaft Ausdruck zu geben, wenn wir erklären:

Die neuen freien Gewerkschaften sollen unter Zusammenfassung aller früheren Richtungen in ihrer Arbeit eine

Kampfeinheit zur völligen Vernichtung des Faschismus und zur Schaffung eines neuen demokratischen Rechtes der Arbeiter und Angestellten

werden. Ihre Aufgabe ist vor allem, mitzuhelfen bei der Neugeburt unseres Volkes und bei der Heilung der Wunden, die der unselige Hitler-Krieg der Welt geschlagen hat. Die Arbeit der deutschen Gewerkschaften soll Gewähr sein für die Wiedererweckung des Vertrauens der Völker. Sie sollen mithelfen, ein demokratisches Deutschland, das in Frieden und Freundschaft mit den anderen Völkern leben will, zu schaffen. Durch ehrliche und angestrengte Arbeit am Wiederaufbau und zur Wiedergutmachung des in anderen Ländern Zerstörten wollen sie mitwirken, das Vertrauen der anderen Völker wiederzugewinnen.

Der Ausschuß wird die gewerkschaftlichen Grundsätze ausarbeiten und sie mit dem internationalen Gewerkschaftskomitee in Uebereinstimmung bringen. Wir schlagen den Arbeitern und Angestellten Berlins vor, ihre Meinung zu folgenden

Erstaufgaben der freien Gewerkschaften zu äußern:

1. *Entschlossener Kampf gegen die nazistische Ideologie und das Gift des deutschen Militarismus. Darum Säuberung aller Posten in*

187 Otto Grotewohl (SPD), Wilhelm Pieck (KPD), Andreas Hermes (CDU) und Waldemar Koch (LDPD) zusammen mit dem Berliner Oberbürgermeister Arthur Werner, Juli 1945.

Stadtverwaltung und Betrieben von aktiven faschistischen Elementen.

2. *Einsatz aller Arbeitskräfte, um die Versorgung der Bevölkerung zu sichern und Berlin durch angestrengte Arbeit wieder aufzubauen. Raschmöglichste Wiederingangsetzung der Versorgungsbetriebe und Werkstätten, der Energieversorgung und der Verkehrsmittel von Groß-Berlin.*

3. *Vertretung der Arbeiter und Angestellten im Rahmen der Bestimmungen der Besatzungsbehörden durch Abschlüsse von Tarifverträgen und Organisierung des Arbeitsschutzes und des Arbeitseinsatzes. Mitarbeit beim Wiederaufbau der Wirtschaft und der Sozialversicherung unter Sicherung des demokratischen Mitbestimmungsrechtes der Arbeiter und Angestellten.*

4. *Erziehung der Arbeiterschaft im Geiste des Antifaschismus, des demokratischen Fortschritts und zur Erkenntnis ihrer sozialen Lage. Pflege der Verbundenheit mit den Arbeitern der anderen Länder und Festigung der Freundschaft zu den anderen Völkern.*

Arbeiter und Angestellte!

Die Nazi-Tyrannei ist tot! An uns liegt es jetzt, trotz aller Schwierigkeiten Hand anzulegen zum Neuaufbau. Wieder, wie nach 1918, liegt das Schicksal der Heimat in unserer Hand. Wir dürfen diesmal nicht versagen.

Beweisen wir der Welt, daß die geeinte Arbeiterschaft, durch die Vergangenheit belehrt, sich ihrer besten gewerkschaftlichen Tradition bewußt, gewillt ist, ein antifaschistisches Bollwerk zu schaffen; daß sie entschlossen ist, sich mit ganzer Kraft einzusetzen für die Schaffung eines demokratischen Deutschlands, für ein friedliches Zusammenleben mit anderen Völkern.

Berlin, den 15. Juni 1945.

Der vorbereitende Gewerkschaftsausschuß für Groß Berlin

Otto Braß — *Hermann Schlimme*
Bernhard Göring — *Paul Walter*

Roman Chwalek — *Jakob Kaiser*
Ernst Lemmer — *Hans Jendretzky*

Vereinbarung

des Zentralkomitees der Kommunistischen und des Zentralausschusses der Sozialdemokratischen Partei Deutschlands

Am 19. Juni fand in Berlin die erste gemeinsame Sitzung der Vertreter der Sozialdemokratischen und der Kommunistischen Partei Deutschlands statt. Als Vertreter des Zentralausschusses der Sozialdemokratischen Partei waren die Genossen Erich Gniffke, Otto Grotewohl, Gustav Dahrendorf, Helmut Lehmann und Otto Meier, vom Zentralkomitee der Kommunistischen Partei die Genossen Walter Ulbricht, Anton Ackermann, Ottomar Geschke, Hans Jendretzki und Otto Winzer anwesend.

Die Aussprache war von dem festen Willen zur aufrichtigen Zusammenarbeit beider Parteien getragen. Sie verlief im Geiste gegenseitigen Vertrauens. Unter Achtung der demokratischen Grundsätze wurden folgende Vereinbarungen getroffen: Es wird ein

Gemeinsamer Arbeitsausschuß

bestehend aus je fünf Vertretern der beiden Zentralstellen gebildet. Dieser Ausschuß, der ein Ausdruck der Aktionseinheit der Kommunistischen und der Sozialdemokratischen Partei Deutschlands ist, stellt sich folgende Aufgaben:

1. Enge Zusammenarbeit bei der Durchführung der gemeinsam beschlossenen dringlichen Aktionsaufgaben zur Liquidierung der Ueberreste des Nazismus und zum Wiederaufbau des Landes auf sicherer Grundlage. Als Voraussetzung hierfür wird der Aufbau einer antifaschistischen, demokratisch-parlamentarischen Republik betrachtet, die die Fehler und Schwächen der Vergangenheit vermeidet und dem schaffenden Volke alle demokratischen Rechte und Freiheiten sichert.
2. Es sind alle notwendigen Schritte zu unternehmen, um mit allen anderen antifaschistischen demokratischen Parteien Vereinbarungen über die Bildung eines festen Blockes zu treffen.
3. Gemeinsame Vertretung der Interessen des schaffenden Volkes in Stadt und Land.
4. Durchführung gemeinsamer Veranstaltungen beider Parteien.
5. Gemeinsame Beratungen zur Klärung ideologischer Fragen.

Die Vertreter beider Parteien drücken ihren festen Willen aus, alles zu tun, um auf dem Wege guter Zusammenarbeit in allen Fragen des antifaschistischen Kampfes und des Wiederaufbaues die Voraussetzungen für die politische Einheit des werktätigen Volkes zu schaffen.

Der gemeinsame Arbeitsausschuß des Zentralausschusses der Sozialdemokratischen und des Zentralkomitees der Kommunistischen Partei Deutschlands empfiehlt den Organisationen beider Parteien, in allen Bezirken, Kreisen und Orten zusammenzutreten, ebenfalls gemeinsame Arbeitsausschüsse zu schaffen und in gleicher Weise zusammenzuarbeiten, wie das im zentralen Maßstab geschieht.

Berlin, den 19. Juni 1945.

Walter Ulbricht, Anton Ackermann, Ottomar Geschke, Hans Jendretzki, Otto Winzer, Erich Gniffke, Otto Grotewohl, Gustav Dahrendorf, Helmut Lehmann, Otto Meier.

188 Vereinbarung des Zentralkomitees der KPD und des Zentralausschuses der SPD, 19. Juni 1945.
Die KPD verstand diese Vereinbarung eher als Abwehr der weitergehenden Wünsche der Sozialdemokraten und sah sie vor allem als Teil einer engen, von der KPD maßgeblich mitbestimmten Zusammenarbeit mit allen vier politischen Parteien in Berlin.

3.6. Zeitungsstadt Berlin

Seit dem Kaiserreich galt Berlin national und international als führende „Zeitungsstadt". 1890 gab es nicht weniger als 60 Tageszeitungen, von denen zwölf sogar zweimal täglich erschienen. Sofort nach der „Machtergreifung" begann das NS-Regime, die auch für das Berlin der Weimarer Republik charakteristische Meinungsvielfalt systematisch zu zerstören. Durch Verbote, wirtschaftliche und politische Pressionen, Zusammen- und (vermehrt ab 1937) Stillegungen wurde die Zahl der Zeitungen kontinuierlich verringert, bis im Februar 1945 nur noch fünf da waren: das NS-Zentralorgan „Völkischer Beobachter", der von Goebbels gegründete „Angriff", die „Berliner Morgenpost", die „Deutsche Allgemeine Zeitung" und das „12-Uhr-Blatt" (jeweils im Umfang von nur noch vier, schließlich zwei Seiten). Zwischen dem 22. und 27. April stellten alle Zeitungen ihr Erscheinen ein. Bis zum 29. April erschien lediglich noch „Der Panzerbär", das „Kampfblatt für die Verteidiger Groß-Berlins".
Nach der Einstellung des „Panzerbär" mußte die Stadt erstmals seit über 300 Jahren 15 Tage lang ohne jede Zeitung auskommen. Über die Kapitulation und die ersten Befehle der sowjetischen Besatzungsmacht unterrichteten Plakatanschläge und Armee-Lautsprecherwagen. Nach Überwindung großer technischer Schwierigkeiten konnten die sowjetischen Behörden am 15. Mai die erste Ausgabe der „Täglichen Rundschau" herausbringen, die im Untertitel anfänglich als „Frontzeitung für die deutsche Bevölkerung" bezeichnet wurde. Am 21. Mai folgte die „Berliner Zeitung", die bald zum offiziellen Organ des neugebildeten Berliner Magistrats erklärt wurde. Mehrere Wochen lang wurden beide Zeitungen kostenlos verteilt.
Das änderte sich, als am 13. Juni erstmals die „Deutsche Volkszeitung" erschien, das Organ der zwei Tage vorher wiedergegründeten KPD. Die anderen Parteizeitungen folgten mit deutlichem Abstand: „Das Volk", die Zeitung der SPD, kam erstmals am 7. Juli heraus, die von der CDU herausgegebene „Neue Zeit" am 22. Juli, der liberaldemokratische „Morgen" erst am 3. August. Mit einiger Verzögerung erschienen auch, nach Übernahme ihrer Sektoren, die Zeitungen der westlichen Besatzungsmächte: „Der Berliner" (britisch) am 2. August, die „Allgemeine Zeitung" (amerikanisch) am 8. August und der „Kurier" (französisch) am 12. November. Nachdem am 27. September mit dem „Tagesspiegel" die erste selbständige deutsche Zeitung herausgekommen war, stellte die US-Militäradministration ihre „Allgemeine Zeitung" zugunsten dieses Blattes ein, das dadurch zur ersten täglich erscheinenden Zeitung mit „westlicher" Lizenz wurde. Am 9. Oktober wurde die Berliner Zeitungslandschaft noch durch das FDGB-Organ „Die freie Gewerkschaft" und am 7. Dezember durch das Boulevardblatt „Nacht-Expreß" erweitert.
Damit gab es in Berlin bis zum Jahresende 1945 zwölf Zeitungen sowie fünf Zeitschriften: die „Neue Berliner Illustrierte", die Frauenzeitschrift „sie", die Jugendzeitschrift „Horizont", das Satireblatt „Ulenspiegel" und den vom Kulturbund herausgegebenen „Aufbau". Politische Kontroversen oder offene Polemiken konnte es unter den gegebenen Umständen kaum geben. Für alle Zeitungen galt: Sie mußten sich zunächst einmal mit einem mehr oder minder sachlich-nüchternen Verlautbarungsjournalismus begnügen.

189 Druck der ersten Nummer der „Berliner Zeitung", 20. Mai 1945.
Am 15. Mai waren aus dem Moskauer Exil in Berlin angekommen: Rudolf Herrnstadt, langjähriger Korrespondent des ehemaligen „Berliner Tageblatts" für Warschau, und Fritz Erpenbeck, ehemals Dramaturg bei Piscator. Herrnstadt und Erpenbeck setzten sich gleich nach der Ankunft in Berlin in einen Jeep und fuhren in die Kreuznacher Straße in Wilmersdorf, um dort mit Helmut Kindler Fühlung aufzunehmen. Kindler war bis Kriegsbeginn Redakteur im Deutschen Verlag, Tempelhof, gewesen und als Soldat 1943 von der Gestapo verhaftet worden. Im Februar war es ihm gelungen, Berlin zu erreichen, wo er sich in der Kreuznacher Straße, zusammen mit Gerhard Grindel, verborgen hielt.
Herrnstadt, Erpenbeck, Kindler und Grindel fuhren gemeinsam im Jeep nach Friedrichsfelde in das sowjetische Hauptquartier, von dort nach einigen Tagen zur Druckerei in die Urbanstr. 71 (Bezirk Kreuzberg). Ein Redaktionsstab für die „Berliner Zeitung" wurde zusammengesetzt: Chefredakteure Oberst Kirsanow und Rudolf Herrnstadt, Berliner Redaktion Gerhard Grindel, Helmut Kindler und der sowjetische Oberleutnant Feldmann. Als junger Redakteur kam Egon Bahr hinzu.

190 Zeitungsverkauf, Sommer 1945.
In Berlin erschien 15 Tage lang keine Zeitung. Am 15. Mai 1945 brachte die sowjetische Armee als erstes Organ die „Tägliche Rundschau" heraus.

191 Die erste Ausgabe der sowjetischen Lizenzzeitung „Berliner Zeitung" wird verteilt, 21. Mai 1945.

Tägliche Rundschau
Nr. 1 Frontzeitung für die deutsche Bevölkerung 15. Mai 1945
Die Zeitung der Roten Armee in Berlin
An die Bevölkerung der Stadt Berlin

Berliner Zeitung
Nummer 1 Montag, den 21. Mai 1945 1. Jahrgang
Berlin lebt auf!
Feierliche Gründungsversammlung des Magistrats von Groß-Berlin
Generaloberst Bersarin spricht
Große Aufgaben

Deutsche Volkszeitung
Zentralorgan der Kommunistischen Partei Deutschlands
AUFRUF der Kommunistischen Partei Deutschlands
Schaffendes Volk in Stadt und Land! Männer und Frauen! Deutsche Jugend!

Das Volk
TAGESZEITUNG DER SOZIALDEMOKRATISCHEN PARTEI DEUTSCHLANDS
Nr. 1 1. JAHRGANG BERLIN, SONNABEND, 7. JULI 1945 PREIS 15 PFENNIG
Wille und Weg
Vom Chaos zur Ordnung
Aufruf der Sozialdemokratischen Partei Deutschlands

NEUE ZEIT
1. JAHRGANG / NUMMER 1 BERLIN, SONNTAG, DEN 22. JULI 1945 PREIS 15 PFENNIG
Entscheidungsschlacht um Japan
Ernteaussichten und Erntehilfe
Gespräch mit Dr. Hermes
Unsere Zeitung NEUE ZEIT

Der Berliner
NACHRICHTENBLATT DER BRITISCHEN MILITÄRBEHÖRDE
Nr. 1, 1. Jahrgang Berlin, Donnerstag, den 2. August 1945 Preis 20 Pfennig
Schlußsitzung der Potsdamer Konferenz
Präsident Truman und König Georg treffen sich
Das Unternehmen „Kohlenpott"

Der Morgen
Tageszeitung der Liberal-Demokratischen Partei Deutschlands
NUMMER 1 1. JAHRGANG BERLIN, 3. AUGUST 1945
Forderungen der Gerechtigkeit
Zum Aufruf der Liberal-Demokratischen Partei Deutschlands

Allgemeine Zeitung
HERAUSGEGEBEN VON DER AMERIKANISCHEN ARMEE
NUMMER 1 1. JAHRGANG MITTWOCH, 8. AUGUST 1945 PREIS 20 PFENNIG
Truman und Attlee
Atombombe gegen Japan
Eine Bombe entspricht der Bombenlast von 2000 Superfestungen
Zum Geleit

DER TAGESSPIEGEL
NR. 1 / 1. JAHRGANG BERLIN, DONNERSTAG, 27. SEPTEMBER 1945 PREIS 20 PFENNIG
DREI SÜDDEUTSCHE STAATEN
INTERNATIONALE OHNE POLITIK
PROKLAMATION EISENHOWERS

Preis 15 Pfg.
Die Freie Gewerkschaft
Zeitung des Freien Deutschen Gewerkschaftsbundes
Nr. 1 Dienstag, 9. Oktober 1945 1. Jahrgang
Gewerkschaftskollegen:
Eure Zeitung!

DER KURIER
Nr. 1 / 1. Jahrgang Berlin, Montag, 12. November 1945 Preis 15 Pfennig
Zu neuen Ufern
Besprechung Attlee—Truman
Der kanadische Premierminister soll Moskau unterrichten

Nacht-Express
mit „Der Sonntag"
Die Berliner Abend-Zeitung
Nummer 2 Sonnabend, den 8. Dezember 1945 1. Jahrgang
Außenministerkonferenz am 15. 12. in Moskau
Amtlich bestätigt
„Die Geschichte der Ehrlosigkeit, Untreue und Schande"

192 Berliner Zeitungen, nach Kriegsende, 1945.

193 Titelseiten von Berliner Zeitschriften, nach Kriegsende, 1945.

3.7. Kultur, Hochschulen und Kirchen

Nur wenige Wochen nach der Kapitulation kam es in Berlin zu den ersten öffentlichen Kulturveranstaltungen. Das entsprach der Politik der sowjetischen Kulturoffiziere, die entsprechende Initiativen in der Überzeugung unterstützten, daß eine offene, den humanistischen Traditionen verpflichtete Kultur eine wichtige Rolle bei dem Aufbau einer antifaschistischen, demokratischen Gesellschaft spielen müsse. Am 15. Mai wurden bereits 15 Kinos bespielt, in denen sowjetische Spielfilme, Wochenschauen und Dokumentarfilme gezeigt wurden; später kamen vor allem Spielfilme der westlichen Alliierten dazu. Am 13. Mai fand im Bürgersaal des Schöneberger Rathauses das erste öffentliche Konzert (mit dem Berliner Kammerorchester) statt. Am 18. Mai folgte das Orchester des Deutschen Opernhauses im Sendesaal des Funkhauses an der Masurenallee, und am 26. Mai gaben die Berliner Philharmoniker unter Leo Borchard ihr erstes Konzert im Titania-Palast in Steglitz.
Am 19. Mai trafen sich auf Einladung des sowjetischen Stadtkommandanten Berliner Theaterleute (Gustav Gründgens, Paul Wegener u.a.), um die Voraussetzungen für die Wiedereröffnung der Theater zu diskutieren. Am 27. Mai fand im Renaissance-Theater die erste Theateraufführung statt, und am 15. Juni eröffnete die Städtische Oper mit einem Ballettabend in den provisorisch hergerichteten Ruinen des Theaters des Westens. Während die Theater zu einem eher klassischen Programm zurückkehrten, aber Lessings „Nathan" programmatisch herausstellten, bemühten sich die Orchester besonders um die Aufführung von Werken der während der NS-Zeit verfemten Komponisten.
Nach längeren Vorbereitungen unter Führung des aus Moskau zurückgekehrten Schriftstellers Johannes R. Becher wurde am 8. August der „Kulturbund zur demokratischen Erneuerung Deutschlands" gegründet. Seinem Präsidium gehörten unter dem Vorsitz Bechers Künstler wie Carl Hofer, Paul Wegener und Bernhard Kellermann und kulturpolitisch engagierte Politiker wie Ferdinand Friedensburg (CDU), Gustav Dahrendorf (SPD) und Otto Winzer (KPD) an. Sein Ziel war die „Neugeburt des deutschen Geistes im Zeichen einer streitbaren demokratischen Weltanschauung". Zunächst schien sowohl die Überparteilichkeit als auch die Unterstützung durch die Besatzungsmächte gesichert.
Die Wiedereröffnung der Berliner Hochschulen setzte längere Vorarbeiten voraus, so daß die Berliner Universität und die Hochschule für Bildende Künste erst im Wintersemester 1945/46, die Technische Hochschule (jetzt als Technische Universität) erst im April 1946 wiedereröffnet werden konnten. Zuvor mußten nicht nur Trümmer beseitigt und die Professorenschaft entnazifiziert werden, sondern es mußte auch ein zumindest vorläufiges Programm für die Hochschulen in einer demokratischen Gesellschaft erarbeitet werden.
Da das Verhältnis der christlichen Kirchen zum Nationalsozialismus in den späten Jahren durch wachsende Spannungen charakterisiert war, galten sie ungeachtet früherer Zustimmungen zum „Dritten Reich" als weitgehend unbelastet. Sie waren deshalb in

Gleich nach der Kapitulation entstand aus den Überlebenden des NS-Terrors auch wieder eine Jüdische Gemeinde. Ein erster Gottesdienst wurde am 11. Mai auf dem Jüdischen Friedhof Weißensee abgehalten.

194 Oberst Sergeij Tulpanow, Leiter der sowjetischen Informationsabteilung, und Major Alexander Dymschitz, anläßlich der Übergabe der ersten Drehlizenz an die Deutsche Film AG (DEFA) in Babelsberg, 17. Mai 1946.
Beide spielten als Kulturoffiziere der sowjetischen Militäradministration (SMAD) eine wichtige Rolle beim Wiederaufbau des Beriner Kulturlebens.

195 Berliner Philharmoniker, Klavierkonzert mit Walter Gieseking unter Leitung von Leo Borchards Nachfolger Sergiu Celebidache, 1945.

Text 137

Erinnerungen des führenden sowjetischen Kulturoffiziers Sergeij Tulpanow an den Neubeginn der Kulturpolitik in Deutschland.

Wir wußten, daß die Zeit, die wir mitgestalten sollten, in der Sowjetunion längst vorüber war, d.h. in Deutschland machte man eine Periode durch, die der Entwicklung der Sowjetunion zu Beginn der 20er Jahre ähnlich war: eine Sturm- und Drang-Periode.

Text 138

Der Historiker Wolfgang Schivelbusch über den „typischen" SMAD-Kulturoffizier.

Der typische SMAD-Kulturoffizier war jüdischer Abstammung, zwischen 1900 und 1910 in Petersburg geboren, hatte die Revolution als Knabe und die NEP-Jahre als junger Mann erlebt. Er studierte an einer der alten, von Lunatscharski protegierten Petersburger Bildungsinstitutionen. Und er war am Ende der 20er Jahre im Begriff, als Angehöriger der Intelligenz ins Kulturleben einzutreten, als die Kulturrevolution durch alles einen Strich machte. Der Leiter der SMAD Kulturabteilung Alexander Dymschitz und sein Jugendfreund Grigori Weispapier – 1945 Redakteur an der „Täglichen Rundschau" – waren reine Inkarnationen dieses Typus. Zur Einrichtung ihrer Elternhäuser gehörte die literarisch-wissenschaftliche Bibliothek ebenso wie der Steinway-Flügel im Salon. An verschiedenen Wochentagen wurden verschiedene Sprachen gesprochen: deutsch, französisch, englisch. Die Söhne besuchten die Deutsche Reformschule, die traditionelle Elite-Schule des Petersburger Bildungsbürgertums.

Text 139

Erinnerungen von Inge Deutschkron, die die letzten Jahre der NS-Zeit untergetaucht überlebt hatte, an die Zeit nach der Befreiung.

Der Gedanke, Berlin zu verlassen, fiel mir nicht leicht. In diesem ersten Jahr nach Kriegsende war

196 Im ausgedienten Luftschutzraum improvisierte Theaterkasse des Schillertheaters, Bismarckstraße 110, 1945.

Berlin ein Zentrum kultureller Lebendigkeit. Theater, Oper, Kabarett, Ausstellungen begannen und boten gewissermaßen aus dem Nichts neue Perspektiven, Experimente und Ideen. Es war, als wären jahrelang aufgestaute kreative Kräfte plötzlich aufgebrochen. Wir trafen Schriftsteller, Maler, Schauspieler, deren Werke die Nazis verboten und die sie verfolgt hatten. Wir verschlangen die zuvor verbotene Literatur. Wir nutzten jede Gelegenheit zum Feiern, durchtanzten die Nächte und freuten uns über eine Unbeschwertheit, die wir bis dahin nicht gekannt hatten.

Text 140

Paul Rilla über das Berliner Theaterleben, 23. August 1945.

Planmäßige Theaterarbeit
Zur Berliner Situation

Schon in den ersten Wochen nach dem Zusammenbruch des Hitlerismus gab es in Berlin wieder Theater, die spielten. Schauspielerkollektive taten sich zusammen, richteten sich in notdürftig hergestellten Sälen ein. In den Außenbezirken wurden ehemalige Kinohäuser zu Spielbühnen umgewandelt, die vielfach als eine Art von regionalem Stadttheaterbetrieb gedacht waren. Daneben schossen überall ins Kraut jene „Kleinkunstbühnen", deren teils etwas wildes, teils kümmerliches Wachstum zu öffentlichen Diskussionen, auch zu notwendigen Konzessionierungsmaßnahmen Anlaß gab. Hinter alledem stand die Tatsache, daß in Berlin eine Menge beschäftigungsloser Künstler wieder zu Arbeit und Brot kommen wollte. Dahinter stand aber auch der gesunde Lebenswille des Berliner Theaters, dem ein ebenso gesunder Theaterappetit des Berliner Publikums entsprach. Dahinter stand der großartige Lebenswille dieser Stadt Berlin.

Text 141

Friedrich Wolf in einem Brief an Else Wolf, 12. Oktober 1945.

Die letzten 10 Tage habe ich „Der Arme Konrad" als Hörspiel bearbeitet für den Berliner Rundfunk und mache selbst die Regie; ich hatte schon 6 große und viele Einzelproben, darunter eine Nachtprobe von abends 22.00 bis früh 6.00 [...]. Aufführung 18.X. 19.15–21.00; später nochmal Wiederholung auf anderer Welle über Leipzig. Für die Arbeit erhalte ich 2500.– M. Das Wichtigste, die Sache macht mir große Freude, da auch die Schauspieler, Musiker und Chorsänger Feuer und Flamme sind für das Stück und die Arbeit; Du mußt bedenken, nachdem viele früh ab 10.00–2.00 Stellproben im Theater hatten, dann 1/2 St. Mittagessen, dann ab 3.00–5.30 im Theater Aufführung, kommen sie um 22.00 teils auf Fahrrädern durch das dunkle, durchaus nicht sehr gemütliche und gefahrlose Berlin in den abgelegenen Rundfunk, sich noch eine Nacht um die Ohren zu schlagen. Diese Kunstbesessenheit versöhnt mich mit anderem Feldwebelhaftem und Parvenutum, das sich breit macht, das ich aber dann nicht zu sehen brauche.

Text 142

Henry C. Alter im US-Halbwochenbericht zur Situation des Films, 18. August 1945.

Zur Zeit sind 52 Filmtheater im amerikanischen Sektor spielbereit, 48 sind tatsächlich in Betrieb, 8 davon zeigen amerikanische Filme, 6 stehen dem Special Service zur Verfügung, 34 Filmtheater werden demnach von Sojusintorgkino hauptsächlich mit russischen Filmen versorgt.

197 Deutsche Staatsoper, Friedrichstraße (vor dem Krieg Admiralspalast), September 1946.

198 Der Berliner Rundfunk bei seinem Neuanfang im Haus des Rundfunks, Masurenallee (Bezirk Charlottenburg), 1945.

Ungefähr 10% der russischen Filme sind Dokumentarfilme wie „Berlin", „Wien", „San Francisco" usw., die auch von unserem Standpunkt aus den Deutschen gezeigt werden sollten. Der Rest sind russische Spielfilme, meist ohne Untertitel, und sie sind fast immer so schwach besucht, daß die Filmtheaterbesitzer nicht einmal ihre Unkosten decken können.
Dieser Zustand ist äußerst ungesund. Es wird daher die Erarbeitung von Spielplänen vorgeschlagen, die unserem Verleiher die Kontrolle über den gesamten amerikanischen Sektor und die Versorgung aller Filmtheater übertragen.

199 Plakat zur „Ausstellung junger Kunst", Galerie Gerd Rosen, Kurfürstendamm 215, 1945.
Mit der Ausstellung, für die das von Heinz Trökes entworfene Plakat wirbt, eröffnete am 3. August 1945 die Galerie Gerd Rosen als erste Privatgalerie im Nachkriegs-Berlin. Der Galerie, aufgebaut von Gerd Rosen und Heinz Trökes, war ein Antiquariat angeschlossen. Die erste Ausstellung zeigte Arbeiten von Trökes, Jürgen Eggert und Wladimir Lindenberg sowie aus Privatbesitz Werke von Barlach, Chagall, Klee, Kokoschka und „Brücke"-Malern.

200 Warteschlange vor dem Kino „Cosima" (Friedenau), das Charlie Chaplins „Goldrausch" zeigt, Herbst 1945.

201 Studentinnen und Studenten mit Pappen zum provisorischen Schließen zerstörter Fenster der Berliner Universität, Unter den Linden, 1945.

Text 143

Leitsätze des Kulturbundes, verabschiedet auf der Gründungsversammlung in den Geschäftsräumen des Kulturbundes, Schlüterstraße 45 (Bezirk Charlottenburg), 8. August 1945.

Im „Kulturbund zur demokratischen Erneuerung Deutschlands" fanden sich Vertreter des geistigen und kulturellen Lebens zusammen. Zu ihnen gehörten Johannes R. Becher, Gustav v. Wangenheim, Paul Wegener und Ferdinand Friedensburg. Mit Vorträgen und Ausstellungen versuchten Kommunisten und Bürgerliche gemeinsam, das verschüttete Erbe des deutschen Humanismus wiederzubeleben.

Die Leitsätze des Kulturbundes zur demokratischen Erneuerung Deutschlands

1.

Vernichtung der Naziideologie auf allen Lebens- und Wissensgebieten. Kampf gegen die geistigen Urheber der Naziverbrechen und der Kriegsverbrechen. Kampf gegen alle reaktionären, militaristischen Auffassungen. Säuberung und Reinhaltung des öffentlichen Lebens.

2.

Bildung einer nationalen Einheitsfront der deutschen Geistesarbeiter. Schaffung einer unverbrüchlichen Einheit der Intelligenz mit dem Volk. Im Vertrauen auf die Lebensfähigkeit und die Wandlungskraft unseres Volkes: Neugeburt des deutschen Geistes im Zeichen einer streitbaren demokratischen Weltanschauung.

3.

Überprüfung der geschichtlichen Gesamtentwicklung unseres Volkes, und damit im Zusammenhang Sichtung der positiven und negativen Kräfte, wie sie auf allen Gebieten unseres geistigen Lebens wirksam waren.

4.

Wiederentdeckung und Förderung der freiheitlichen humanistischen, wahrhaft nationalen Traditionen unseres Volkes.

5.

Einbeziehung der geistigen Errungenschaften anderer Völker in den kulturellen Neuaufbau Deutschlands. Anbahnung einer Verständigung mit den Kulturträgern anderer Völker. Wiedergewinnung des Vertrauens und der Achtung der Welt.

6.

Verbreitung der Wahrheit. Wiedergewinnung objektiver Maße und Werte.

7.

Kampf um die moralische Gesundung unseres Volkes, insbesondere Einflußnahme auf die geistige Betreuung der deutschen Jugenderziehung und der studentischen Jugend. Tatkräftige Förderung des Nachwuchses und Anerkennung hervorragender Leistungen durch Stiftungen und Preise.

8.

Zusammenarbeit mit allen demokratisch eingestellten weltanschaulichen, religiösen und kirchlichen Bewegungen und Gruppen.

Text 144

Aus dem Bericht der „Berliner Zeitung" über die Veranstaltung „Scheiterhaufen, verbrannte Bücher – lebendige Dichtung" im Hebbel-Theater, 18. September 1945.

Es war ein schöner Gedanke des Hebbel-Theaters, die vor zwölf Jahren von den nazistischen Bücherstürmern auf den Scheiterhaufen geworfenen und verbrannten Werke der Dichter des Volkes durch das Wort wieder lebendig werden zu lassen. Auf der Bühne waren alle jene Bücher, die damals dem beschämendsten Autodafé aller Zeiten zu Opfer fielen, zu einem großen Haufen aufgestapelt, und während die geifernden Worte von Goebbels aus dem „Völkischen Beobachter" verlesen wurden, tauchten über der Szene Lichtbilder auf, die noch einmal besonders stark die Gewissen aller, die den barbarischen Akt schweigend duldeten, schlagen ließen.
Dann griffen die Schauspieler in den Bücherstapel und begannen Verse und Prosastellen all jener bekannten Dichter vorzulesen, die wir anläßlich dieser Veranstaltung in unserer Sonntagsausgabe bereits eingehend würdigten. Da tauchten Namen wie Thomas Mann, Franz Werfel, Bert Brecht, Stefan Zweig, Kurt Tucholsky, Klabund und andere auf, deren Klang Weltgeltung besitzt, daneben aber auch abseitige und umkämpfte Werke, und immer sollte das Publikum selbst entscheiden, ob uns ihr Wort noch etwas zu sagen hat.
Günther Weißenborn, der Dramaturg des Hauses, selbst einer der Verfemten, sprach über „Dichter und Brandstifter", wobei er besonders die geistigen Ursachen des Krieges unterstrich.

202 Eine der ersten Sitzungen des Kulturbundes in der Schlüterstraße 45, 1945.
An der Tischschmalseite (von hinten): Johannes R. Becher; rechts daneben: Karl Heinz Martin; dahinter: Dr. Ferdinand Friedensburg; dann von rechts nach links: Paul Wegener, Prof. Johannes Stroux, Prof. Max Vasmer; dahinter: Klaus Gysi.

platz, so betonte er, griffen auf ganz Europa über, und die Asche des verbrecherischen Aktes bedeckt heute ganz Deutschland. Doch je mehr Ruinen um uns seien, desto mehr geistige Größe müßten wir zeigen.

Text 145

Protokoll des Pfarrerkonvents des Berliner Kirchenkreises Kölln Stadt, 25. Mai 1945.

Pfarrerkonvent des Kirchenkreises Kölln Stadt am 25. Mai 1945 in der Wohnung des Superintendenten.

Sup. Tamaschke eröffnet um 1/2 11 Uhr mit Verlesung von Jes. 45 und Gebet,
gedenkt des heimgerufenen Pf. Schmidt von Thomas und spricht Pf. Hollweg das Beileid des Konventes zum Heimgang seiner Gattin aus.

Der Superintendent berichtet über die Neubildung des Konsistoriums, dessen erste Maßnahmen, darunter Kollekte für den Wiederaufbau der Berliner Kirche, die mit Zustimmung aller Anwesenden am Trinitatisfeste unter Fürbitte für die neue Kirchenleitung eingesammelt werden soll.

Über die Stadtsynode liegt noch keine Nachricht vor.
Kollekten, mit Ausnahme der erwähnten, sollen durch die Banken überwiesen werden.

Der Superintendent gibt einen Überblick über den baulichen Zustand der kirchlichen Gebäude des K.-Kreises, die noch brauchbaren Räume und die geistlichen Arbeitskräfte in den Gemeinden.

Im Norden der Stadt hat ein Versuch stattgefunden, einen kirchl. Kindergarten in städt. Hände zu bekommen.

203 Pastor Martin Niemöller während einer Predigt in Dahlem, 28. Oktober 1945.
Martin Niemöller (1892–1984), Sohn eines Pfarrers, studierte erst mit 27 Jahren Theologie und übernahm 1931 eine Pfarrstelle an der St. Annenkirche in Berlin-Dahlem. Gegen die nationalsozialistisch orientierten „Deutschen Christen" gründete er im August 1933 den „Pfarrernotbund". Niemöller erhielt Predigtverbot, das er nicht einhielt, was 1937 seine Verhaftung durch die Gestapo zur Folge hatte. 1945 wurde er von den US-Truppen aus dem KZ befreit.

Der Superintendent berichtet eingehend über eine Besprechnung, die am 7. Mai beim russischen Kommandanten des Bezirks Kreuzberg mit den Pfarrern aller Konfessionen stattgefunden hat, und den besonderen Gottesdienst zu Exaudi in Passion auf Wunsch des Kommandanten.

Es folgt eine Aussprache über Ausweise für Pfarrer und Kirchenbeamte zum freien Betreten der Straßen. Bisher ist nichts erreicht.

Auf die Gefahr, Friedhöfe an die Stadt zu verlieren, wird hingewiesen. Pf. Radicke empfiehlt, die Friedhöfe als Betriebe bei den Arbeitsämtern registrieren zu lassen. Die städt. Bestattungsämter überweisen allzuviel Beerdigungen.

Teils auf Anfrage wird mitgeteilt:
Schreibmaschinen dürfen benutzt werden.
Die Bezirksstelle der Inneren Mission, Schleiermacherstr. 12, bittet um kirchliche Räume, Schreibmaterial und neue Arbeitszuweisung.

In Thabor ist eine Pfarrwohnung zu besetzen, die Br. Kirste nimmt. Parteigenossen dürfen an Sitzungen der Gemeindekirchenräte nicht mehr teilnehmen.

Über Wohnungsfragen, besonders bei Evakuierten, Fernsprecher usw. wird angefragt und gesprochen. Br. Richter sucht einen Orgelbauer.

Schluß 1 Uhr unter Gebet von Br. Antony.

3.8. Demontage und Wiederaufbau

Die wirtschaftliche Entwicklung Berlins nach Kriegsende war einerseits durch die vielfältigen Bemühungen um die Wiederherstellung der städtischen Infrastruktur und der Produktionskapazitäten, andererseits durch die Demontage von Industrieanlagen bestimmt. Die Alliierten hatten sich noch während des Krieges darauf verständigt, daß Deutschland eine materielle Wiedergutmachung – vor allem durch den Transfer von Industrieanlagen und Entnahmen aus der laufenden Produktion – für die in vielen Ländern verursachten Kriegsschäden zu leisten habe. Da Berlin nicht nur Hauptstadt, sondern auch der größte deutsche Industriestandort war, war es von der Demontagepolitik in besonderem Maße betroffen.

Schon bevor die Westalliierten ihre Sektoren übernahmen, hatten die Sowjets mit dem Abbau und Abtransport von Produktionsanlagen vor allem auch im Westteil der Stadt begonnen. Die Demontagen wurden nach dem Eintreffen der Westalliierten fortgesetzt; sie dauerten in West-Berlin bis 1949, in Ost-Berlin bis 1953. Am dramatischsten waren die Demontagen in den Großunternehmen der Elektroindustrie (Siemens, AEG, Osram usw.) und in den Betrieben des Maschinenbaus. Auch andere Industriezweige wie etwa die chemische Industrie (Schering) waren betroffen. Bis zum Jahresende betrugen die Demontageverluste im Westen 53%, im Osten der Stadt 25% der industriellen Kapazität.

Der Wiederaufbau der Stadt begann mit Aufräumungs- und Enttrümmerungsarbeiten und den Bemühungen um das Verkehrs- und Versorgungssystem der Stadt. Für alle Männer zwischen 15 und 65 Jahren und alle Frauen zwischen 15 und 60 Jahren bestand eine Arbeitspflicht; sie mußten sich beim zuständigen Bezirksamt melden, um zum „planvollen Wiederaufbau" beizutragen. Aufgrund der unterschiedlichen beruflichen Qualifikation war jede fünfte bis sechste Frau, aber nur jeder zehnte Mann mit Trümmerarbeiten beschäftigt.

Nach dem völligen Zusammenbruch des innerstädtischen Verkehrssystems konnten noch im Mai erste kleine Teilstrecken der U-Bahn und der Straßenbahn befahren werden, und bis zum Jahresende gelang es, den größten Teil des U-Bahn-Netzes wieder in Betrieb zu nehmen. Im Mai/Juni 1945 kam die Strom- und Gasversorgung Stück für Stück wieder in Gang, doch blieb die Energieversorgung, auch als seit dem Sommer regelmäßig Ruhrkohle nach Berlin gebracht wurde, streng rationiert.

Der Wiederaufbau der Berliner Industrie erwies sich als außerordentlich schwierig, da durch Kriegszerstörungen und Auslagerungen zwar nur ein Viertel der Kapazität von 1936 verloren gegangen war, aber nun die wesentlich höheren Demontageverluste dazu kamen. Hinzu traten die Rohstoffprobleme und die Unterbrechung der traditionellen wirtschaftlichen Vernetzungen. Dennoch wurden nicht nur kleinere, sondern auch größere Betriebe zumindest teilweise wiederaufgebaut. Durch die alliierte Entscheidung, daß nicht nur Lebensmittel, sondern auch Rohstoffe und Produktionsmittel für die Berliner Sektoren aus den jeweils eigenen Besatzungszonen zu beschaffen seien, erfolgten schon im Sommer 1945 Weichenstellungen im Sinne einer stärkeren Separierung der einzelnen Sektoren der Stadt.

204 BEWAG, Maschinenhalle des Kraftwerks West vor der Demontage, undatiert.

205 BEWAG, Maschinenhalle des Kraftwerks West nach der Demontage, 30. November 1948.

Text 146

Demontageliste, das Hauptlabor von Schering betreffend, 7. Juni 1945.

Am 28. Mai 1945 besetzte ein 300 Mann starkes sowjetisches Kommando die Scheringwerke und begann mit der Demontage. Die ganze Aktion dauerte vier Wochen. Über das genaue Ausmaß der Demontage gibt es keine exakten Zahlen. Am 16. Juni, also noch während der Demontage, ging bei Schering ein Rundschreiben an alle Abteilungsleiter: „Betr.: Entschädigungsfragen: Um gegebenenfalls kurzfristig unsere Entschädigungsansprüche anmelden zu können, müssen wir möglichst bald in die Lage versetzt werden, das diesbezügliche Unterlagenmaterial den zuständigen Stellen vorlegen zu können. Wir bitten Sie daher, uns bis zum 23.6. hier eingehend eine Aufstellung allen im Wege von Demontage, Requisitionen usw. an die Besatzungsbehörde abgegebenen Firmeneigentums einzureichen." Es ist fraglich, ob die Demontagelisten das wirkliche Ausmaß der Demontage wiedergeben; mit Sicherheit war das Ausmaß der Demontage bei Schering geringer als in der Berliner Elektro- und Maschinenbauindustrie.

Berlin, den 7.6.1945
Dr.Ey/rch
Demontage des Hauptlabors

Kiste Nr.	*Packer:*	*Inhalt:*
1	*Schmidt, Budig*	*grobe Waagen*
2	*Seiffert, Bartsch*	*Schalenwaagen*
3	*Barm, Avend, Seiffert H.*	*analytische Waagen*
4	*Randwere, Hrynyschin*	*"*
5	*Schmidt, Budig*	*Waagen*
6.	*Schulze, Conrad*	*Mikroskop*
7	*Daniels, Conrad, Schulze*	*große Zentrifuge u.a. Gestell in Kiste 13*
8	*Daniels, Conrad*	*4 Rührmotore*
9	*Conrad, Daniels, Schulze*	*Pfeiffer-Pumpe*
10	*" " "*	*Widerstände, Motore*
11	*Schmidt, Budig*	*Waagen*

206 Demontierte Gleise am Potsdamer Bahnhof, 1945.

12	*Bartsch, Bibau, Seiffert*	*Waagen*
13	*Conrad, Schulze*	*Zentrifugengestell zu Kiste 7*
14	*" "*	*Trockenschrank*
15	*Schmidt, Budig*	*Porzellannutschen*
16	*Dr. Winzer*	*kl. Zentrifuge mit Tisch, 2 Bin-Okulare, Widerstände*
17	*Schmidt, Budig*	*Nutschen*
18	*Winzer, Dr. Schotte*	*4 Mikroskope*
19	*Bibau, Seiffert*	*Porzellan*
20	*Grieger, Kurz*	*"*
21	*Seiffert, Michulitz, Hoppe*	*Glas*
22–24	*" " "*	*"*
25–26	*Kurz, Krüger*	*Porzellan*
27	*Bibau, Frau Schilke*	*Glas*
28–29	*Seiffert, Frl. Kirschbaum, Gross*	*Porzellan*
30	*Frl. Otto, Knoll*	*"*
31	*Kratzel, Schulze*	*Glaskolben*
32	*Dr. Hrynyschin, Kratzel, Schultze*	*Trockenschrank, Quarzlampe*
33	*Döring, Mühlefeld*	*Glas*
34	*Kratzel, Wittmann*	*Porzellan*
35–36	*" "*	*Glas*
37	*Kurz, Krüger*	*Porzellan*
38	*Seiffert, Gross*	*"*

207 Presse zur Herstellung von Ziegeln aus Ziegelsplit, 1945.

208 Frauen bei Instandsetzungsarbeiten an von der SS gesprengten Schienen der Berliner U-Bahn, 24. September 1945.

209 Lagerplatz für aus Trümmern gewonnene Ziegelsteine, Möckernstraße (Bezirk Kreuzberg), Dezember 1945.

ECONOMIC AFFAIRS

RESTRICTED

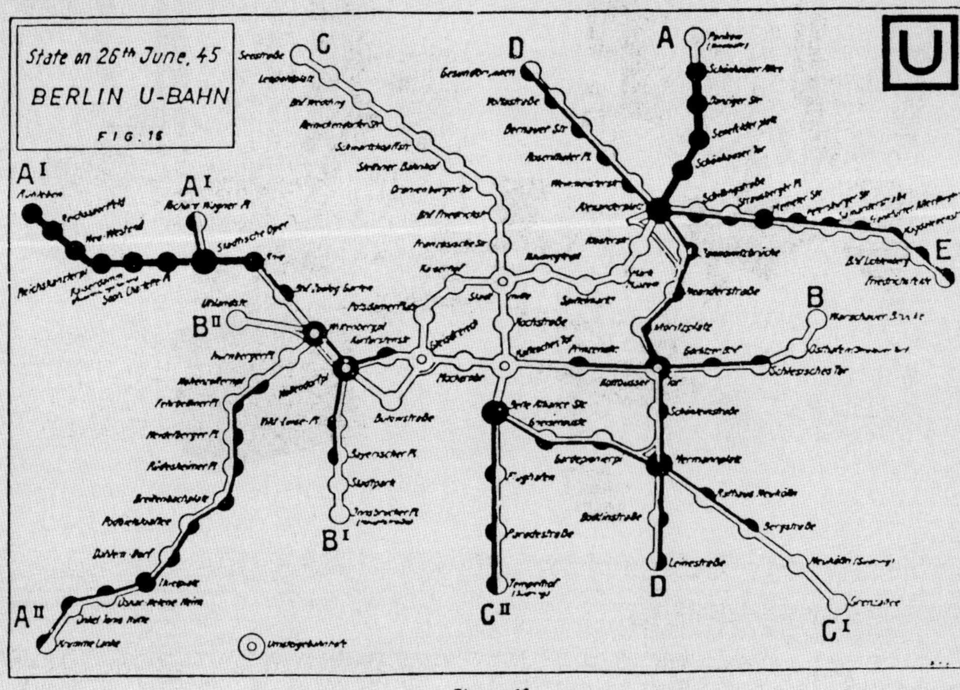

Figure 16

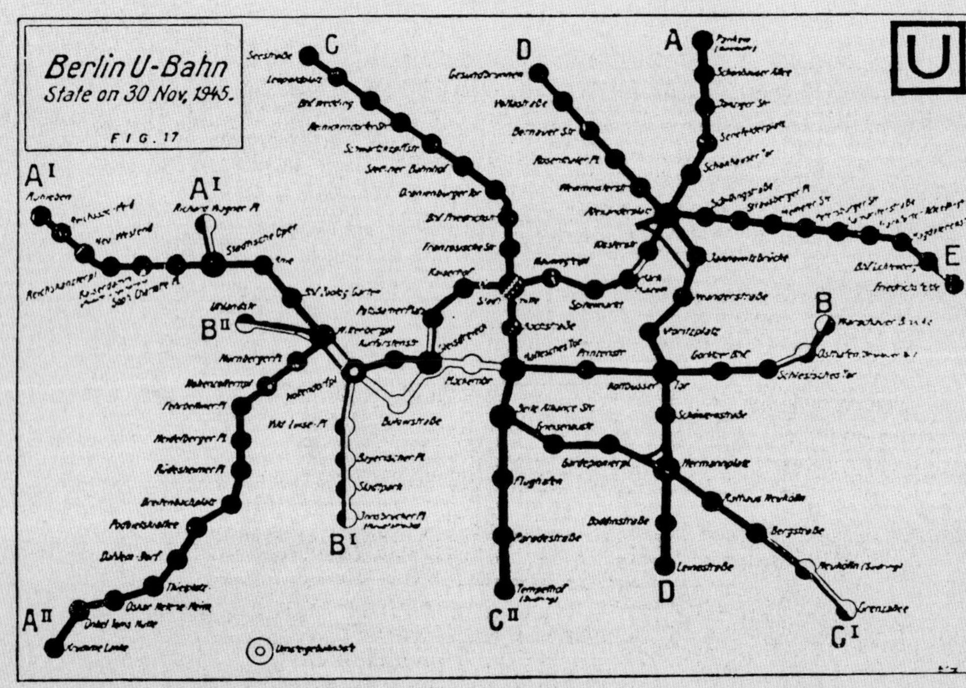

Figure 17

50

RESTRICTED

210 Übersicht über die wieder in Betrieb genommenen U- Bahnstrecken, 26. Juni und 30. November 1945.

211 Instandsetzung der Straßenbahnoberleitung, 1945.

212 Wiederinbetriebnahme der Straßenbahnlinie 77, Berlin-Wilmersdorf, 22. September 1945.

213 Wiederbeginn der Produktion im Städtischen Werk Tegel (ehemals Borsig), 1945.

214 Karl Maron, Erster Stellvertretender Bürgermeister und Hans Scharoun, Stadtbaurat, in der Parochialstraße (Bezirk Mitte), 1945/46.
„Von den drei bedeutendsten Planungsentwürfen trugen zwei die Namen von Außenbezirken: Der ‚Zehlendorfer Plan' und der ‚Hermsdorfer Plan'. Und der dritte, der von der Planungsgruppe des Magistrats unter Leitung Hans Scharouns erarbeitete ‚Kollektivplan', führte am konsequentesten aus, was die beiden anderen ebenfalls anstrebten: Die Verwandlung Groß-Berlins in eine aufgelockerte und durchgrünte Gartenstadt [...]. ‚Was blieb', sagte Scharoun 1946, ‚nachdem Bombenangriffe und Endkampf eine mechanische Auflockerung vollzogen [...], gibt uns die Möglichkeit, eine Stadtlandschaft daraus zu gestalten. Durch sie ist es möglich, Unüberschaubares, Maßstabloses in übersehbare und maßvolle Teile aufzugliedern und diese Teile so zueinander zu ordnen, wie Wald, Wiese, Berg und See in einer schönen Landschaft zusammenwirken'." (W. Schivelbusch, Vor dem Vorhang, 1995) – Die großen Pläne lagen erst 1946 vor.

215 Eine Eisengießerei in der Neuköllner Herzbergstraße nimmt die Produktion wieder auf, 1946.

NEUE

1945/1 - ERSTES OKTOBERHEFT - PREIS 20 PF.

Berliner Illustrierte

Foto: Hans H. Hartmann

Oberbürgermeister Dr. Werner besuchte Klingenberg

das mächtige, Berlin mit Strom versorgende Kraftwerk, dessen Schlote jetzt wieder rauchen. In der benachbarten Siedlung unterhält er sich mit einer Arbeiterin, die mitgeholfen hat und ihm stolz ihr Jüngstes zeigt.

216 Titelblatt der „Neuen Berliner Illustrierten" mit einem Foto von Oberbürgermeister Dr. Werner vor dem Kraftwerk Klingenberg, Oktober 1945.

Anhang

Verzeichnis der benutzten Archive und Sammlungen

Akademie der Künste, Berlin
Amerika-Gedenkbibliothek, Berlin
Archiv für Kunst und Geschichte, Berlin
Archiv für Zeitgeschichte Hans Gräfer, Berlin
Archiwum Panstwowe Muzeum w Oswiecimie, Warschau
Berlin Museum, Berlin
BEWAG-Archiv, Berlin
Bildarchiv Pisarek, Berlin
Bildarchiv Preußischer Kulturbesitz, Berlin
Bilddokumentation Berliner Verlag, Berlin
Bilderdienst Süddeutscher Verlag, München
Bundesarchiv, Koblenz
Bundesarchiv, Abt. Potsdam, Potsdam
Bundesarchiv, Berlin Document Center, Berlin
Bundesarchiv, Filmarchiv, Berlin
Bundesarchiv/Militärarchiv, Freiburg
Bundesarchiv, Stiftung Archiv der Parteien und Massenorganisationen der DDR, Berlin
Bundesarchiv, Zwischenarchiv Dahlwitz-Hoppegarten, Berlin
Jewgenij Chaldeij, Moskau
Deutsches Historisches Museum, Berlin
Evangelisches Zentralarchiv, Berlin
Franz-Neumann-Archiv, Berlin
Hauptstaatsarchiv Düsseldorf, Düsseldorf
Hulton Deutsch Collection, London
Imperial War Museum, London
Institut für Internationale Pädagogische Forschung, Berlin
Jugendmuseum Schöneberg, Berlin
Keystone Pressedienst, Hamburg
Landesarchiv Berlin, Berlin
Landesbildstelle Berlin, Berlin
Morus Verlag, Berlin
Museum Karlshorst, Berlin
Museum für Verkehr und Technik, Berlin
Politisches Archiv des Auswärtigen Amtes, Bonn
Popperfoto, Northhampton
Presseagentur Nowosti, Moskau
Sächsische Landesbibliothek / Deutsche Fotothek, Dresden
Sammlung Friedrich, Berlin
Schering AG, Berlin
Schulmuseum, Berlin
Senatsverwaltung für Bau- und Wohnungswesen, Berlin
Siemens Forum, Berlin
Staatliches Historisches Museum, Moskau
Stadtarchiv Hadamar, Hadamar
Stadtbücherei Schöneberg, Berlin
Stiftung Neue Synagoge / Centrum Judaicum, Berlin
Stiftung Topographie des Terrors, Berlin
St. Thomas Gemeinde, Berlin
Suhrkamp Verlag, Frankfurt a. M.
Ullstein Bilderdienst, Berlin
United Nations Archives, New York
Zentrales Museum der Oktoberrevolution, Moskau
Zentrales Museum der Streitkräfte, Moskau
Zentralrat deutscher Sinti und Roma, Heidelberg

Materialien in Privatbesitz:
Hellmut Bock, Berlin
Dr. Ekhard Haack, Berlin
Andreas Hallen, Berlin
Dr. Siegfried Heimann, Berlin
Karl Kunath, Berlin

Literaturhinweise

Götz Aly (Hg.), Aktion T 4 1939–1945. Die „Euthanasie"-Zentrale in der Tiergartenstraße 4, Berlin 1987.

Helmut Altner, Totentanz Berlin. Tagebuch eines Achtzehnjährigen, Offenbach 1947.

Wolfgang Benz (Hg.), Dimension des Völkermords. Die Zahl der jüdischen Opfer des Nationalsozialismus, München 1991.

Berliner Geschichtswerkstatt (Hg.), Der Wedding hart an der Grenze. Weiterleben in Berlin nach dem Krieg, Berlin 1987.

Karl Friedrich Borée, Frühling 1945. Chronik einer Berliner Familie, Darmstadt 1954.
Margret Boveri, Tage des Überlebens, Berlin 1968.

Hans Buchheim u.a., Anatomie des SS-Staates, 2 Bde., München 1967.

Bundesminister der Justiz (Hg.), Im Namen des Deutschen Volkes. Justiz und Nationalsozialismus, Köln 1989.

Brewster S. Chamberlin, Kultur auf Trümmern. Berliner Berichte der amerikanischen Information Control Section Juli-Dezember 1945, Stuttgart 1979.

Das erste Jahr – Berlin im Neuaufbau. Ein Rechenschaftsbericht des Magistrats der Stadt Berlin, Berlin 1946.

Laurenz Demps, Die Luftangriffe auf Berlin. Ein dokumentarischer Bericht, Teile I–III, in: Jahrbuch des Märkischen Museums, IV, 1978, S. 27–68; VIII, 1982, S. 7–44; IX, 1983, S. 19–48.

Ders., Die Wilhelmstraße. Eine Topographie preußisch-deutscher Macht, Berlin 1994.

Das Deutsche Reich und der Zweite Weltkrieg, Bd. 1–6, hg. v. Militärgeschichtlichen Forschungsamt, Stuttgart 1979–1990.
Inge Deutschkron, Ich trug den gelben Stern, Köln 1978.

Eine Frau in Berlin, Tagebuchaufzeichnungen, Genf 1959.

Europa unterm Hakenkreuz. Die Okkupationspolitik des deutschen Faschismus (1938–1945). Achtbändige Dokumentenedition, Berlin 1988–1995.

Theo Findahl, Letzter Akt / Berlin 1939–1945, Hamburg 1946.

David Fisher/Anthony Read, Der Fall von Berlin, Berlin 1995.

Werner Girbig, ... im Anflug auf die Reichshauptstadt. Die Dokumentation der Bombenangriffe auf Berlin – stellvertretend für alle deutschen Städte, Stuttgart 1973.

Peter Gosztony (Hg.), Der Kampf um Berlin 1945 in Augenzeugenberichten, München 1985.

Olaf Groehler, Berlin im Bombervisier. Von London aus gesehen 1940–45, Berlin 1982.

Norbert Haase, Das Reichskriegsgericht und der Widerstand gegen die nationalsozialistische Herrschaft, Berlin 1993.

Raul Hilberg, Die Vernichtung der europäischen Juden. Die Gesamtgeschichte des Holocaust, Berlin 1982.

Karla Höcker, Beschreibung eines Jahres. Berliner Notizen 1945, Berlin 1984.

Harold Hurwitz, Demokratie und Antikommunismus in Berlin nach 1945, 3 Bde., Köln 1983/84.

Rolf Italiander / Arnold Bauer / Herbert Krafft, Berlin. Stunde Null 1945, Düsseldorf 1979.

Ursula von Kardorff, Berliner Aufzeichnungen. Aus den Jahren 1942–1945, München 1962.

Gerhard Keiderling, „Gruppe Ulbricht" in Berlin. April bis Juni 1945, Berlin 1993.

Donald Kenrick / Grattan Puxon, Sinti und Roma – die Vernichtung eines Volkes im NS-Staat, Göttingen 1981.

Edward Kmiecik, Berliner Victoria 24.04. – 2.05.1945. Polnische Soldaten am Brandenburger Tor, Warschau 1972.

Erich Kuby, Die Russen in Berlin 1945, München 1965.

Richard Lakowski, Seelow 1945. Die Entscheidungsschlacht an der Oder, Berlin 1994.

Wolfgang Leonhard, Die Revolution entläßt ihre Kinder, Frankfurt a. M. 1961.

Tony LeTissier, Der Kampf um Berlin 1945. Von den Seelower Höhen zur Reichskanzlei, Frankfurt a. M. 1991.

Bengt von zur Mühlen (Hg.), Der Todeskampf der Reichshauptstadt, Kleinmachnow 1994.

Rolf-Dieter Müller / Gerd R. Ueberschär, Kriegsende 1945. Die Zerstörung des Deutschen Reiches, Frankfurt a. M. 1994.

Winfried Ranke u.a., Kultur, Pajoks und Care-Pakete. Eine Berliner Chronik 1945–1949, Berlin 1990.

Hans Reichhardt, „raus aus den Trümmern" (Ausstellungskatalog). Vom Beginn des Wiederaufbaus in Berlin 1945, 2. Aufl., Berlin 1988.

Wolfgang Ribbe (Hg.), Geschichte Berlins. Von der Märzrevolution bis zur Gegenwart, 2 Bde., München 1987.

Hans Dieter Schäfer, Berlin im zweiten Weltkrieg. Der Untergang der Reichshauptstadt in Augenzeugenberichten, München 1985.

Klaus Scheel (Hg.), Die Befreiung Berlins 1945. Eine Dokumentation, Berlin 1985.

Wolfgang Schivelbusch, Vor dem Vorhang. Geist, Kunst, Politik in Berlin 1945–1948, München 1995.

Arthur Schlegelmilch, Hauptstadt in Zonendeutschland. Entstehung der Berliner Nachkriegsdemokratie 1945–1949, Berlin 1993.

Hans Georg von Studnitz, Als Berlin brannte. Diarium der Jahre 1943–1945, Stuttgart 1963.

Hans-Erich Volkmann (Hg.), Ende des Dritten Reiches – Ende des Zweiten Weltkriegs. Eine perspektivische Rückschau, im Auftrag des Militärgeschichtlichen Forschungsamtes, München 1995.

Clemens Vollnhals (Hg.), Entnazifizierung. Politische Säuberung und Rehabilitierung in den vier Besatzungszonen 1945–1949, München 1991.

Abkürzungen

A.	Angeklagter
a.D.	außer Dienst
A.G.	Aktiengesellschaft
A.Rh	Am Rhein
Abn.	Abnahme
AEG	Allgemeine Elektricitäts-Gesellschaft
AK	Armeekorps
AOK	Armeeoberkommando
Artl.	Artillerie
B-17	Boeing – 17 »Flying Fortress«
Begl.	Beglaubigt
BEWAG	Berliner Städtische Elektrizitäts Werke A.G.
Bln.	Berlin
BVG	Berliner Verkehrs-Aktiengesellschaft (BVG)
CBS	Central Broadcasting Service
CCG/BE	Control-Commission for Germany / British Element
CDU	Christlich-Demokratische Union Deutschlands
CO	Kohlenmonoxid
d.h.	das heißt
DAF	Deutsche Arbeitsfront
DDR	Deutsche Demokratische Republik
dergl.	dergleichen
ders.	derselbe
Div.	Division
DNVP	Deutschnationale Volkspartei
DP	Displaced Person
Dr.	Doktor
Einschl.	Einschließlich
EK	Einsatzkommando
F.H.Qu.	Führerhauptquartier
FDJ	Freie Deutsche Jugend
Fig.	Figur
Fla.	Fliegeralarm
Flak	Flugabwehrkanone
FS	Fernschreiben
g.Rs.	geheime Reichssache
geb.	geboren
geh.	geheim
Gestapo	Geheime Staatspolizei
gez.	gezeichnet
gKdos.	geheime Kommandosache
GmbH	Gesellschaft mit beschränkter Haftung
Gth	Gartenhaus
H.Gr.	Heeresgruppe
He 111	Heinkel 111
Hg.	Herausgeber
hg.	herausgegeben
HJ	Hitler-Jugend
I.A.	Im Auftrag
I.G. Farben	Interessengemeinschaft Farbenindustrie A.G.
Il-2	Iljuschin-2 »Sturmowik«
insges.	insgesamt
Jg.Div.	Jägerdivision
Jg.Rgt	Jägerregiment
K.G.	Kampfgeschwader
KLV	Kinderlandverschickung
KPD	Kommunistische Partei Deutschlands
KPdSU	Kommunistische Partei der Sowjetunion
KZ	Konzentrationslager
La	Lage
LDPD	Liberaldemokratische Partei Deutschlands
Lfl	Luftflotte
Lib.Dem.Partei	Liberaldemokratische Partei Deutschlands
LKW	Lastkraftwagen
lMG	leichtes Maschinengewehr
LS	Luftschutz
M.G.	Maschinengewehr
Monats-D.	Monatsdurchschnitt
MP	Militärpolizei
Napola	Nationalpolitische Erziehungsanstalt
NEP	Neue ökonomische Politik
Nr.	Nummer
NS	Nationalsozialistische(r)
NSD-Studentenbund	Nationalsozialistischer Deutscher Studentenbund
NSDAP	Nationalsozialistische Deutsche Arbeiterpartei
NSDDoB	NS Deutscher Dozentenbund
NSDStB	NS Deutscher Studentenbund
NSFK	NS Fliegerkorps
NSKK	NS Kraftfahrkorps
NSKOV	NS Kriegsopferversorgung
NSV	NS Volkswohlfahrt
Obdachl.	Obdachlose
OdF	Opfer des Faschismus
OKW	Oberkommando der Wehrmacht
Ölw.	Öffentliche Luftwarnung
OMGUS	Office of Military Government for Germany, United States
op	Operation
OT	Organisation Todt
Pak	Panzerabwehrkanone
Pg	Parteigenosse
Pibat.SS	Pionierbataillon-SS
poln.	polnisch
Preuß.	Preußisch(es)
Prof.	Professor
RAD	Reichsarbeitsdienst
RAF	Royal Air Force
RAM	Reichsaußenministerium
RGBL	Reichsgesetzblatt
RM	Reichsmark
RMdI	Reichsministerium des Innern
RNST	Reichsnährstand
RSHA	Reichssicherheitshauptamt
SA	Sturmabteilung
SD	Sicherheitsdienst der SS
SED	Sozialistische Einheitspartei Deutschlands
SiPo	Sicherheitspolizei
SMAD	Sowjetische Militäradministration in Deutschland
Sopade	Sozialdemokratische Partei Deutschlands
SPD	Sozialdemokratische Partei Deutschlands
SS	Schutzstaffel
St.	Staatsanwalt
Stalag	Stammlager für Kriegsgefangene
Str.	Straße
Stuka	Sturzkampfbomber
T-34	Sowjetischer Panzer
T4	Tiergartenstraße 4
TN	Technische Nothilfe
u.a.	und andere, unter anderem
UdSSR	Union der Sozialistischen Sowjetrepubliken
UNRRA	United Nations Relief and Rehabilitation Administration
USA	United States of America
USAAF	United States of America Air Force
USFET	United States Forces European Theater
V 1	Vergeltungswaffe 1
V 2	Vergeltungswaffe 2
Verwund.	Verwundete
vH	von Hundert
VO	Verordnung
VVN	Vereinigung der Verfolgten des Nazi-Regimes
WFA	Wehrmachtführungsamt
WFSt	Wehrmachtführungsstab
z.b.V.	zur besonderen Verwendung
z.T.	zum Teil

Nachweis der Texte

Tabelle S. 13 f. (Luftangriffe)
Laurenz Demps, Die Luftangriffe auf Berlin. Ein dokumentarischer Bericht, Teil 2, in: Jahrbuch des Märkischen Museums, Heft VIII, 1982, S. 21f.

Text 1 Meldungen aus dem Reich 1938–1945. Die geheimen Lageberichte des Sicherheitsdienstes der SS, hg. v. Heinz Boberach, Bd. 16 (Neudruck) Herrsching 1984, S. 6315f.

Text 2 Ursula von Kardorff, Berliner Aufzeichnungen. Aus den Jahren 1942–1945, München 1962, S. 110f.

Text 3 Theo Findahl, Letzter Akt – Berlin 1939–1945, Hamburg 1946, S. 68f.

Text 4 Landesarchiv Berlin, Außenstelle Breite Straße, Rep 134, Nr. 230.

Text 5 Theo Findahl (s. Text 3)

Text 6 Konrad Warner , Schicksalswende Europas? Ich sprach mit dem deutschen Volk... Ein Tatsachenbericht, Rheinfelden 1944, S.148–72

Text 7 Albert Speer, Erinnerungen, Frankfurt a.M. 1969, S. 446.

Text 8 Bengt von zur Mühlen (Hg.), Der Todeskampf der Reichshauptstadt, Kleinmachnow 1994, S. 19–22.

Text 9 Klaus Scheel (Hg.), Die Befreiung Berlins 1945. Eine Dokumentation, Berlin 1985, S. 130.

Text 10 Landesarchiv Berlin, Zs 588.

Text 11 Helmut Altner, Totentanz Berlin. Tagebuchaufzeichnungen eines Achtzehnjährigen, Offenbach 1947, S. 85f.

Text 12 Klaus Scheel (s. Text 9), S. 154f.

Text 13 Peter Gosztony (Hg.), Der Kampf um Berlin 1945 in Augenzeugenberichten, München 1975, S. 303f.

Text 14 Kriegstagebuch des Oberkommandos der Wehrmacht (Wehrmachtführungsstab) 1940–1945, hg. v. Percy E. Schramm, Bd. 8/II: 1944/45, (Neudruck) Herrsching 1982, S. 1692.

Text 15 Klaus Scheel (s. Text 9), S. 184f.

Text 16 Bundesarchiv/Militärarchiv, RW 44 I/37D.

Text 17 Ursula von Kardorff (s. Text 2), S. 134–38.

Text 18 Theo Findahl (s. Text 3), S. 100.

Text 19 Karl Friedrich Borée, Frühling 1945. Chronik einer Berliner Familie, Darmstadt 1954, S. 57–59.

Text 20 Bundesarchiv/Militärarchiv.

Text 21 Bundesarchiv/Militärarchiv.

Text 22 Bundesarchiv, R 58/213.

Text 23 Bundesarchiv/Abt. Potsdam, R 58/3575.

Text 24 Konrad Warner (s. Text 6), S. 148–72.

Text 25 Klaus Scheel (s. Text 9), S. 67.

Text 26 Landesarchiv Berlin, Außenstelle Breite Straße, Rep. 146, Nr. 66.

Text 27 Bundesarchiv/Militärarchiv.

Text 28 Konrad Warner (s. Text 6), S. 148–72.

Text 29 Susanne zur Nieden, Alltag im Ausnahmezustand. Frauentagebücher im zerstörten Deutschland 1943 bis 1945, Berlin 1993, S. 160.

Text 30 Berlin in Zahlen, Berlin 1949, S. 158.

Text 31 Leben und Werk von Hermann Kasack. Ein Brevier, Frankfurt a. M. 1966, S. 77.

Text 32 Susanne zur Nieden (s. Text 29), S. 178f.

Text 33 Berliner Statistik, hg. v. Statistischen Amt von Groß-Berlin, Heft 1, Januar 1947, S. 12.

Text 34 Alfred Döblin, Autobiographien und letzte Aufzeichnungen, hg. v. Edgar Pässler, Olten – Freiburg im Brsg. 1980, S. 407.

Text 35 Isaac Deutscher, Reportagen aus dem Nachkriegsdeutschland, Hamburg 1980, S. 114.

Text 36 Klaus Scheel (s. Text 9), S. 198f.

Text 37 Stephen Spender, European Witness, London 1946, S. 235.

Text 38 William L. Shirer, Berliner Tagebuch. Das Ende. 1944–1945, Leipzig 1994, S. 160.

Text 39 Brigitte Bermann Fischer, Sie schrieben mir. Oder was aus meinem Poesiealbum wurde, Zürich 1978, S. 195f.

Text 40 Alfred Döblin (s. Text 34), S. 401–05.

Text 41 Arnold Zweig, Werke, Bd. 16/2: Essays, Berlin 1967, S. 377.

Text 42 Johannes R. Becher, Deutsches-Bekenntnis, in: Aufbau, I (1945)

Text 43 Berliner Statistik (s. Text 33), S. 31.

Text 44 Walther Schneider, Wiederaufbau der Berliner städtischen Nahverkehrsmittel, in: Berliner Statistik (s. Text 33), S. 194.

Text 45 William L. Shirer (s. Text 38), S. 164.

Text 46 Olaf Groehler, Der strategische Luftkrieg und seine Auswirkungen auf die deutsche Zivilbevölkerung, in: Luftkriegführung im Zweiten Weltkrieg. Ein internationaler Vergleich, im Auftrag des Militärgeschichtlichen Forschungsamtes hg. v. Horst Boog, Herford 1993, S. 332.

Text 47 Gerhard Förster/Olaf Groehler (Hg.), Der zweite Weltkrieg. Dokumente, 3. Aufl., Berlin 1989, S. 48f.

Text 48 Bundesarchiv/Militärarchiv, Lw 107/22.

Text 49 Karl Klee (Hg.), Dokumente zum Unternehmen »Seelöwe«. Die geplante deutsche Landung in England, Göttingen 1959, S. 298f.

Text 50 Max Domarus (Hg.), Hitler. Reden und Proklamationen 1932–1945, Bd. II/1. Halbband, München 1965, S. 1580.

Text 51 Bundesarchiv/Militärarchiv, RH 20-6/131.

Text 52 Hans-Adolf Jacobsen (Hg.), Generaloberst Halder. Kriegstagebuch, Bd. 3 (22.6.1941–24.9.1942), Stuttgart 1964, S. 53.

Text 53 Bundesarchiv/Militärarchiv, RW 4/v. 578.

Text 54 Jerzy Sawicki, Vor dem polnischen Staatsanwalt, Berlin 1962, S. 113.

Text 55 Der Prozess gegen die Hauptkriegsverbrecher vor dem Internationalen Militärgerichtshof. Urkunden und anderes Beweismaterial, Bd. 5/6, (Nachdruck) München 1989, S. 711.

Text 56 Wolfgang Ribbe (Hg.), Geschichte Berlins, Bd. 2, München 1987, S. 934.

Text 57 Hans Sahl, Memoiren eines Moralisten, Frankfurt a. M. 1990, S. 214f.

Text 58 Kurt Hiller, Schutzhäftling 231, Teil VI und Teil VII, in: Neue Weltbühne 1 (1935), S. 19 u. 2 (1935), S. 41.

Text 59 Das Tagebuch der Helga Narthoff. Berlin – New York. Aufzeichnungen 1933–1945, hg. u. eingel. v. Wolfgang Benz, Frankfurt a. M. 1988, S. 38.

Text 60 André François-Poncet, Als Botschafter in Berlin 1931–1938, Mainz 1947, S. 267.

Text 61 William L. Shirer, Berliner Tagebuch. Aufzeichnungen 1934–1941, Köln 1991, S. 138f.

Text 62 William L. Shirer (s. Text 61), S. 425.

Text 63 Ruth Andreas-Friedrich, Der Schattenmann. Tagebuchaufzeichnungen, Frankfurt a. M. 1986, S. 82f.

Text 64 Deutschland-Berichte der Sozialdemokratischen Partei Deutschlands (Sopade) im Auftrag des Exilvorstands der Sozialdemokratischen Partei, hg. v. Klaus Behnken, Bd. 7, (Neudruck) Nettelbeck 1980, S. 24.

Text 65 Ursula von Kardorff, Berliner Aufzeichnungen 1942–1945, München 1976, S. 76.

Text 66 Meldungen aus dem Reich 1938–1945 (s. Text 1), Bd. 12, S. 4831.

Text 67 Meldungen aus dem Reich 1938–1945 (s. Text 1), Bd. 14, S. 5445–50.

Text 68 Gestapo-Berichte über den antifaschistischen Widerstand der KPD 1933–1945, Bd. 3, Berlin 1990, S. 19.

Text 69 Albert Speer (s. Text 7), S. 128f.

Text 70 Reichsgesetzblatt (RGBl.), Teil I, 1933, Nr. 17, S. 83.

Text 71 Reichsgesetzblatt (RGBl.), Teil I, 1933, Nr. 24, S. 135.

Text 72 Reichsgesetzblatt (RGBl.), Teil I, 1933, Nr. 25, S. 141.

Text 73 Reichsgesetzblatt (RGBl.), Teil I, 1933, Nr. 81, S. 479.

Text 74 Preußische Gesetzessammlung, 1936, Nr. 5, S. 21f.

Text 75 Deutsches Recht, 6. Jg., Heft 7/8 v. 15.4.1936.

Text 76 Meldungen aus dem Reich 1938–1945 (s. Text 1), S. 382.

Text 77 Internationaler Militärgerichtshof, Der Prozeß gegen die Hauptkriegsverbrecher vom 14. November 1945 – 1. Oktober 1946, Nürnberg 1947, Band XXVI, S. 291ff. (Dokument 778-PS).

Text 78 Internationaler Militärgerichtshof (s. Text 77), S. 201 (Dokument 654-PS).

Text 79 Arbeitsgruppe der ehemaligen Häftlinge des Konzentrationslagers Auschwitz beim Komitee der Antifaschistischen Widerstandskämpfer in der Deutschen Demokratischen Republik (Hg.), I.G. Farben – Auschwitz – Massenmord. Dokumentation zum Auschwitzprozeß, o. O. o. J., S. 19.
Text 80 Kurt Pätzold (Hg.), Verfolgung, Vertreibung, Vernichtung. Dokumente des faschistischen Antisemitismus 1933 bis 1942, Leipzig 1987, S. 118.
Text 81 Zusammengestellt nach: Bundesminister der Justiz (Hg.), Im Namen des Deutschen Volkes. Justiz und Nationalsozialismus, Köln 1989, S. 206.
Text 82 Adolf Hitler, Mein Kampf, München 1940, S. 739ff.
Text 83 Vierteljahrshefte für Zeitgeschichte, 3. Jg. (1955), S. 210.
Text 84 Internationaler Militärgerichtshof (s. Text 77), Band XXV, S. 403 ff. (Dokument-386-PS).
Text 85 Internationaler Militärgerichtshof (s. Text 77), Band XXVI, S. 523 (Dokument 1014-PS).
Text 86 Martin Broszat, Nationalsozialistische Polenpolitik 1939–1945, Stuttgart 1961, S. 97.
Text 87 Europa unterm Hakenkreuz. Die faschistische Okkupationspolitik in Polen (1939–1945), Berlin 1989, S. 346f.
Text 88 Internationaler Militärgerichtshof (s. Text 77), Nürnberg 1949, Band XXXIX, S. 428 (Dokument 172-USSR).
Text 89 Internationaler Militärgerichtshof (s. Text 77), Nürnberg 1949, Band XXXVI, S. 138ff. (Dokument 126-EC).
Text 90 Bundesarchiv/Militärarchiv, RH 2/2082.
Text 91 Bundesarchiv/Militärarchiv, RH 22/155.
Text 92 Bundesarchiv, R 58/240.
Text 93 Bundesarchiv, Berlin Document Center, SS-HO 2272.
Text 94 Europa unterm Hakenkreuz. Die Okkupationspolitik des deutschen Faschismus in Jugoslawien, Griechenland, Albanien, Italien und Ungarn, Berlin 1992, S.178f.
Text 95 Die Geheimen Tagesberichte der deutschen Wehrmachtsführung im zweiten Weltkrieg, Band 9, Osnabrück 1987.
Text 96 Internationaler Militärgerichtshof (s. Text 77), Nürnberg 1949, Band XXXVII, S. 572f. (Dokument 090-L).
Text 97 Zdzislaw Jaroszewsi (Redaktion), Die Ermordung der Geisteskranken in Polen 1939–1945, Warszawa 1993, S. 97.
Text 98 Aussonderung und Tod. Die klinische Hinrichtung der Unbrauchbaren, Berlin 1985, S. 97.
Text 99 Bundesarchiv, RD 19/28-15.
Text 100 Bundesarchiv (s. Text 99).
Text 101 Zusammengestellt nach: Danuta Czech, Kalendarium der Ereignisse im Konzentrationslager Auschwitz-Birkenau 1939–1945, Reinbek bei Hamburg 1989.
Text 102 Bundesarchiv, R 58/871.
Text 103 Rudolf Höss, Kommandant in Auschwitz. Autobiographische Aufzeichnungen, hg. v. Martin Broszat, 9. Aufl., München 1983, S. 126f.
Text 104 Politisches Archiv des Auswärtigen Amtes Bonn/Inland II g 177.
Text 105 Eine Frau in Berlin. Tagebuchaufzeichnungen, Genf 1959, S. 204f.
Text 106 Karla Höcker, Beschreibungen eines Jahres. Berliner Notizen 1945, Berlin 1984, S. 83ff.
Text 107 Eine Frau aus Berlin (s. Text 105), S. 269f.
Text 108 Landesarchiv Berlin, LAZ Nr. 1191.
Text 109 Landesarchiv Berlin, Omgus 5/37-2-11.
Text 110 Andreas Hallen, Berlin.
Text 111 Landesarchiv Berlin, Rep. 9, Nr. 0010.
Text 112 Eine Frau in Berlin (s. Text 105), S. 205.
Text 113 Karla Höcker (s. Text 106), S. 45f.
Text 114 Sehr selten habe ich geweint. Briefe und Tagebücher aus dem zweiten Weltkrieg von Menschen aus Berlin, hg. v. Ingrid Hammer und Susanne zur Nieden, Zürich 1992, S. 448.
Text 115 Margret Boveri, Tage des Überlebens, Berlin 1945, München 1985, S. 135f.
Text 116 Hilde Thurnwald, Gegenwartsprobleme Berliner Familien. Eine soziologische Untersuchung an 498 Familien, Berlin 1948, S. 66f., 116f.
Text 117 Karla Höcker (s.Text 106), S. 111.
Text 118 Landesarchiv Berlin, Rep 101, Nr.20.
Text 119 Verordnungsblatt der Stadt Berlin, Nr.1, Juli 1945, S. 13f.
Text 120 Landesarchiv Berlin, Zeitgeschichtliche Sammlung Nr. 2664.
Text 121 Landesarchiv Berlin, Zeitgeschichtliche Sammlung Nr. 7677.
Text 122 Landesarchiv Berlin, Rep 101, Nr. 127.
Text 123 Landesarchiv Berlin, Omgus 11/148-1/5.
Text 124 Landesarchiv Berlin, Rep 200, Acc 3453, Nr. 30, Bl. 1 bis 7.
Text 125 Berliner Zeitung, 30. Juni 1945.
Text 126 Sammlung Hellmut Bock.
Text 127 Privatbesitz.
Text 128 Berlin am Abend, 17. Juli 1945.
Text 129 Berliner Zeitung, 16. September 1945.
Text 130 Wolfgang Leonhard, Die Revolution entläßt ihre Kinder, Frankfurt a. M. 1961, S. 313f.
Text 131 Der Erste Monat, Forschungsgruppe für Berliner Nachkriegsgeschichte, im Auftrag des Senators für Volksbildung, Berlin 1953, S. 12.
Text 132 Landesarchiv Berlin, Zeitgeschichtliche Sammlung Nr. 8500/6.
Text 133 Privatbesitz.
Text 134 Landesarchiv Berlin, Rep 240, Acc 2407, Nr. 23.
Text 135 Landesarchiv Berlin, Rep 240, Acc 2407, Nr. 23.
Text 136 Sammlung Siegfried Heimann.
Text 137 Wolfgang Schivelbusch, Vor dem Vorhang. Geist, Kunst, Politik in Berlin 1945–1948, München 1995, S. 57.
Text 138 Wolfgang Schivelbusch (s. Text 152), S. 59f.
Text 139 Inge Deutschkron, Ich trug den gelben Stern, Köln 1978, S. 211.
Text 140 Paul Rilla, Theaterkritiken, Berlin 1978, S. 20.
Text 141 Friedrich Wolf, Briefwechsel, Berlin 1968, S. 119f.
Text 142 Brewster S. Chamberlin, Kultur auf Trümmern. Berliner Berichte der amerikanischen Information Control Section Juli–Dezember 1945, Stuttgart 1979, S. 107f.
Text 143 Sammlung Ekhard Haack.
Text 144 Berliner Zeitung, 18. September 1945.
Text 145 St.Thomas-Gemeinde, Berlin.
Text 146 Schering AG, Berlin.

Nachweis der Abbildungen

Berlin, Archiv für Zeitgeschichte Hans Gräfer 163f.
–, Berlin Museum 199.
–, BEWAG - Archiv 204f.
–, Bilddokumentation Berliner Verlag 172, 189f., 216.
–, Bildarchiv Preußischer Kulturbesitz 1, 8–10, 12, 15–17, 26, 28, 30, 38, 40, 46, 49–51, 53f., 61, 63f., 65, 75, 77, 79f., 82, 84, 88, 90f., 107, 115, 123, 126, 130f., 142, 152f., 155, 157, 161, 176, 178, 187, 191, 196.
–, Bundesarchiv, Stiftung Archiv der Parteien und Massenorganisationen der DDR 184–86.
–, Bundesarchiv, Zwischenarchiv Dahlwitz-Hoppegarten 116.
–, Deutsches Historisches Museum 2, 143, 173, 177, 182, 195, 198, 201, 206f., 209, 214.
–, Landesarchiv Berlin 19, 33, 55, 57, 144, 166f., 171, 175, 179–81, 215.
–, Landesarchiv Berlin, OMGUS 11/147 - 2/1 210.
–, Landesbildstelle Berlin 20–22, 25, 31, 43, 70, 73, 85, 87, 110, 121, 132, 147f.
–, Museum für Verkehr und Technik 213.
–, Museum Karlshorst 97.
–, Privatbesitz 11.
–, Sammlung Friedrich 183, 192f.
–, Sammlung Heimann 188.
–, Ullstein Bilderdienst 18, 94, 96, 98, 113, 165, 194, 200.
Dresden, Sächsische Landesbibliothek / Deutsche Fotothek 81, 211f.
Freiburg, Bundesarchiv/Militärarchiv 48.
Hamburg, Keystone Pressedienst 120, 140.
Koblenz, Bundesarchiv 3, 6, 23, 27, 32, 52, 56, 60, 62, 68f., 86, 108f., 112, 114, 117, 122, 124, 129, 141, 149, 197, 202.
London, Hulton Deutsch Collection 127, 138f., 156, 158, 160, 169, 174, 203, 208.
–, Imperial War Museum 4, 76, 78, 89, 128, 135–37, 162, 168, 170.
Moskau, Jewgenij Chaldeij 36.
–, Presseagentur Nowosti 37, 41f., 44f., 47.
–, Staatliches Historisches Museum 59.
–, Zentrales Museum der Oktoberrevolution 118.
–, Zentrales Museum der Streitkräfte 39.
München, Bilderdienst Süddeutscher Verlag 13f., 29, 34f., 58, 74, 83, 92, 100–06, 111, 125, 146, 154, 159, Umschlag.
Northhampton, Popperfoto 93, 95, 99, 145, 150f.

Publikationen

Hans Dieter Schäfer, Berlin im zweiten Weltkrieg. Der Untergang der Reichshauptstadt in Augenzeugenberichten, München 1985 5.

Werner Girbig, ... im Anflug auf die Reichshauptstadt. Die Dokumentation der Bombenangriffe auf Berlin – stellvertretend für alle deutschen Städte, Stuttgart 1973 7.

Zerstört – Besiegt – Befreit. Der Kampf um Berlin bis zur Kapitulation 1945, hg. vom Pädagogischen Zentrum Berlin, Berlin 1985 24.

Berliner Statistik, hg. vom Statistischen Amt von Groß-Berlin, Heft 1, Januar 1947 67.

Berlin in Zahlen, Berlin 1949 66.

Berlin in Zahlen 1946/47, Berlin 1947 72.

Dokumente deutscher Kriegsschäden, hg. vom Bundesministerium für Vertriebene, Flüchtlinge und Kriegsgeschädigte, Bonn 1962, 2.Aufl. 71.

Europa unterm Hakenkreuz. Die Okkupationspolitik des deutschen Faschismus in Jugoslawien, Griechenland, Albanien, Italien und Ungarn (1941-1945), Berlin – Heidelberg 1992 119.

Gerhard Keiderling, Die Spaltung Berlins, Berlin 1985 133f.

Bei den vorgenannten Abbildungen handelt es sich um Aufnahmen der folgenden Fotografen (soweit bekannt):

Jewgenij Chaldeij, Moskau 37, 62, 178

Dahlke 50

Edo Dietrich 154

Fritz Eschen 78, 200, 211f.

Grimm 9, 15–17, 49

Gerhard Gronefeld, München 143, 173, 177, 182, 195, 198, 201, 206f., 209

Haine 102

Herbert Hensky 87

Hoffmann 13f.

Holtfreter 117

Hanns Hubmann 53

George Koenig 203

Erich Krueger 215

Leonard McCombe 145

Pabel 54

Pilz 6

Frederick Ramage 128, 138–40, 156, 158, 169, 174, 208, 214

Heinrich Sanden 114

Schwahn 56, 104, 106

Schwanke 105

Friedrich Seidenstücker 161

Ivan Shangin 125

Alexander Ustinow 142

Carl Weinrother 75f., 79f., 82, 91, 131, 153, 155

Rudolf Zscheile 146

Namensregister